21世纪高职高专财经类专业核心课程教材

政治经济学

Zhengzhi Jingjixue

（第五版）

陈全福 主 编

东北财经大学出版社 大连
Dongbei University of Finance & Economics Press

图书在版编目（CIP）数据

政治经济学 / 陈全福主编. —5版. —大连：东北财经大学出版社，2020.5

（21世纪高职高专财经类专业核心课程教材）

ISBN 978-7-5654-3808-0

Ⅰ. 政… Ⅱ. 陈… Ⅲ. 政治经济学-高等职业教育-教材 Ⅳ. F0

中国版本图书馆CIP数据核字（2020）第043000号

东北财经大学出版社出版

（大连市黑石礁尖山街217号　邮政编码　116025）

网　址：http：//www.dufep.cn

读者信箱：dufep@dufe.edu.cn

大连日升彩色印刷有限公司印刷　东北财经大学出版社发行

幅面尺寸：185mm×260mm　字数：273千字　印张：12.75

2020年5月第5版　2020年5月第1次印刷

责任编辑：张晓鹏　石建华　责任校对：郭　石

封面设计：张智波　版式设计：钟福建

定价：25.00元

教学支持　售后服务　联系电话：（0411）84710309

如有印装质量问题，请联系营销部：（0411）84710711

富媒体智能型教材出版说明

“财经高等职业教育富媒体智能型教材开发系统工程”入选国家新闻出版署新闻出版改革发展项目库，并获得文化产业专项资金支持，是“国家文化产业资金支持媒体融合重大项目”。项目以“融通”“融合”“共建”“共享”为特色，是东北财经大学出版社积极落实国家推动传统媒体与新媒体融合发展的重要举措之一。

“财道书院”智能教学互动平台是该工程项目建设成果之一。该平台通过系统、合理的架构设计，将教学资源与教学应用集成于一体，具有教学内容多元呈现、课堂教学实时交互、测试考评个性设置、用户学情高效分析等核心功能，是高校开展信息化教学的有力支撑和应用保障。

富媒体智能型教材是该工程项目建设成果之二。该类教材是我社供给侧改革探索性策划的创新型产品，是一种新形态立体化教材。富媒体智能型教材秉持严谨的教学设计思想和先进的教材设计理念，为财经职业教育教与学、课程与教材的融通奠定了基础，较好地避免了传统教学模式和单一纸质教材容易出现的“两张皮”现象，有助于教学质量的提高和教学效果的提升。

从教材资源的呈现形式来说，富媒体智能型教材实现了传统纸质教材与数字技术的融合，通过二维码建立链接，将VR、微课、视频、动画、音频、图文和试题库等富媒体资源丰富呈现给用户；从教材内容的选取整合来说，其实现了职业教育与产业发展的融合，不仅注重专业教学内容与职业能力培养的有效对接，而且很好地解决了部分专业课程学与训、训与评的难题；从教材的教学使用过程来说，其实现了线下自主与线上互动的融合，学生可以在有网络支持的任何地方自主完成预习、巩固、复习等，教师可以在教学中灵活使用随堂点名、作业布置及批改、自测及组卷考试、成绩统计分析等平台辅助教学工具。

富媒体智能型教材设计新颖，一书一码，使用便捷。使用富媒体智能型教材的师生首先下载“财道书院”APP或者进入“财道书院”（www.idufep.com）平台完成注册，然后登录“财道书院”输入教材封四学习卡中的激活码建立或找到班级和课程对应教材，就可以开启个性化教与学之旅。

“重塑教学空间，回归教学本源！”“财道书院”平台不仅是出版社提供教学资源和服务的平台，更是出版社为作者和广大院校创设的一个自主选择和自主探究的教与学的空间，作者和广大院校师生既是这个空间的使用者和消费者，也是这个空间的创造者和建设者，在这里，出版社、作者、院校共建资源，共享回报，共创未来。

最后，感谢各位作者为支持项目建设所付出的辛劳和智慧，也欢迎广大院校在教学中积极使用富媒体智能型教材和“财道书院”平台，东北财经大学出版社愿意也必将陪伴广大职业教育工作者走向更加光明而美好的职教发展新阶段。

东北财经大学出版社

——马克思的一生，是胸怀崇高理想、为人类解放不懈奋斗的一生。1835年，17岁的马克思在他的高中毕业作文《青年在选择职业时的考虑》中这样写道："如果我们选择了最能为人类而工作的职业，那么，重担就不能把我们压倒，因为这是为大家作出的牺牲；那时我们所享受的就不是可怜的、有限的、自私的乐趣，我们的幸福将属于千百万人，我们的事业将悄然无声地存在下去，但是它会永远发挥作用，而面对我们的骨灰，高尚的人们将洒下热泪。"马克思一生饱尝颠沛流离的艰辛、贫病交加的煎熬，但他初心不改、矢志不渝，为人类解放的崇高理想而不懈奋斗，成就了伟大人生。

——马克思的一生，是不畏艰难险阻、为追求真理而勇攀思想高峰的一生。马克思曾经写道："在科学上没有平坦的大道，只有不畏劳苦沿着陡峭山路攀登的人，才有希望达到光辉的顶点。"马克思为创立科学理论体系，付出了常人难以想象的艰辛，最终达到了光辉的顶点。他博览群书、广泛涉猎，不仅深入了解和研究哲学社会科学各个学科知识，而且深入了解和研究各种自然科学知识，努力从人类创造的一切文明成果中汲取养料。马克思毕生忘我工作，经常每天工作16个小时。马克思在给友人的信中谈到，为了《资本论》的写作，"我一直在坟墓的边缘徘徊。因此，我不得不利用我还能工作的每时每刻来完成我的著作"。即使在多病的晚年，马克思仍然不断迈向新的科学领域和目标，写下了数量庞大的历史学、人类学、数学等学科笔记。正如恩格斯所说："马克思在他所研究的每一个领域，甚至在数学领域，都有独到的发现，这样的领域是很多的，而且其中任何一个领域他都不是浅尝辄止。"

——马克思的一生，是为推翻旧世界、建立新世界而不息战斗的一生。恩格斯说，"马克思首先是一个革命家"，"斗争是他的生命要素。很少有人像他那样满腔热情、坚韧不拔和卓有成效地进行斗争"。马克思毕生的使命就是为人民解放而奋斗。为了改变人民受剥削、受压迫的命运，马克思义无反顾投身轰轰烈烈的工人运动，始终站在革命斗争最前沿。他领导创建了世界上第一个无产阶级政党——共产主义者同盟，领导了世界上第一个国际工人组织——国际工人协会，热情支持世界上第一次工人阶级夺取政权的革命——巴黎公社革命，满腔热情、百折不挠推动各国工人运动发展。

马克思是顶天立地的伟人，也是有血有肉的常人。他热爱生活，真诚朴实，重情重义。马克思、恩格斯的革命友谊长达40年。正如列宁所说："古老传说中有各种非常动人的友谊故事"，但马克思、恩格斯的友谊"超过了古人关于人类友谊的一切最动人的传说"。马克思无私资助革命事业，即使在自己生活极度困难的情况下仍然尽最大努力帮助革命战友。马克思和妻子燕妮患难与共，谱写了理想和爱情的命运交响曲。

资料来源 习近平．在纪念马克思诞辰200周年大会上的讲话［EB/OL］．(2018-05-05)．http：//cpc.people.com.cn/n1/2018/0505/c64094-29966415.html，节选．

一、马克思主义政治经济学的创立和发展

"经济"是个多义词，其含义有时指节约、精打细算；有时指经济部门或其总体，如工业经济、农业经济或国民经济；有时指经济关系或经济制度，如资本主义经济关系或制度、社会主义经济关系或制度；有时还指经济活动、经济行为，如生产、分配、交换和消费。在长期的经济实践活动中，人们对实践经验不断总结，逐渐萌发出某些经济思想，经过长时期的积累、概括和发展，形成了较为系统的经济理论。这种系统的经济理论就成为一门学科——经济学。经济学最初是研究家庭管理或家政管理问题的，后来发展到研究全社会的经济问题，因而出现了"政治经济学"一词。政治经济学作为一门独立的社会科学，是随着资本主义生产方式的产生与发展而逐渐形成和发展的。

我们现在所学习的政治经济学是马克思主义政治经济学，是一门揭示以社会化大生产为基础的社会生产关系，以及经济运行客观规律的科学。马克思主义政治经济学创立于19世纪中叶，具有与时俱进的理论品质。马克思和恩格斯以辩证唯物主义和历史唯物主义的世界观和方法论来研究政治经济学，第一次从一切社会关系中分离出生产关系，指出它是一切社会关系中最根本、最本质的关系，阐明政治经济学的研究对象是在一定社会生产力状况基础上的社会生产关系体系及其发展的规律性。马克思和恩格斯全面分析了自由竞争资本主义经济的现实，深刻揭示了资本主义生产关系产生、发展和灭亡的客观必然性，以及资本主义经济运行的一般规律，并在此基础上对未来社会的经济作了原则性的预见，从而把政治经济学建立在科学的基础之上。列宁根据资本主义发展的新变化和新特点，深刻分析了垄断资本主义的特征，建立了帝国主义或垄断资本主义理论，从而得出了社会主义革命可能首先在一国或数国取得胜利的论断。俄国十月革命胜利后，列宁还对现实社会主义的经济关系实质和经济运行问题进行了创造性研究，实施了新经济政策，并在总结新经济政策初步经验的基础上提出了在苏联建设社会主义的崭新构想。斯大林在领导社会主义建设的实践中，对社会主义经济建设的许多重大理论问题进行了新的探索。毛泽东从中国半封建半殖民地的社会经济实际出发，提出了新民主主义革命的理论和纲领，指引中国革命取得了胜利，并通过"三大改造"在中国建立了社会主义基本经济制度，使中国进入了社会主义社会。邓小平根据当代资本主义发展的新特点和社会主义经济体制改革的实际情况，提出了建设有中国特色的社会主义理论，并提出了社会主义市场经济理论。以江泽民同志为核心的中国共产党第三代中央领导集体，在中国社会主义建设和改革实践中，加深了对什么是社会主义、怎样建设社会主义的认识，实现了社会主义经济理论的创新和发展。以胡锦涛同志为总书记的党中央领导集体，在经济全球化、全面建设小康社会的进程中，勇于推进实践基础上的理论创新，围绕坚持和发展中国特色社会主义提出一系列紧密相连、相互贯通的新思想、新观点、新论断，形成和贯彻了科学发展观，对新形势下实现什么样的发展、怎样发展等重大问题作出了新的科学回答，把我们对中国特色社会主义规律的认识提高到了新的水平。党的十八大以来，以习近平同志为核心的党中央身体力行、率先垂范，坚定推进全面从严治党，坚持思想建党和制度治党紧密结合，集中整饬党风，严厉惩治腐败，净

下得到什么样的物质利益。恩格斯认为，政治经济学是“研究人类各种社会进行生产和交换并相应地进行产品分配的条件和形式的科学”。列宁认为，“政治经济学绝不是研究‘生产’，而是研究人们在生产上的社会关系、生产的社会制度”。斯大林认为，“政治经济学的研究对象是人们的生产关系，即经济关系”。由于生产资料所有制在整个生产关系中占有极其重要的地位，是生产关系的基础，决定着生产关系的性质，是区别不同类型生产关系的标志，因此斯大林把它从直接生产过程的关系中突出出来，列为生产关系的首要方面。他指出，生产关系包括相互联系和相互影响的三个方面：①生产资料的所有制形式；②各种不同社会集团在生产中的地位以及它们之间的相互关系，包括互相交换其活动或产品的关系；③产品分配形式。可见，政治经济学是研究人们的生产关系及其发展规律的科学。

政治经济学的研究对象是生产关系，但又不能离开生产力孤立地研究生产关系，而是要从生产关系和生产力的密切联系中研究生产关系。首先，生产力决定生产关系。一定的生产关系总是适应一定的生产力性质而建立起来的，有什么样的生产力就有什么样的生产关系。生产力的发展状况决定生产关系的性质，历史上任何一种生产关系的出现都是由社会生产力的发展状况决定的，都是社会生产力发展的结果。在社会生产方式中，生产力是最活跃、最革命的因素，社会经济的发展往往是从生产力的发展变化开始的。生产力发展到一定水平和一定程度时，原来与之相适应的生产关系就变得不相适应了，这就要改变原来的生产关系，建立新的生产关系，以适应生产力的发展。其次，生产关系对生产力也具有反作用。当生产关系适应生产力状况时，它对生产力的发展就起着促进作用；反之，就起着阻碍和破坏作用，成为束缚生产力发展的桎梏。

政治经济学不仅要从生产关系和生产力的密切联系中研究生产关系，还要从经济基础和上层建筑的相互作用中研究生产关系。一定的生产关系的总和构成社会的经济基础，建立在经济基础之上的政治、法律制度和社会意识形态是社会的上层建筑。一定的经济基础和上层建筑的统一是一切社会形态的基本结构。在社会形态的对立统一体中，经济基础起着决定作用，上层建筑是适应经济基础的要求建立起来的，有什么样的经济基础就有什么样的上层建筑。但是，上层建筑一经建立起来，就具有相对独立性，对经济基础起着积极的反作用。政治经济学研究生产关系，要从经济基础和上层建筑的相互作用中研究。任何经济基础的存在和发展，都离不开与其相适应的上层建筑的保护和促进。如果离开上层建筑的反作用而孤立地研究生产关系，就无法理解国家对经济的作用，无法理解经济政策的作用，无法理解宏观调控体系，因而也就无法揭示经济运行和经济发展的客观规律。

生产关系是发展变化的，而这种发展变化是有规律的。政治经济学研究生产关系的根本任务是揭示人类社会发展各个阶段的生产关系产生、发展、变化的规律，即客观经济规律。经济规律是经济现象和经济运行过程内在的、本质的、必然的联系。一个社会的经济运行过程中会出现各种经济现象，有些现象是暂时的、偶然的，有些是经常性的、重复发生的，各种经济现象是多种因素共同作用的结果。政治经济学的任务就是要从纷繁复杂的经济现象甚至假象中揭示出经济运行过程中内在的、本质的、必然的联系，即揭示经济运行的规律性。

经济规律是客观的，不以人们的意志为转移。这种客观性表现在：①经济规律是在一定的经济条件下产生并发生作用的。如果经济条件改变或消失，经济规律的作用也会改变或消失；如果产生了新的经济条件，那么新的经济规律就会产生并发生作用。②不论人们对经济规律是承认还是不承认、是认识还是不认识，它都会按其本身的要求起作用。③人们开展经济活动，只能顺应和利用经济规律，不能违反它的客观要求，否则社会经济就会遭到破坏，受到客观经济规律的惩罚。

经济规律和自然规律一样，都具有客观性，但经济规律属于社会规律，具有自身的特点。大多数经济规律不是长久存在的，而只是在一定的历史时期发生作用，只有少数经济规律是一切社会形态或多个社会形态所共有的。经济规律大体上可分为三种类型：一是人类各个社会形态普遍存在的经济规律，如生产关系一定要适合生产力性质的规律，它决定了各个社会生产发展的某些共同的本质；二是某几个社会形态所共有的经济规律，如价值规律，只要商品经济存在，价值规律必然要发生作用；三是只在某一社会形态中发生作用的特有经济规律，其中起主导作用的是基本经济规律，它体现一定社会生产的特殊本质，决定该社会生产发展的一切主要方面和主要过程，如剩余价值规律就是资本主义社会的基本经济规律。

经济规律的另一特点是，在阶级社会里，人们利用经济规律是有阶级背景的。虽然经济规律和自然规律一样，本身没有阶级性，但是由于经济规律是生产关系及其发展的规律，而在阶级社会里生产关系表现为阶级关系，因此人们认识和利用经济规律要被各自代表的阶级利益所左右。每一个时代的先进阶级及其代表人物总是要利用经济规律来促进社会的发展，腐朽没落的阶级及其代表人物往往阻碍经济规律发挥作用。

马克思主义政治经济学具有科学性和阶级性的特征，二者是高度统一的。马克思主义政治经济学具有鲜明的阶级性，它公开声明，政治经济学是为无产阶级的解放事业服务的。同时，它又是科学的理论，揭示了人类社会经济运行和发展的客观规律。这种阶级性和科学性具体体现在马克思主义政治经济学研究的制度性、社会性和历史性上。

三、政治经济学的研究方法

学习和研究任何一门科学，都必须运用正确的、科学的方法。马克思创立的唯物辩证法是研究政治经济学的基本方法。只有运用唯物辩证法，我们才能揭示一个社会经济现象和经济过程本身所固有的、本质的必然联系，并利用这种必然性去组织社会经济运行；才能认识社会经济制度更替的必然性。唯物辩证法这一基本方法的运用，是通过科学抽象法与逻辑和历史相统一的方法得到具体贯彻的。

1.唯物辩证法

它是马克思主义的世界观和方法论。马克思用唯物辩证法分析了资本主义经济，科学地揭示了资本主义经济的实质和社会发展的客观规律。唯物辩证法是马克思主义政治经济学的基本方法。运用唯物辩证法来研究政治经济学、解剖社会经济问题，就是从社会生活的各个方面中划分出经济方面，从一切社会关系中划分出生产关系。作为社会科学的政治经济学，就是通过物质资料的生产剖析人与人之间的社会关系，指明生产关系是决定一切社会关系的最根本、最本质的关系。而后从更深层次剖析，把生产关系归结为生产力性质，把社会经济发展过程还原为一个不以人们意志为转移的自然历史过程。

社会经济发展表现为自然历史过程遵循宇宙的根本规律——对立统一规律。一种社会形态内在的经济矛盾是推动该社会经济运行的根本动力；一种社会经济制度向另一种社会经济制度的过渡，则是前者内在经济矛盾充分发展的结果。因此，在研究一定历史阶段的各种经济现象时，要研究这些经济现象所包含的矛盾。只有研究这些矛盾的运动如何推动经济向前发展，才能真正通过经济现象揭示经济实质，真正认识经济发展的内在动力，以便进一步研究这些矛盾发展的程度，以及得到解决这些矛盾的途径和方法。也就是说，要运用对立统一规律，正确了解社会经济运行的发展过程和发展趋势。

2.科学抽象法

政治经济学运用唯物辩证法研究生产关系，必须通过科学抽象法来进行。科学抽象法是从具体到抽象的研究方法和从抽象到具体的叙述方法的统一。作为研究方法，它要求在研究经济现象和经济过程时，必须从占有大量具体材料入手，进行详细的科学分析，舍去其外部的、偶然的、非本质的表面现象，揭示其内在的、必然的、本质的联系。

人们在社会生产实践中，对看到、直接感觉到的大量经济现象进行科学的抽象思维，从现象到本质，从感性认识到理性认识，并在脑海中形成一系列经济概念，即经济范畴。经济范畴的形成实际上就是人们在研究、分析经济现象和经济过程的关系时进行的理论抽象。由于经济范畴反映了生产关系的某些方面或某些过程，体现了生产关系的本质，借助它，人们能更深刻、更正确、更完善地反映生产关系。

3.逻辑和历史相统一的方法

逻辑方法是指经济学说以最简单和最基本的经济范畴作为思维活动的起点，而后依次推及相关的、比较复杂和比较具体的经济范畴，进而又逐步上升到最复杂和最具体的经济范畴的逻辑发展进程。历史方法是指经济学说所阐明的经济范畴的发展进程，是按照社会经济发展史的真实进程轨迹而展开的。在运用逻辑方法时，思维进程要符合经济现象的历史发展过程，脱离历史发展过程的思维推论会导致唯心主义。思维进程必须是社会经济历史过程的反映，逻辑方法和历史方法是一致的。历史从哪里开始，思维进程也应当从哪里开始，思维进程的进一步发展不过是历史过程的抽象的、理论上前后一贯的形式上的反映。例如，从商品发展为货币，货币再发展为资本，这是历史发展过程，也是逻辑的推论过程。在这里，历史的起点与终点就是逻辑的起点与终点。但是，政治经济学不是经济史学，它排除了对每一个历史现象、历史事件和历史年代的描述。

我们学习政治经济学，要在把握政治经济学研究方法的基础上，深刻把握马克思主义与时俱进的理论品质，坚持理论与实际相结合，把学习马克思主义的经典著作和中国共产党在社会主义现代化建设时期的重要文献有机结合起来。马克思主义的经典著作是马克思主义理论的本源。学习马克思主义经典著作，有利于从源头上完整准确地理解马克思主义，系统掌握马克思主义科学真理，也有利于深化对中国特色社会主义理论体系的理解和运用。没有马克思主义的理论基础，就谈不上把马克思主义基本原理同中国具体实际相结合。

四、学习政治经济学的意义

在新的历史条件下，认真学习和研究马克思主义政治经济学的基本原理具有重要的理论和现实意义。

第一，正确认识人类社会发展规律，坚定社会主义信念。通过学习和掌握马克思主义政治经济学的基本原理，我们能深刻地认识资本主义生产关系和社会主义生产关系的实质，把握反映社会化大生产客观要求的经济运行的一般规律，全面认识资本主义经济运行和社会主义经济运行的基本原理，把握经济全球化发展的大趋势，认识在这一趋势下世界经济发展的新变化与中国经济发展面临的新问题，从而科学地认识资本主义和社会主义发展的历史进程。

第二，正确制定和执行党的路线、方针和政策。马克思主义政治经济学是无产阶级政党制定路线、方针和政策的重要理论依据。中国共产党正是把马克思主义的普遍真理同中国革命具体实践相结合，才制定出正确的路线、方针和政策，领导人民取得了人民民主革命的伟大胜利，取得了社会主义革命和社会主义建设的伟大胜利。当前，我们正处在全面建成小康社会的收官时刻，现实中许多经济问题需要运用马克思主义的立场、观点和方法去分析和研究，并进一步概括为科学的经济理论，用以制定路线、方针和政策。学习马克思主义政治经济学，能深刻地认识我国社会主义经济发展的客观规律，从而更深刻地理解建设中国特色的社会主义理论，更自觉地坚持党在社会主义初级阶段的基本路线和党的各项方针、政策，为全面建成小康社会的目标而奋斗。

马克思列宁主义、毛泽东思想、邓小平理论、“三个代表”重要思想、科学发展观与习近平新时代中国特色社会主义思想，是一脉相承而又与时俱进的。在与时俱进中坚持和发展马克思主义，这是由马克思主义的基本价值和逻辑所决定的，也是马克思主义的生命力所在。

第三，正确掌握其他经济学科的知识。经济学科除马克思主义政治经济学外，还包括部门经济学、应用经济学和管理科学等学科。马克思主义政治经济学是其他经济学科的指导，对马克思的经济学理论，首先要弄懂弄通，不能一知半解、望文生义，要理解其精神实质，要联系中国实际，不能停留在书本上、言辞上。只有这样，才有坚实的理论基础，才能正确掌握其他经济学科的专业知识。

拓展阅读1-1　记者手记：真理之火从这里点燃——《共产党宣言》诞生地寻踪

1848年2月，共产主义运动的先驱马克思和恩格斯共同撰写的《共产党宣言》悄然问世。在宣言发表170周年之际，满怀着对马克思和恩格斯的崇高敬意与无限怀念，记者开始了在宣言诞生地布鲁塞尔的寻踪之旅。

第二章

社会经济制度与经济运行的一般原理

学习目标

通过本章的学习，学生应了解社会经济制度变革的原因、一般规律和社会经济的两种基本形态；掌握商品经济运行的一般原理；在弄懂马克思劳动价值理论基本内容的基础上，深化对劳动和劳动价值理论的认识。

案例导入　　中国特色社会主义政治经济学的研究重点

对某个经济体进行经济分析，通常涉及三个层面：一是生产关系即经济制度层面；二是经济运行层面，也就是资源配置层面；三是经济发展层面，如对发展中国家如何迈向现代化的分析。

长期以来，经济学科似乎有一种分工：政治经济学的研究主要侧重在生产关系层面的分析上，经济运行层面的研究交给西方经济学，经济发展层面的研究交给发展经济学。如此一来，政治经济学就只剩下几个关于生产关系的原则性规定和教条，具体的经济运行和经济发展问题似乎由西方经济学理论作指导。实践证明，这种学科分工是不准确、不科学的。马克思当年的全部政治经济学写作计划包括6册：资本、地产、雇佣劳动、国家、对外贸易、世界市场。《资本论》只是其6册计划的一部分，不是马克思主义政治经济学的全部，因此，对生产关系的研究并不是马克思主义政治经济学的全部内容。这也提示我们，中国特色社会主义政治经济学不仅要研究处于社会主义初级阶段的经济关系，阐述服从于发展生产力的生产关系的运行规律，同时还要提供在社会主义市场经济条件下经济如何运行的理论，以及以建设社会主义现代化强国为目标的经济发展的理论。简单地讲，中国特色社会主义政治经济学研究的目标是：经济制度的优化、经济运行效率的提高、经济增长和经济体的发展。

就经济运行来说，制度分析是中国特色社会主义政治经济学经济运行分析的起点。其任务是揭示经济规律的作用方式和机制，寻求经济制度的具体形式，如基本经济制度的实现形式、市场经济的运行和调节机制。服从于资源最优配置的目标，经济运行的微观分析关注效率，宏观分析则关注经济增长和宏观经济的稳定。基于经济运行效率的要求，中国特色社会主义政治经济学所要建立的经济运行机制要做到：市场机制有效、微观主体有活力、宏观调控有度。

就经济发展来说，社会主义的本质是解放生产力、发展生产力，对发展中国家而言，发展问题就是现代化问题。在社会主义条件下，中国特色社会主义政治经济学的研究必须进入生产力领域，指导中国的现代化，否则就难以科学指导中国的经济发展。当然，作为一个社会主义国家，中国的发展问题不只是生产力问题，离不开对生产关系的分析，两者结合在一起分析产生的理论才能准确指导中国的经济发展。马克思主义政治经济学既研究生产关系又研究生产力，这是中国特色社会主义政治经济学的优势所在。

显然，中国特色社会主义政治经济学不能拘泥于对生产关系、对经济制度层面的研究，对经济运行和发展层面的基本问题一定要有话语权，实际上就是对中国自己的经济运行和发展要有话语权。具体来说，社会主义初级阶段的基本经济制度和基本分配制度，是已经有定论而且被实践证明是有效的制度，构建中国特色社会主义政治经济学毫无疑问要把这些改革成果学理化、系统化，但不能停留于此，需要在此基础上再回到更为现实的层面，进一步加强对这些制度实现形式的研究，如基本经济制度的实现形式、产权制度和产权结构的安排、要素参与收入分配的实现形式，等等。

资料来源 洪银兴．中国特色社会主义政治经济学的体系构建及研究重点［N］．光明日报，2019-08-20（11）．

第一节 社会经济制度的变革

一、资本主义之前社会经济制度的更替

人类社会形态的发展表现为社会经济制度的变革。推动社会经济制度变革的最根本动力是生产力和生产关系的矛盾运动。生产力是最活跃的因素，是决定生产关系变化的根本原因。生产关系随着生产力的发展而改变自身的性质，是社会经济制度变革的一般规律。在这一规律的作用下，迄今为止，人类社会经历了原始公社制度、奴隶占有制度、封建制度、资本主义制度和社会主义制度。

原始社会是人类社会历史上的第一个社会形态。原始人使用的劳动工具非常简陋，其劳动能力十分低下，因此原始社会的生产力极其落后。同当时落后的生产力相适应，原始社会生产关系的特征是集体劳动、生产资料公有和劳动产品平均分配。由于生产力低下，原始人只有集体劳动，才能获得食物，维持生存。集体劳动决定了生产资料是公有的。集体劳动和生产资料公有决定了劳动产品必须归氏族公社全体成员共有，实行劳

动产品的平均分配。这就是原始社会的社会经济制度。

在原始社会末期，随着生产力的发展，劳动生产率不断提高，出现了社会分工，商品生产和商品交换也随之发展。于是，出现了私有制，原始社会的公有制也随之瓦解，人类社会进入了第一个剥削制度社会——奴隶社会。奴隶社会生产关系的基本特征是：奴隶主占有生产资料，强制奴隶劳动，占有奴隶的全部剩余劳动和一部分必要劳动。奴隶制是人类历史上最残酷、最野蛮的剥削制度，但它是同原始社会解体时的生产力发展要求基本相适应的，是人类社会历史发展的一大进步。奴隶制促进了当时社会生产力的发展，主要表现在：①在奴隶制下，对战争俘虏不加杀戮，战俘变成奴隶，保护了劳动力资源，有利于发展生产；②奴隶主占有大量的生产资料和奴隶，有利于开展更大范围的劳动协作，组织大规模生产，提高了劳动生产率；③脑力劳动和体力劳动的分工促进了社会经济、文化、科学和艺术的发展，为人类文化的进步奠定了基础。

奴隶制在促进生产力发展的同时，也暴露出致命的弊端，主要表现在：①奴隶的劳动是强制性的。在奴隶主鞭笞下劳动的奴隶对生产不感兴趣，经常以破坏工具、虐待牲畜和怠工表示对奴隶主的不满和反抗。奴隶主只好让奴隶使用粗笨的工具，阻碍了劳动生产率的提高。②奴隶主对奴隶的残酷剥削和压迫造成大量奴隶过早死亡，使劳动力的再生产只能在萎缩的条件下进行，破坏了生产力发展的基本因素。③由于从事体力劳动的奴隶地位同牲畜一样，因而在社会上形成了以劳动为耻的观念，破坏了社会生存的基础。④在商品生产和商品交换不断发展的条件下，农民与手工业者受到奴隶主的排挤，大批农民和手工业者破产。总之，奴隶社会生产关系与生产力的矛盾日益尖锐，这种矛盾表现在阶级关系上，就是奴隶反抗奴隶主的斗争。

在奴隶社会末期，奴隶的反抗迫使奴隶主把大片领地分成小块，租给获得自由的奴隶和破产农民耕种，收取地租，这些承租土地的人叫“隶农”。隶农制的出现表明奴隶社会已走到尽头，开始向封建社会过渡。

封建社会生产关系的基本特征是：①封建土地所有制是封建社会生产关系的基础，是农民受剥削、受压迫的根源。②地主对农民的剥削，除采取经济手段外，还采取超经济强制措施，即剥夺农民的人身自由。地主可以任意审判、惩罚和处死农民。③地主实现剥削的主要形式是地租。地租是地主阶级土地所有权在经济上的实现形式，主要有三种，即劳役地租、实物地租和货币地租。同奴隶制度相比，封建制度是比较先进的经济制度。在封建社会，生产力得到进一步发展，出现了发达的农业和手工业。随着商品生产和商品交换的进一步发展，繁华的城市开始出现，人类的文明也进入一个新的阶段。但到了封建社会末期，随着社会生产力的发展，封建社会生产关系越来越成为生产力发展的障碍。于是，资本主义生产关系便在封建社会生产力与生产关系的矛盾运动中逐渐产生。

二、资本主义经济制度的建立

资本主义生产关系是在封建社会后期，随着商品经济的发展，在简单商品生产者分化的基础上产生的。简单商品生产是以私有制和个人劳动为基础、为交换而进行的生产。由于商品生产者的生产条件不同，生产同种商品所耗费的个别劳动时间也不同，但根据价值规律，商品只能按社会必要劳动时间决定的社会价值进行等价交换。这就导致了两极分化，少数生产条件好的商品生产者在竞争中逐渐富起来，进而剥削雇工，成为资本家；而大多数生产条件较差的商品生产者则日趋穷困，以致破产，沦为雇工。简单商品生产者的分化是工业资本家与雇佣劳动者产生的途径之一。此外，由于商品经济进一步发展，商业资本进入手工业。商人通过收购制成品、赊销原料和预付货款等方式，把那些穷困的手工业者置于自己的控制之下，使其沦为雇佣工人，而商人则成为工业资本家。在农村，由于商品经济的发展，封建地租由实物地租向货币地租转化，把农民也卷进了商品生产和商品交换中，加速了农民的分化进程，大多数农民破产，少数成为富农，并转化为农业资本家。上述资本主义生产关系的出现还是幼稚的，还处于萌芽状态。

资本主义经济要迅速发展，必须具备两个条件：一是要有大量的有人身自由但又失去生产资料的无产者；二是要有进行资本主义生产所需要的大量货币财富。仅依靠小商品生产者的分化来发展资本主义将是非常缓慢的，于是，新兴资产阶级采取暴力的方式直接剥夺生产者的生产资料，把大量货币财富和生产资料集中到资本家手里，这个历史过程就是资本原始积累。资本原始积累促进了资本主义经济的迅速发展，但新兴资产阶级并未在政治上取得统治地位。为了取得政治上的统治地位、建立资本主义制度，新兴资产阶级团结工人、农民和其他劳动人民，发动了资产阶级革命。经过复辟与反复辟的长期斗争，终于确立了资本主义制度。

三、社会主义经济制度的建立

资本主义经济制度的建立推动了生产力的迅速发展。但是，随着生产力的迅速发展和生产社会化程度的提高，资本主义生产关系越来越成为生产力发展的障碍。因此，改变资本主义私有制、建立适应生产力发展和与生产社会化相适应的新的社会经济制度，就成为人类社会发展的客观要求。马克思在科学社会主义理论中提出了资本主义制度必然被社会主义制度所代替的客观规律。由于社会主义是以生产资料公有制为基础的崭新的社会制度，它不可能在资本主义社会内部自发地产生，资产阶级也不会让资本主义制度自行灭亡，因此社会主义代替资本主义必须经过工人阶级和广大人民群众的革命斗争才能实现。马克思和恩格斯曾经设想，社会主义不可能在一个国家单独取得胜利，而可能在几个发达资本主义国家同时发生革命并取得胜利。列宁根据资本主义经济、政治发展不平衡的规律和当时的实际情况，认为社会主义可能首先在少数国家甚至在一个国家取得胜利。这样的国家不一定是发达的资本主义国家，而可能是资本主义体系链条的薄弱环节，即经济发展比较落后的资本主义国家。在列宁这一学说的指导下，俄国十月革命取得了胜利，建立了世界上第一个社会主义国家。

在中国，中国共产党领导人民经过艰苦卓绝的反对帝国主义、反对封建主义和反对官僚资本主义的革命斗争，建立了人民民主专政，取得了新民主主义革命的胜利。随后，中国进入了进行社会主义革命、建立社会主义经济制度的新时期。中国建立社会主义经济制度的基本途径是：通过没收官僚资本，建立社会主义全民所有制；通过对民族资本主义工商业的社会主义改造，和平赎买民族资本，壮大社会主义全民所有制；通过对个体农业、个体手工业的社会主义改造，建立社会主义劳动群众集体所有制。1956年，"三大改造"胜利完成，标志着中国建立了社会主义经济制度，从此中国进入了社会主义社会。

拓展阅读2-1　社会主义基本经济制度的所有制优势

中国特色社会主义制度是科学制度体系，国家治理一切工作都依照中国特色社会主义制度展开。生产资料所有制是基本经济制度的核心内容，是决定社会的基本性质和发展方向的根本因素。中华人民共和国成立以后，中国共产党带领全国人民进行社会主义改造，建立了以公有制为基础的社会主义经济制度，为生产力的发展开辟了广阔的道路。改革开放以来，中国共产党立足中国基本国情，围绕完善社会主义初级阶段的所有制结构进行了不懈探索。我们坚持公有制主体地位和国有经济主导地位，同时大力调整所有制结构，支持个体经济、私营经济、外资经济等健康发展，有效激发了各类市场主体的活力和创造力。党的十五大明确提出，公有制为主体、多种所有制经济共同发展，是我国社会主义初级阶段的一项基本经济制度。党的十六大提出，要毫不动摇地巩固和发展公有制经济，毫不动摇地鼓励、支持和引导非公有制经济发展。党的十七大、十八大继续强调"两个毫不动摇"并作了进一步的丰富和发展。十八届三中全会明确了公有制经济和非公有制经济都是社会主义市场经济的重要组成部分，都是我国经济社会发展的重要基础。党的十九大把"两个毫不动摇"写入新时代坚持和发展中国特色社会主义的基本方略，作为党和国家一项大政方针进一步确定下来。

在上述探索的基础上，十九届四中全会明确指出，公有制为主体、多种所有制经济共同发展是我国国家制度和国家治理体系的显著优势之一，并把按劳分配为主体、多种分配方式并存和社会主义市场经济体制上升为社会主义基本经济制度范畴。这是一个重大理论创新，是党和人民的伟大创造，标志着我国社会主义经济制度更加成熟、更加定型。这三项基本经济制度相互联系、相互支持、相互促进，是经济制度体系中具有长期性和稳定性的部分，起着规范方向的作用，对经济制度属性和经济发展方式有决定性影响。其中，所有制制度居于重要地位，这是社会主义基本分配制度和社会主义市场经济形成的重要基础，是中国特色社会主义的重要支柱和社会主义市场经济的根基。坚持和完善公有制为主体、多种所有制经济共同发展，对更好地发挥社会主义制度优越性、解放和发展社会生产力、推动经济高质量发展、实现"两个一百年"奋斗目标具有重要的指导意义。

中国特色社会主义进入新时代，社会主要矛盾已经转化为人民日益增长的美好生活需要和不平衡不充分的发展之间的矛盾。人民美好生活的需要日益广泛，不仅对物质文化生活提出了更高层次和多样化的需求，而且在民主、法治、公平、正义、安全、环境等方面的要求与日俱增。要解决新矛盾，实现新发展，就要在发展中解决不平衡不充分的问题。在现阶段坚持公有制为主体、多种所有制经济共同发展，能够发挥各自的优势和长处，促进生产力的发展，在生产发展和社会财富增长的基础上不断满足人民日益增长的美好生活需要，推动人的全面发展和社会的全面进步。

虽然我国社会主要矛盾发生了变化，但是我国仍处于并将长期处于社会主义初级阶段的基本国情没有变，我国是世界上最大发展中国家的国际地位没有变。总体来看，我国的生产力水平与发达国家仍有较大差距，经济发展不够集约高效，城乡二元结构造成的深层次矛盾依然突出，区域发展不够协调，收入分配差距较大，消除贫困的任务艰巨，发展不平衡、不协调、不可持续的问题仍然突出。坚持公有制为主体、多种所有制经济共同发展，发挥多种所有制的优势，充分调动各方的积极性，是满足生产力多层次发展要求、进一步解放和发展社会主义社会生产力的客观需要。

中华人民共和国成立70多年来，我们党领导人民创造了世所罕见的经济快速发展奇迹和社会长期稳定奇迹，中华民族迎来了从站起来、富起来到强起来的伟大飞跃，这离不开公有制为主体、多种所有制经济共同发展的基本经济制度保障。社会主义基本经济制度把社会主义制度和市场经济有机结合起来，是被实践检验拥有巨大优越性的制度，既有利于解放和发展社会生产力、改善人民生活，又有利于维护社会公平正义、实现共同富裕。未来，面临世界百年未有之大变局，我国要更好地满足人民美好生活需要，战胜前进道路上的各种风险挑战，实现“两个一百年”奋斗目标，实现中华民族伟大复兴的中国梦，也必须在坚持和完善这一基本经济制度上下更大功夫。

在新的历史条件下如何坚持和完善公有制为主体、多种所有制经济共同发展的基本经济制度，十九届四中全会作出了明确部署，必须认真贯彻落实。

第一，毫不动摇巩固和发展公有制经济。坚持以公有制为主体是坚持和完善我国基本经济制度的根本方针。公有制经济是长期以来在国家发展历程中形成的，为国家建设、国防安全、人民生活改善作出了突出贡献，是全体人民的宝贵财富，当然要让它发展好，继续为改革开放和现代化建设作出贡献。要探索公有制的多种实现形式，推进国有经济布局优化和结构调整，发展混合所有制经济，增强国有经济的竞争力、创新力、控制力、影响力、抗风险能力，做强做优做大国有资本。深化国有企业改革，完善中国特色现代企业制度，形成以管资本为主的国有资产监管体制，有效发挥国有资本投资、运营公司的作用。

第二，毫不动摇鼓励、支持、引导非公有制经济发展。我国非公有制经济从小到大、由弱变强，是在我们党和国家方针政策的指引下实现的。民营经济是我国经济制度的内在要素，已经成为推动我国发展不可或缺的力量，成为创业就业的主要领域、技术创新的重要主体、国家税收的重要来源。要健全支持民营经济、外商投资企业发展的法治环境，完善构建亲清新型政商关系的政策体系，健全支持中小企业发展制度，促进非公有制经济健康发展和非公有制经济人士健康成长。营造各种所有制主体依法平等使用资源要素、公开公平公正参与竞争、同等受到法律保护的市场环境。

第三，深化农村集体产权制度改革，发展农村集体经济和农村基本经营制度。农村基本经营制度是党的农村政策的基石，是乡村振兴的制度基础。要坚持农村土地集体所有，坚持家庭经营基础性地位，坚持土地承包关系稳定并长久不变，第二轮土地承包到期后再延长三十年。完善农村产权制度，健全农村要素市场化配置机制，实现小农户和现代农业发展有机衔接。完善农民闲置宅基地和闲置农房政策，探索宅基地所有权、资格权、使用权“三权分置”，在依法保护集体土地所有权和农户承包权的前提下，平等保护土地经营权，理顺“三权”之间的关系。深入推进农村集体产权制度改革，全面开展农村集体资产清产核资、集体成员身份确认，加快推进集体经营性资产股份合作制改革。推动资源变资产、资金变股金、农民变股东，探索农村集体经济新的实现形式和运行机制。

坚持和完善公有制为主体、多种所有制经济共同发展的关键在于贯彻落实“两个毫不动摇”，即毫不动摇巩固和发展公有制经济，毫不动摇鼓励、支持、引导非公有制经济发展。公有制经济和非公有制经济都是社会主义市场经济的重要组成部分，都是我国经济社会发展的重要基础。公有制经济和非公有制经济本身不是相互排斥、相互抵消的，而是相辅相成、相得益彰的。因此，把公有制经济巩固好、发展好，同鼓励、支持、引导非公有制经济发展不是简单对立的，而是有机统一的。要以发展混合所有制为载体，促进国有资本和民营资本取长补短、共同发展、形成合力，推动社会主义基本经济制度不断发展和完善。

资料来源　胡乐明. 社会主义基本经济制度的所有制优势［EB/OL］.［2019-12-25］. http：//www.qstheory.cn/wp/2019-12/11/c_1125332434.htm.

第二节　社会经济的两种基本形态

一、自然经济

自然经济是为满足生产者和经济单位（如氏族、奴隶主庄园、封建主庄园等）本身的需要而产生的经济形态。它是在生产力水平低下和人们按性别、年龄差别进行自然分工以及存在人的依赖关系的情况下出现的。从原始社会到奴隶社会再到封建社会，虽然商品经济得以产生并得到一定程度的发展，但占统治地位的一直是自然经济形态。在我国，直到1949年，自然经济仍然占90%的比重。

自然经济的基本特征是：①自然经济是自给自足的经济。自然经济形态下的劳动产品不是为交换而生产的，产品不进入流通过程，或只有极少部分进入流通过程。在自然经济形态下，社会经济的运行由各个经济单位和家庭的直接生产需要来决定，生产什么就消费什么，消费什么就生产什么，通过“男耕女织”来满足自身吃、穿、用方面的需要。②自然经济是封闭型经济。在自然经济条件下，劳动者受血缘关系和人身依附关系的制约，在狭小的范围内和孤立的环境下从事经济活动，很少或不与外界发生经济联系。虽然社会分工有一定的发展，但是在整体上并未改变孤立的封闭式状态。③自然经济是保守型经济。由于生产者在封闭的环境下生产，容易形成易于满足和不思进取的思想，使社会经济长期处于缓慢发展甚至停滞状态。④自然经济是以简单再生产为特征的经济。在自然经济条件下，生产者生产出自己所需要的产品，生产基本上维持在简单再生产的水平上。⑤自然经济中劳动者的私人劳动直接成为社会劳动的组成部分。在自然经济条件下，由于生产者生产的劳动产品被直接用于满足自身和经济单位的需要，因此私人劳动也直接成为社会劳动的组成部分，而不需要经过商品交换进行转化。

自然经济是一种落后的经济形态。在自然经济条件下，社会生产力长期得不到发展。人类社会经济发展的历史表明，凡是较早摆脱自然经济束缚、走向商品经济的国家，社会生产力发展速度就比较快；相反，凡是长期处于自然经济形态的国家，社会生产力的发展速度就缓慢。我国由于在近代仍然处于自然经济形态，造成了近代的贫穷落后，生产力水平极其低下。改革开放以来，我国大力发展商品经济，迅速改变了落后面貌，使生产力获得了前所未有的发展。

二、商品经济

商品经济是直接以交换为目的的经济形态，包括商品生产和商品交换。商品经济产生和存在的一个条件是社会分工。社会分工，即将各种社会劳动划分为不同的部门和行业，不同的生产者生产不同的产品。在社会分工条件下，各个生产者专门从事某种产品的生产，但他们的需要是多方面的，必须互相交换产品。社会分工越细，需要交换的产品数量和品种就越多，生产者之间的相互联系就越密切，交换范围就越大，交换的活动就越频繁。但是，有社会分工，不一定就会产生商品生产，因而社会分工不能决定商品经济的存在。如古代印度公社就已经有了社会分工，但产品只在公社内部共同分配，产品并未成为商品。在未来的共产主义社会，社会分工将大大发展，但那时商品经济将消亡。

商品经济产生和存在的决定性条件，是生产资料和产品由不同的物质利益主体所有。从事不同产品生产的不同经济主体都有各自的经济利益，他们使用自己拥有的生产资料进行劳动，或支配他人进行劳动，劳动产品也就为生产资料所有者所支配。为了维护各自的经济利益，不同所有者之间需要通过等价交换的原则相互有偿地交换劳动产品。这样，产品就表现为商品。用来交换的劳动产品的生产就是商品生产。

人类的发展历史表明，只要存在社会分工及生产资料、劳动产品由不同的经济利益主体所有，就必然存在商品经济。迄今为止，人类社会产生过不同的商品经济类型。在奴隶社会和封建社会，商品经济处于从属地位，是简单商品经济；到了资本主义社会，商品生产和商品交换占据统治地位，商品经济成为普遍的经济形式；到了社会主义社会，由于生产力水平不高，还不能逾越商品经济的发展阶段，因此要大力发展社会主义商品经济。商品经济的发展是一个相当长的历史时期。

不同类型的商品经济各有其特点，但商品经济也有共性，包括以下几个方面：①商品经济是交换经济。在商品经济条件下，由于价值规律的作用，商品生产者以追求价值为目的，通过市场交换各自的商品。②商品经济是开放型经济。随着商品生产和商品交换的发展，商品和生产要素的流动范围日趋扩大。③商品经济是竞争型经济。商品生产者在经济利益的驱动下，为使自己获得最大经济利益，必然展开激烈的竞争，从而不断地改进技术，提高劳动生产率。④商品经济以扩大再生产为特征。商品生产者为了在竞争中处于有利地位，总是不断地增加投入，从而使生产规模不断扩大。

三、市场经济是商品经济的发达阶段

商品经济是通过市场进行交换的经济，有商品经济就有市场。市场是商品交换的场所、渠道和领域，但仅有商品经济和市场，还不能形成市场经济。只有商品经济发展到一定程度才会出现市场经济。市场经济是商品经济的发达阶段。在市场经济阶段，商品和生产要素在全社会范围内流动，市场在资源配置中起决定性作用。也就是说，商品经济发展到一定阶段后，不仅有商品市场，如消费品市场、生产资料市场等，还有劳动力市场、金融市场、证券市场、技术市场、房地产市场等。上述商品市场、生产要素市场形成了健全的市场体系，这时，商品经济就发展成为市场经济。

在市场经济条件下，市场在资源配置中起决定性作用。在现实经济生活中，人们通常称社会资源为人、财、物，其配置是指社会资源向国民经济各部门和各行业的分配、流向与安排。市场经济在配置社会资源方面的功能是通过市场机制，即通过价格机制、竞争机制和供求机制实现的，其核心是价值规律发挥作用所形成的市场调节。在市场竞争中，当某一部门和行业投入的社会资源过多时，市场就会显示出这一部门和行业的产品供过于求，产品价格就会下降，该部门和行业的利润就会减少或发生亏损，从而引起这一部门和行业中的人、财、物向其他部门和行业流动。当某一部门和行业投入的人、财、物过少时，市场就会显示出这一部门和行业的产品供不应求，于是价格上涨，该部门和行业的利润增多，从而引起人、财、物向这一部门和行业转移。就这样，生产规模和生产结构根据市场价格信号进行调整、安排，使人、财、物在不同部门和行业之间转移，趋向于合理配置。市场经济作为资源配置方式，不具有特定的社会经济制度属性。市场经济与资本主义基本经济制度相结合，就是资本主义市场经济；市场经济与社会主义基本经济制度相结合，就是社会主义市场经济。

拓展阅读2-2　**市场经济并非只有一种模式**

人类经济发展史表明，市场是配置资源最有效率的形式，市场经济本质上就是市场决定资源配置的经济。但市场经济并非只有一种模式，而是与各个国家的历史、文化、现实国情等密不可分的，不同国家会根据自身历史、文化、现实国情等发展出不同的市场经济模式。我国根据自身具体实际探索建立了社会主义市场经济体制，有力促进了我国社会生产力发展、人民生活水平提高和综合国力增强。

一、市场经济是不断发展变化的

传统意义上的市场经济是以斯密模式为标准的，它有三个基本要素：承认和保护私有产权，市场决定资源配置，政府作为守夜人仅提供社会经济运行最基本的公共产品。其典型代表是1929年开始的经济大危机前英、美两国的市场经济模式。随着资本主义的发展，资本主义的基本矛盾日益激化，并频繁地以经济危机的形式表现出来，不断冲击斯密模式的自由市场经济，特别是1929年开始的经济大危机对资本主义世界造成了严重冲击。为应对经济危机，美国推出了以需求管理为核心的“罗斯福新政”，极大地强化了政府在经济生活中的作用。其主要内容包括：①成立国家计划署等机构，颁布《美国工业复兴法》等一系列法令，增强经济生活的计划性；②采取整顿金融秩序、重建金融机构、限制农业产量等措施，加强政府对经济运行的管理；③扩大政府支出，兴办公共工程；④建立社会保障制度，强化政府在公共事务方面的责任；⑤实施扩张性财政政策。英国经济学家凯恩斯在这一时期出版的代表作《就业、利息和货币通论》，从理论上阐述了政府干预经济的必要性和方法、手段。后来，凯恩斯的政策、主张长期被西方各国政府奉为应对经济萧条的圭臬。

第二次世界大战后的经济状况和形势对市场经济模式的演变产生了重大影响，各国政府进一步加强经济干预。大多数学者认为，自由放任的经济政策已被抛弃，促进经济增长及充分就业等已经成为政府不可推卸的责任。同时，科技的发展、经济复杂性的提高对政府参与和干预经济生活也提出了强烈要求。比如，重大科技项目需要政府参与和推动，促进经济稳定、可持续发展需要政府积极作为，为经济发展创造稳定的社会环境离不开政府的支持，等等。此外，市场不是万能的，需要政府解决市场失灵问题。这样，经过长期演变，典型市场经济国家的普遍做法是：通过国家投资的形式直接参与经济活动，通过国家财政对国民收入进行再分配，通过放松、收紧银根或“窗口指导”等落实产业政策、影响经济发展，通过实行各种发展规划等对国民经济进行调节，等等。

在今天的世界上，斯密模式的自由市场经济已不复存在。在各个市场经济国家，市场和政府都在各自具有比较优势的领域发挥着作用，为经济稳定发展提供支持，所不同的只是发挥作用的方式各有侧重、程度大小不一。

二、市场经济模式是多种多样的

市场经济模式不是一成不变的，也并非只有一种，而是多种多样的。历史、文化、现实国情等因素决定了不同国家的市场经济模式各不相同，即使在发达国家中，市场经济模式也不相同。例如，法国、德国、日本和韩国在发展过程中形成了具有自身特点、不同于英美两国的市场经济模式。

法国的市场经济模式既有坚持私有制、分散决策、市场调节资源配置等自由市场经济的基本特征，同时又具有实行计划指导等特点。究其原因，主要是法国历史上曾长期实行重商主义，主张在国际贸易中多卖少买，推崇国家干预经济生活等。这种传统使法国并不像英、美那样对自由市场充满信心，从而发展出了实行指导性计划的市场经济体制，并强调国家干预和公共所有制对经济发展的重要作用。

德国历史学派经济学家强调国家在经济生活中的地位和作用，认为适当的贸易保护是必要的，进而发展出一种自由市场和政府干预相结合的社会市场经济模式。在这种模式中，市场竞争因为能带来效率和进步而被推崇。也就是说，决定竞争结果的是市场而不是政府。但推崇竞争绝不意味着自由放任，政府需要在具有比较优势的领域发挥积极作用。比如，政府提出经济发展战略、改革措施，防止私人经济决策与国家发展目标抵触，通过国家调控保持经济稳定发展和社会公平，等等。

日、韩市场经济模式注重产业政策的重要作用。依靠产业政策实现政府预期的经济社会发展目标，是日、韩市场经济模式的显著特征。日本政府根据不同发展阶段的需要出台不同政策，培育和支持重点产业发展，提升产业国际竞争力，推动经济发展。比如，在第二次世界大战后的发展初期，其产业政策的重点是化肥、电力、煤炭、钢铁和运输等产业；经济发展起来后，产业政策的重点则放在了化学工业、石油工业和其他半成品工业及电子产品上。韩国也是一个依靠计划和产业政策取得成功的市场经济国家。韩国从1962年开始持续编制5年计划，实施产业政策，确定了以出口带动经济发展的战略，并通过低息贷款、税收优惠等方式对出口能力强的企业进行奖励。实际上，在世界经济发展史上，包括英、美在内的各国都不同程度地实行过产业政策。

各种市场经济模式都具有一些共同性，如产权明晰、发展能够充分发挥比较优势的产业和贸易、政府提供公共产品并加强对经济的规划和引导等。但由于历史、文化、现实国情以及形势和任务不同，各国市场经济模式又表现出自身的独特性。总的来看，各种市场经济模式都是在特定条件下探索政府与市场如何有效结合产生的。有效的经济模式都是有具体条件的，在此一条件下有效，在彼一条件下不一定有效。不顾本国条件照搬某一种模式，只能是东施效颦。

三、社会主义市场经济是一种重要的市场经济模式

改革开放以来，我们党逐步认识到计划与市场都是发展经济的手段，党的十四大明确提出建立社会主义市场经济体制的改革目标。党的十五大将公有制为主体、多种所有制经济共同发展确立为我国社会主义初级阶段的基本经济制度。无论是从理论还是从实践看，在社会主义条件下发展市场经济都是我们党的一个伟大创举，是对市场经济模式的重大创新，为我国取得举世瞩目的发展成就提供了基础性制度保障。

社会主义市场经济具有市场经济的普遍特征：具有产权明晰的市场主体，既包括公有制企业，也包括非公有制企业；市场机制在资源配置中起决定性作用；政府提供经济社会运行所必需的公共产品，并对经济发展进行规划和引导。同时，社会主义市场经济又有自己的特殊性，主要是把社会主义制度的优势和市场经济的长处结合起来，把发挥市场在资源配置中的决定性作用和更好地发挥政府的作用结合起来，取得了“1+1 > 2”的效果。

当前，国际上有人以中国存在国有企业、政府在经济发展中发挥作用和实施产业政策等为借口，否认中国是市场经济国家，这根本站不住脚。首先，改革开放以来，通过大力推进国有企业改革、建立现代企业制度，我国国有企业已经成为真正意义上的市场主体。当今各市场经济国家普遍存在国有企业，只是数量和所占比重有所不同，而这主要是由各国国情和发展阶段所决定的。其次，政府干预是市场经济国家的普遍做法，美国等发达国家也会通过立法和行政命令干预经济运行。例如，2019年2月初美国政府提出的“美国人工智能倡议”，要求“集中联邦政府资源发展人工智能”，并提出五个重点领域。此外，还应看到，市场并不是万能的，市场也会失灵，需要政府来弥补市场失灵、规范市场秩序、稳定经济运行。最后，制定和执行产业政

策是世界各国的通行做法，如美国提出《美国先进制造业国家战略计划》和《国家制造业创新网络》、德国提出“德国工业4.0”等，都是为了发展本国经济、提升本国产业的国际竞争力。由此可见，借口国有企业、政府干预和产业政策来否认中国是市场经济国家的说辞是荒谬的，本质上是为在国际经贸活动中采取歧视性做法甚至遏制中国发展制造舆论。

实践证明，社会主义市场经济是社会主义与市场经济的有机结合，是行之有效的市场经济模式。党的十八大以来，我国在国有企业改革、营造良好营商环境等方面取得了重大进展，有力促进了社会主义市场经济的完善和发展。但我们也应认识到，根据我国现实国情和发展阶段的变化，全面深化改革、不断完善社会主义市场经济体制，仍然是摆在我们面前的一项重要任务。

资料来源　李义平．市场经济并非只有一种模式［N］．人民日报，2019-07-09（09）．

第三节　商品经济的基本原理

一、价值是商品经济最基本的范畴

1.商品的二因素

商品是用来交换的劳动产品，具有使用价值和价值二因素。商品可以满足人们某种需要的属性，称为商品的使用价值。使用价值是商品的自然属性，无论在什么社会，它总是构成财富的物质内容。使用价值本身并不反映社会生产关系。这里必须明确，商品的使用价值不是对生产者自己使用而言的，而是用以满足他人的需要和作为社会的使用价值。作为社会的使用价值，它必须通过交换才能进入消费领域。这就是说，只有通过交换来供他人使用的劳动产品的使用价值才是商品的属性。商品不但有使用价值，而且还有一种同其他商品相交换的属性，这在政治经济学上就称为交换价值。使用价值是交换价值的物质承担者。

交换价值表现为一种使用价值同另一种使用价值相交换的量的关系或比例。例如，25千克大米与1把斧子相交换，1把斧子就是25千克大米的交换价值。那么，是什么东西决定着不同商品之间的交换比例呢？从使用价值看，各种商品的使用价值是不同的，不同的使用价值在“质”上不同，在“量”上也就无法进行比较。如大米可以充饥，斧子可用于生产，各有各的用途，谁也无法比较出哪一个的用途大，因而无从确定交换比例。这样，要知道是什么东西决定着交换比例，就必须撇开商品的使用价值，找出它们之间能够进行比较的共同属性。这一共同属性就在于任何商品都是劳动产品，都凝结着一定量的人类劳动。这种凝结在商品中的一般的、无差别的人类劳动叫作商品的价值。不同的商品就价值而言在“质”上是完全相同的，因而能够进行比较，并能按一定的比例进行交换。1把斧子换25千克大米，就是因为生产1把斧子和生产25千克大米耗费了同等的一般人类劳动，它们的价值量相等。可见，交换价值是由价值决定的，价值是交换价值的基础，交换价值是价值的表现形式。商品按照价值进行交换，实际上就是商品生产者彼此的劳动交换。所以，价值体现了商品生产者互相交换劳动的社会关系，是商品的社会属性。

综上所述，商品是使用价值和价值的统一体，二者互相联系，缺一不可。如果生产出来的物品没有使用价值，即使耗费大量劳动，也不会产生价值，不能用来交换，当然也就不能称为商品；反之，如果只有使用价值，但它不是用于交换的劳动产品，也就没有价值，也不能称为商品。同时，使用价值和价值又是矛盾的。商品的使用价值是针对他人、针对社会的，商品生产者要想实现商品的价值，就得把使用价值转让给他人，这样，一个商品对它的生产者来说只能占有其价值；对商品的购买者来说，只能付出价值来换取使用价值。

2.生产商品的劳动二重性

商品的二因素是由生产商品的劳动二重性决定的。劳动二重性指的是具体劳动和抽象劳动。生产商品的劳动从一方面看，是为了满足人们千差万别的需要。它首先总是以其千姿百态、各式各样的具体形式出现的。比如，农民的劳动是生产粮食，裁缝的劳动是缝制衣服，木匠的劳动是制造家具等。这些劳动者的目的、使用的工具、操作方法以及劳动成果等都不一样。这种在一定的具体形式下进行的劳动叫作具体劳动。千差万别的具体劳动体现出了社会分工的复杂性。商品不同的使用价值，就是由不同的具体劳动创造的；换言之，具体劳动创造商品的使用价值。

从另一方面看，尽管生产商品的劳动的具体形式千差万别、各具特点，但它们创造的各式各样的商品却可以互相比较。这表明在各种不同的具体劳动背后，有着共同的东西，这就是撇开劳动的具体形式，它们都是人类体力和脑力的消耗。无论是农民、裁缝还是木匠，他们在劳动的过程中都耗费了体力和脑力。这种撇开劳动的具体形式、体现为无差别的一般人类劳动叫作抽象劳动。各种商品都具有价值，都可以互相比较，并按一定的比例进行交换，就是因为它们都凝结着抽象劳动。抽象劳动在性质上相同，在数量上可以互相比较，所以抽象劳动形成商品的价值。

此外，从一方面看，一切劳动都是劳动力在生理学意义上的耗费，作为相同或抽象的人类劳动，它形成商品的价值；从另一方面看，一切劳动都是劳动力在特殊的、具有一定目的的形式上的耗费，作为具体的有用劳动，它生产使用价值。具体劳动体现着人和自然之间的关系，抽象劳动体现着商品生产条件下人与人之间相互交换劳动的社会关系。

劳动二重性理论是理解马克思主义政治经济学的枢纽：①劳动二重性理论第一次确定了什么劳动形成价值，它为什么形成价值和怎样形成价值，科学区别了使用价值和价值，使劳动价值论建立在科学的基础上；②劳动二重性理论为剩余价值理论奠定了理论基础，在剩余价值理论的基础上，马克思创立了资本有机构成理论、资本积累理论、资本主义再生产理论，并为正确分析工资、利润、利息、地租等一系列经济理论提供了科学的（理论）依据。

3.商品的价值量

既然商品的价值是生产商品的一般人类劳动的凝结，那么商品的价值量就应由生产商品所耗费的劳动量决定，它的计算单位则是劳动时间。但是，社会上众多商品生产者在生产同一种商品时，由于生产条件不同，在生产该商品上所耗费的劳动时间就必然不同。如同样生产一只凳子，有的花5小时，有的花6小时，有的花7小时，这种体现每个商品生产者各自在生产同一种商品上所实际耗费的劳动时间，叫作个别劳动时间。一般来说，一个人技术越不熟练、工具设备越落后、劳动态度越消极，他生产商品所耗费的个别劳动时间就越长。若商品的价值量取决于个别劳动时间，那么他所生产的商品的价值岂不是就越大？显然这是不合理的。所以，商品的价值量不能由个别劳动时间决定，只能由社会必要劳动时间决定。社会必要劳动时间是在现有的社会正常的生产条件下，在社会平均的劳动熟练程度和劳动强度下制造某种使用价值所需要的劳动时间。所谓现有的社会正常的生产条件，是指当时某生产部门大多数生产者使用的生产工具和技术设备及其所达到的技术水平。如家具行业的生产者，有的使用机器生产，有的使用手工工具生产。如果大多数家具都是用机器生产出来的，那么机器生产就是该部门现有的社会正常的生产条件。这样，社会必要劳动时间就以机器设备为社会正常的生产条件。如果在生产一只凳子上所花的众多个别劳动时间中，只有6小时符合这一标准，那么6小时就成为生产一只凳子的社会必要劳动时间，由此所决定的价值就是该商品的社会价值。这里需要指出的是，在社会必要劳动时间决定商品价值上，有必要弄清简单劳动和复杂劳动的区别和联系。简单劳动是指不必经过专门训练、一般劳动者都能胜任的劳动；复杂劳动则是需要经过专门训练才能掌握、具有一定技术性的劳动。在同样的劳动时间里，复杂劳动所创造的价值要大于简单劳动所创造的价值。复杂劳动是倍加的简单劳动，社会必要劳动时间以简单劳动作为计量基础，复杂劳动要还原为简单劳动。在以私有制为基础的商品生产条件下，这种换算活动是经过长期的商品交换并在商品生产者的背后自发形成的。

由于商品的价值取决于社会必要劳动时间，因此只要生产商品的社会必要劳动时间不变，商品的价值量就不会改变。随着社会必要劳动时间的增加或减少，商品的价值量也会随之增加或减少，二者成正比例关系；相反，商品的价值量与劳动生产率是呈反比例变化的。劳动生产率是人们在生产中的劳动效率，一般用同一劳动在单位时间内生产某种产品的数量来表示，也可以用生产单位产品的劳动时间来表示。比如，同样是一小时，过去只生产一件产品，现在能生产两件产品，这就表明劳动生产率提高了一倍。劳动生产率越高，单位商品中所耗费的社会必要劳动时间就越少，单位商品的价值量也就越小；反之，劳动生产率越低，单位商品的价值量就越大。如原来一小时生产一件产品，这件产品的价值量就是一小时的劳动。现在由于劳动生产率提高了一倍，一小时可以生产两件产品，则每件产品中所包含的劳动时间从一小时下降为半小时。由此可见，商品的价值量同劳动生产率成反比例关系。

4.商品经济的基本矛盾

私人劳动和社会劳动的矛盾是以私有制为基础的商品经济的基本矛盾。在社会分工条件下，每个商品生产者首先不是为自己，而是为他人、为社会的需要进行生产，大家相互提供劳动产品，彼此联系，有机地构成社会生产的整体，每个人的劳动也就成为社会总劳动的有机组成部分。这样，商品生产者的劳动也就具有了社会劳动的性质。但是，由于生产资料私有制的存在，每个生产者又都以彼此独立经营的私有者身份出现，生产什么、生产多少，完全成为个人的私事。若从这方面看，他们的劳动又首先直接表现为私人劳动。既然社会分工决定了他们的产品是为满足社会需要而生产的，每个商品生产者的私人劳动就只有通过商品交换才能得到社会的承认，转化为社会劳动。对商品生产者来说，要完成这一转化，商品交换的成功与否是生死攸关的问题。只有商品顺利地卖出去，生产者的具体劳动创造的使用价值满足社会需要，抽象劳动形成的价值才能实现；反之，如果商品卖不出去，就表明生产者的具体劳动创造的使用价值不为社会所需要，生产者无差别的一般人类劳动也就不会被社会承认为抽象劳动，也不会形成价值。若商品生产者的劳动得不到社会承认，其生产商品的劳动的社会性就无法表现出来。因此，使用价值与价值、具体劳动与抽象劳动、个别劳动时间与社会必要劳动时间之间的矛盾，都源于私人劳动和社会劳动这对商品经济的基本矛盾。

在私有制条件下，商品生产处于盲目竞争和无政府状态，因此商品的价值能否实现、私人劳动能否转化为社会劳动以及转化多少，决定着商品生产者在竞争中的地位，从而决定着他们的命运。

5.深化对劳动和劳动价值理论的认识

劳动价值理论是马克思主义政治经济学的基石，深化对劳动和劳动价值理论的认识，必须注意以下两点：

首先，要完整、准确地把握马克思劳动价值理论的基本原理。劳动价值理论的主要内容是：①商品的二因素是生产商品的劳动二重性决定的。具体劳动创造使用价值，抽象劳动创造价值。商品的价值量是由活劳动创造的，物化劳动不创造价值。②商品的价值量由生产商品的社会必要劳动时间决定，并随劳动生产率的变化而变化，商品交换以价值量为基础，实行等价交换。③生产商品的劳动有简单劳动和复杂劳动之分，在相同时间内，复杂劳动等于数倍简单劳动。④交换价值是价值的形式，价值是交换价值的内容。价值形式随着商品交换的发展而发展，货币的出现加深了商品经济中的矛盾。

其次，要在继承的基础上以与时俱进的创新精神，坚持和发展马克思劳动价值理论。从马克思创立劳动价值理论到现在，170年过去了，世界发生了巨大的变化。由于历史的局限和生命的局限，马克思不可能为今天的劳动和劳动价值理论问题提供完整的现成答案，我们不能拘泥于马克思已有的理论，必须在新时期市场经济的实践中，不断发现问题和解决问题。当前，特别要对下列问题深化认识：①随着服务业的迅速发展，第三产业在国民经济中的比重不断提高，服务业的劳动总体上应确认为生产劳动，其具体劳动就是提供某项具体服务，抽象劳动凝结在具体的使用价值中，通过交换实现服务劳动的价值；②在知识经济时代，高智力以及高技能体力构成的抽象劳动创造了比过去更高的价值；③科技工作者的劳动是复杂劳动，能够创造更多的价值；④管理劳动力也是复杂劳动，包括决策、控制、组织、监督、承担风险等所支付的体力和脑力劳动，也能比简单劳动创造更多的价值。

二、货币的产生和职能

1.货币的产生

价值是凝结在商品中的抽象劳动，是看不见、摸不着的。为了给它一个可以捉摸的具体形式，就必须借助交换价值这一价值形式来表现。货币也是一种价值形式，但它是成熟的价值形式，是经历了一个漫长的商品交换过程才出现的。与商品交换的发展相适应，价值形式的发展经历了四个阶段。

（1）简单的或偶然的价值形式。商品交换出现在原始社会后期。当时，人们并没有为了交换而生产，只是当游牧部落同农业部落偶尔相遇时，将少量多余的产品拿来交换，采取物物直接交换是形式。例如，用1只羊去换25千克大米。在1只羊等于25千克大米的交换关系的等式中，1只羊的价值通过25千克大米表现出来，这样羊就处于价值被表现的相对价值形式上，而大米则成为表现羊的价值的一面镜子，起着等价物的作用，处于等价形式。在这里，大米虽然只是偶然地充当羊的等价物，但它已包含了货币的胚芽。

（2）扩大的价值形式。随着社会分工的进一步发展和劳动生产率的提高，参加交换的商品越来越多，交换的次数也日趋频繁。这样，物物交换的范围扩大了，一种商品可以和多种商品交换，如羊既可以换大米，也可以换麻布、斧头等。这可用等式表示为：

1只羊 { = 25千克大米
= 2把斧头
= 20码麻布
= 其他某种商品

在这里，大米、斧头、麻布等作为等价物都是羊的价值表现材料。随着价值形式的扩大，价值的社会性得到了进一步确认。与此同时，直接物物交换带来的困难和矛盾也越来越明显。例如，牧羊人想用羊去换大米，而生产大米的人不需要羊而需要麻布，有麻布的人不需要大米，而需要斧头。如果有斧头的人正好需要麻布，到此，牧羊人经过一番周折后总算换到自己所需要的商品。若有斧头的人并不需要麻布，则这个交换还得继续经历更加迂回曲折的过程。可见，价值形式的进一步发展显得十分必要。

（3）一般的价值形式。人类总是在不断地克服困难中逐步前进。在长期的交换实践中，人类逐步地在商品世界中分离出一种大家都愿意接受的商品。人们只要先换到了它，就可以凭它换取其他任何商品，这就比过去要方便多了。能够表现其他各种商品价值的物品，称为一般等价物。一般等价物可以直接和其他一切商品相交换。于是，扩大的价值形式就发展到一般的价值形式。这时，只有一般等价物才具有等价物的作用，其他商品都失掉了充当等价物的资格，从而，它的社会性质也得到充分表现。这可用等式表示为：

25千克大米=
20码麻布=
2把斧头=
其他某种商品= } 1只羊

在一般的价值形式中，羊充当一般等价物，使所有商品的价值是无差别的人类抽象劳动这一点更完全、充分地表现出来。这样，大家只要先换到羊，就能再用羊换自己所需要的商品。一般等价物出现后，商品交换较从前方便多了，矛盾也得到了暂时解决。但是，那时各地区的情况不同，如山区用羊、平原地区用粮食、沿海地区用贝壳作一般等价物。一般等价物不尽相同，因而成为商品交换发展的障碍。商品交换的发展迫切需要把一般等价物固定在某一种商品上，于是一般的价值形式就过渡到了货币形式。

（4）货币形式。当一般等价物固定在金银这两种商品上时，就产生了货币。在人类历史上，牲畜、布、贝壳、兽皮、金属等都曾充当过一般等价物。一般等价物最后固定为金银等贵金属，是因为黄金和白银有许多优点，如质地均匀、不易磨损、便于分割和携带、体积小而价值大等，最适合充当货币材料。于是，金银夺得了货币材料的桂冠，普遍地、固定地充当一般等价物。所以，马克思说："金银天然不是货币，但货币天然是金银。"①

货币作为一种特殊商品，是商品交换发展到一定阶段自发产生的。从货币的起源可以看出，货币是在商品交换发展过程中从商品世界中分离出来、固定地充当一般等价物的特殊商品。货币的本质就是一般等价物，它体现了商品生产者之间的社会关系。货币是商品经济矛盾发展的产物，自从金银成为货币以后，整个商品世界就分成两极：一极是千姿百态的普通商品；一极是货币。货币代表一切商品的价值，成为一切商品的交换价值，一切商品都必须换成货币后才能实现自己的价值。这样，商品内部使用价值和价值的矛盾就表现为商品和货币的外部矛盾，从此，商品经济的矛盾又进一步发展了。

由于货币具有购买一切商品的属性，因此商品生产者的命运决定于商品能不能换成货币。这就使货币在商品世界中享有至高无上的权威，似乎货币具有一种神奇的魔力，能支配人们的命运，人们像迷信神灵一样崇拜金钱，"钱能通神""有钱能使鬼推磨"，仿佛货币是无所不能的，这种现象叫作货币拜物教。

2.货币的职能

货币的职能是由货币作为一般等价物的本质决定的。在发达的商品经济中，货币具有以下五种职能：

（1）价值尺度，即货币发挥衡量（计量）商品价值量大小的标尺的作用，如同用一把尺子去衡量其他物品的长度一样。商品本身不能表现自己的价值，只能在交换中通过另一种商品来表现。货币产生以后，一切商品的价值都由货币来表现。商品的价值用货币来表现就是商品的价格，换句话说，价格是价值的货币表现形式。价格以价值为基础，一般来说，价格的高低与价值的大小成正比。当货币作为价值尺度时，不需要现实的货币，只要是想象的或观念的货币就可以执行这种职能。

（2）流通手段，即货币在商品交换中发挥媒介作用。执行流通手段职能的必须是现实的货币。以货币为媒介的商品交换叫作商品流通。在货币出现以前，商品交换采取物物交换的形式，即商品-商品（W-W），卖的过程同时也是买的过程，交换是在同时间、同地点发生的。货币出现以后，商品交换就表现为商品-货币-商品（W-G-W），分为

① 马克思，恩格斯．马克思恩格斯全集：第23卷［M］．中共中央马克思恩格斯列宁斯大林著作编译局，译．北京：人民出版社，1972：107.

卖和买两个独立的过程，可以先卖后买，也可以在甲地卖到乙地买。这就打破了物物交换在时间和空间上的限制，促进了商品交换的发展。但是，若有些人卖了商品不马上买，另外一些人的商品就会卖不出去，从而引起买卖脱节。由此可见，在商品流通中已经包含了经济危机的可能性。

(3) 贮藏手段，即把货币作为社会财富的一般代表贮藏起来。货币之所以能够作为贮藏手段，是因为货币固定地充当一般等价物，作为社会财富的一般代表，可以随时在市场上购买任何东西，从而改变了人们以往贮藏实物（如粮食、布匹、牲畜等）积累财富的办法。贮藏货币较贮藏其他实物更方便、更稳妥，又能减少保管费用，而且它本身又不会贬值，所以成为积累财富的理想物。货币作为贮藏手段与其作为价值尺度、流通手段不同，作为贮藏手段的货币，不能是想象的和观念中的货币，必须是现实的货币；而且不能是价值符号，必须是黄金和白银这样的金属货币，因为只有金属货币才具有实在的价值。

(4) 支付手段，即货币发挥清偿商业信用以及在商品流通领域以外支付各种款项的作用。最初的商品买卖是现金交易，一手交钱，一手交货。随着商品流通的进一步发展，出现了赊账买卖，即购买商品时可以暂时不付钱，到了约定的付款期，再用货币支付欠款。货币不仅被用来支付债务，后来又逐渐扩展到商品流通领域以外，用于支付地租、租金、利息、税收以及工资等。这里的货币就执行着支付手段的职能。

(5) 世界货币，即货币越出一国的疆界，在国与国的经济关系中发挥作用，如购买外国商品、弥补国际贸易逆差等。这样，货币就具有了世界货币的职能。充当世界货币的必须是有价值的货币商品，如黄金、白银等贵金属。

以上货币的五种职能是密切联系的，都是货币作为一般等价物本质的表现。其中，价值尺度和流通手段是与货币同时出现的两个最基本的职能，其他职能都是在这两个基本职能的基础上逐步发展起来的。

3.货币的流通规律

货币的流通规律是决定一定时期内流通中所需要的货币量的规律。流通中需要的货币量取决于以下三个因素：①待销售的商品数量。流通中待销售的商品数量越多，则需要的货币量就越多；反之，流通中待销售的商品数量越少，所需要的货币量也越少。②商品的价格水平。商品的价格水平越高，流通中需要的货币量就越多；商品的价格水平越低，流通中需要的货币量就越少。③货币流通速度，也就是一定时间内同一货币单位的平均周转次数。这可用公式表示为：

一定时期内流通中所需要的货币量=待售商品价格总额÷货币流通速度（平均周转次数）

由此可以看出具有规律性的现象：流通中需要的货币量与商品价格总额成正比例关系，而与货币流通速度成反比例关系。

货币的支付手段职能出现以后，流通中所需要的货币量也发生了相应的变动。由于商品交换采用赊购的方式，商品的出售和货款的支付在日期上是分离的，所以一定时期待售商品价格总额应减去赊购和暂时无须支付货币的部分，同时加上前一期赊购已经到期而需要支付的货币，还要减去商品生产者之间相互发生债务而可以互相抵销、无须支付货币的部分。这可用公式表示为：

$$\text{一定时期内流通中所需要的货币量}=\frac{\text{待售商品价格总额}-\text{赊购商品价格总额}+\text{到期支付总额}-\text{互相抵销的支付总额}}{\text{货币流通速度（平均周转次数）}}$$

以上分析的是以贵金属（黄金、白银）为一般等价物的货币流通规律。在货币流通中，最初是金属的自然块和条块，没有固定的形状和重量单位，每次买卖都要鉴定成色、称重量，非常麻烦。随着商品生产和交换的发展，人们逐步开始用贵金属铸造货币，在全国范围内流通。铸币在流通中会逐渐磨损而减轻分量，由足值铸币变成不足值铸币。但是，人们在交换过程中，关心的是货币能否换回他所需要的商品，并不会去计较铸币本身是否足值。随着商品交换的进一步发展，金属货币逐步被纸币所代替。

纸币是由国家发行并强制使用和交换的货币符号，是金属货币的代表，代替金属货币执行流通手段的职能。它的发行量必须以流通中所需要的金属货币量为限度。如果纸币发行量大大超过流通中所需要的金属货币量，纸币就会贬值，物价就会上涨，这被称为通货膨胀。

随着社会经济的进一步发展，多种多样的信用货币相继出现。信用货币是代替金属货币充当支付手段和流通手段的信用证券，如银行券、支票、期票、汇票等。第二次世界大战以后，随着信用制度的发展和电子技术的广泛应用，又出现了电子货币。电子货币是一种无形货币，即贮存于电子计算机中的存款货币。

拓展阅读2-3　战俘营里的货币

第二次世界大战期间，在纳粹的战俘集中营中流通着一种特殊的商品货币——香烟。当时的红十字会设法向战俘营提供了各种人道主义物品，如食物、衣服、香烟等。由于数量有限，这些物品只能根据某种平均主义的原则在战俘之间进行分配，而无法顾及到每个战俘的特定偏好。但是人与人之间的偏好显然是有所不同的，有人喜欢巧克力，有人喜欢奶酪，还有人可能更想得到一包香烟。因此这种分配显然是缺乏效率的，战俘们有进行交换的需要。但是即便在战俘营这样一个狭小的范围内，物物交换也显得非常不方便，因为它要求交易双方恰巧都想要对方的东西，也就是所谓的需求的双重巧合。为了使交换能够更加顺利地进行，需要有一种充当交易媒介的商品，即货币。那么，在战俘营中，究竟哪一种物品适合做交易媒介呢？许多战俘都不约而同地选择香烟来扮演这一角色。战俘们用香烟来进行计价和交易，如一根香肠值10根香烟，一件衬衣值80根香烟，替别人洗一件衣服则可以换得2根香烟。有了这样一种记账单位和交易媒介之后，战俘之间的交换就方便多了。

三、价值规律

1.价值规律的基本内容和要求

价值规律是商品经济的基本规律。只要有商品生产和商品交换，价值规律就必然发生作用，这是不以人的主观意志为转移的。价值规律的基本内容和要求是：商品的价值量是由生产商品的社会必要劳动时间决定的，商品交换要按价值量相等的原则实行等价交换。既然价格是价值的货币表现，等价交换原则客观上要求价格与价值相一致，但是在实际的商品交换中，价格和价值往往是不一致的，因为价值规律在运动过程中要受供求关系的影响。在一定时期，商品的供求关系经常出现不平衡，当某种商品的供给量超过需求量即供过于求时，商品生产者就竞相降价出售，价格就会跌到价值之下；反之，当商品的供给量不能满足需求即供不应求时，商品生产者就会提高价格出售，价格就会涨到价值以上。这样，商品价格就会时而高于价值，时而低于价值，经常与价值不一致。但是，总的来说，价格的变化还是以价值为基础并且围绕价值这个中心上下波动的。例如，一辆汽车价格再下跌，也不会降到比一辆自行车还便宜的程度，这就是价格受价值制约的结果。价格背离价值的现象又会反过来调节供求关系，使供求趋于平衡，从而使价格接近价值。因此，从一个较长时期看，商品价格的涨落可以互相抵销，商品价格总体上仍然与价值相一致。价格围绕价值上下波动并不是对价值规律的否定，而正是价值规律发生作用的表现形式。

2.价值规律的作用

作为商品经济的基本规律，价值规律的作用主要包括以下三个方面：

（1）调节资源配置和经济活动。价值规律自发地调节着社会生产，也就是调节着生产资料和劳动力等生产要素在社会和生产部门之间按比例分配，即通过市场机制起到资源配置作用。在任何社会，再生产要正常、顺利进行，都必须使生产要素按一定比例分配于各个生产部门。在私有制商品经济中，生产者并不知道市场上需要什么、需要多少，生产是根据生产者自身的利益盲目进行的。只有当商品拿到市场上以后，通过商品价格的涨落，他们才会了解社会需要什么、不需要什么。当某些商品的价格上涨到价值以上时，表明这种商品供不应求；反之，当市场价格跌落到价值以下时，表明这种商品供过于求。因此，市场价格的涨落就成为商品生产者了解市场供求关系的“晴雨表”，商品生产者可以根据市场价格的涨落来调整自己的生产。如果市场上某种商品价格上涨，商品生产者知道这种商品供不应求，是“热门货”，就把生产资料和劳动力大量投到这种商品的生产上；反之，当某种商品供过于求、价格低于价值时，商品生产者就会因生产这种商品无利可图甚至亏本而争先恐后地压缩这种商品的生产，有人还会把生产资料和劳动力从这种商品的生产中转移出去。价值规律就像一根无形的指挥棒，通过价格的上涨和下跌，告诉人们哪些商品生产多了、哪些商品生产少了，现在应该生产什么、不应该生产什么，从而使社会各生产部门之间大体上保持一定的比例关系。由于这种比例关系是在竞争和无政府状态下实现的，所以会不断遭到破坏，又不断自发形成。在这一调节过程中，随着生产的盲目扩大或缩小，资金的盲目转移必然会造成社会劳动的巨大浪费。

（2）刺激生产者改进技术，提高劳动生产率，促进社会生产力的发展。商品的价值量不是由商品生产者的个别劳动时间决定的，而是由社会必要劳动时间决定的。个别商品生产者如果改进技术，提高劳动生产率，使单位商品中耗费的劳动量减少，从而使商品的个别价值低于社会价值，但商品仍按照社会价值出售，他就可以获得更多的盈利。

如果劳动生产率较低，单位商品中耗费的劳动量较大，商品的个别价值高于社会价值，但商品也只能按社会价值出售，他就会亏本。因此，每个商品生产者都想方设法地改进生产技术，提高劳动生产率，以减少生产商品所耗费的个别劳动时间，使自己在竞争中处于有利地位。商品生产者在价值规律的支配下，竞相改进生产技术和管理，推动着整个社会生产力的发展。

（3）使商品生产者两极分化，形成经济活动中的优胜劣汰。商品生产者的生产条件是各不相同的，那些生产条件好、技术水平高的商品生产者，因其劳动生产率高，生产商品所耗费的劳动量少，商品的个别价值低，所以在竞争中处于有利地位，越来越富；而那些生产条件差、技术水平低的商品生产者，因其劳动生产率低，生产商品所耗费的劳动量多，商品的个别价值高，所以在竞争中处于不利地位，就会亏本甚至破产。

本章小结

人类社会形态的发展表现为社会经济制度的变革。推动社会经济制度变革最根本的动力是生产力和生产关系的矛盾运动。生产力是最活跃的因素，是决定生产关系变化的根本原因。生产关系随着生产力的发展而改变自身的性质，是社会经济制度变革的一般规律。在这一规律的作用下，迄今为止，人类社会依次经历了原始公社制度、奴隶占有制度、封建制度、资本主义制度和社会主义制度。

自然经济和商品经济是人类社会发展至今的两种基本经济形态。自然经济是与较低的社会生产力发展水平相适应的经济形态，商品经济是以社会化大生产为基础、以交换为目的的经济形态。商品经济经历了简单商品经济和发达商品经济两个阶段，市场经济是商品经济的发达阶段。商品经济的发展经历了一个相当长的历史时期。

价值是商品经济最基本的范畴，商品是使用价值和价值的统一体。生产商品的劳动有具体劳动和抽象劳动二重性。商品的价值量是由社会必要劳动时间决定的，劳动生产率的变化与单位商品的价值量成反比；价值的本质是人与人之间相互交换劳动的关系。使用价值与价值、具体劳动与抽象劳动、个别劳动时间与社会必要劳动时间之间的矛盾，源于私人劳动和社会劳动这一商品经济的基本矛盾。

劳动价值理论是马克思主义政治经济学的基石，劳动创造价值是劳动价值理论的基本观点。在新的历史条件下，要深化对劳动和劳动价值理论的认识。

价值形式是随着交换活动的发展而发展的，货币形式是价值形式发展的完成形式。货币是固定地充当一般等价物的特殊商品。在社会经济的发展过程中，货币的职能及货币的具体形式也在不断发展。

价值规律是商品经济的基本规律。商品价值由社会必要劳动时间决定、商品交换实行等价交换的原则，是价值规律的基本内容和要求。价值规律的表现形式是价格围绕价值上下波动。价值规律的主要作用包括调节资源配置和经济活动，促使生产者提高生产经营效率，形成经济活动中的优胜劣汰。

课后练习

▲简答题

1.如何理解商品经济与市场经济的关系？

2.什么是商品的二因素和生产商品的劳动二重性？商品的二因素与生产商品的劳动二重性之间的关系是怎样的？

3.商品的价值量是怎样决定的？劳动生产率的变动对价值量有什么影响？

4.货币是怎样产生的？货币的本质和职能是什么？

5.价值规律的内容和基本要求是什么？价值规律在商品经济中起哪些作用？

6.在新的历史条件下，如何深化对劳动和劳动价值理论的认识？

▲材料分析题

假设春运期间部分车次的火车票提价20%左右，对此有人认为是应该的，符合市场经济发展规律的要求，有利于铁路部门成为市场竞争主体，通过市场竞争手段实现自主经营和自负盈亏；有人认为火车票提价是错误的，铁路部门作为具有垄断性质的公共部门，是依靠垄断地位“敛财”的，车票提价损害了消费者的利益。

结合材料请回答：春运期间火车票提价是否符合现代市场经济规律？

第三章

资本主义生产关系的实质及其发展阶段

学习目标

什么是资本主义，怎样认识资本主义的发展？这是学习马克思主义政治经济学必须把握的基本问题。通过本章的学习，学生应了解资本主义生产关系的实质是以生产资料私有制为基础的雇佣劳动制度，追逐剩余价值是资本主义生产的目的和决定性动机，弄清资本主义制度下资本和剩余价值的各种具体形式；应了解资本主义从自由竞争走向垄断的客观必然性、垄断作用的双重性；科学认识当代资本主义，明确资本主义被社会主义取代的历史趋势。

案例导入

辩证把握国际格局

国际格局是国际关系发展和国际力量对比的表现。国际格局一旦形成，会在一定时期内保持相对稳定并持续发挥作用，但国际格局又不是一成不变的。深刻认识国际格局的变与不变，有助于我们在国际事务中明确战略方向、增强战略定力。

审视当今世界国际格局，可以发现其中总是交织着变与不变。当前，西方发达国家在经济、科技上占优势的局面没有根本改变，但发展中国家的力量持续壮大，国际力量对比加快调整。数十年来，尽管国际形势风云变幻，但和平与发展的时代主题没有变，国际社会的主流诉求不是战争，而是谋和平、求发展、促合作；同时，天下并不太平，国际社会面临的战争、动乱、贫困、大规模疾病、气候变化、环境保护等全球性挑战层出不穷。经济发展是国际社会稳定的压舱石，近30年来世界经济发展既有促进增长的有利因素，也面临不少难题，而科技进步和创新正在积聚促进变化的巨大能量。深刻认识国际格局的变与不变，不仅能更加科学客观地确立自己的目标，而且有助于为国际社会贡献更多智慧，促进国际社会在顺应时代潮流中加强合作。

从总体上看，当今世界正处于百年未有之大变局中，这是国际格局最大的变。近代以来西方国家主导的国际格局发端于500年前地理大发现和资本主义在欧洲的发轫。这一国际格局到第二次世界大战结束后逐渐发生变化。发展中国家经过70多年的发展，逐渐成为影响国际格局变化的重要力量。当前，国际体系基础正在发生变化，国际秩序面临调整，全球治理需要变革，可以说是一个充满矛盾、竞争并加快重组的时期。此时更需要国际社会各方力量充分认识国际关系的发展趋势，坚持多边主义，共同推动建立相互尊重、公平正义、合作共赢的新型国际关系，推动建立更加公正合理的国际新秩序。

如今，发展中国家的自主意识日益增强。中国特色社会主义道路、理论、制度、文化不断发展，拓展了发展中国家走向现代化的途径，给世界上那些既希望加快发展又希望保持自身独立性的国家和民族提供了全新选择。新兴市场国家和发展中国家对世界经济增长的贡献率已经达到80%。按照汇率计算，这些国家的经济总量占世界经济总量的比重现在已接近40%，只要保持现在的发展速度，10年后将接近世界经济总量的一半。新兴市场国家和发展中国家群体性崛起势不可当，将使全球发展的版图更加全面均衡，使世界和平的基础更为坚实稳固。

发展中国家自身的合作也向纵深发展。从20世纪80年代开始，广大发展中国家掀起了合作新高潮，非洲联盟、上海合作组织、金砖国家等不断发展，在推动全球治理体系变革和国际规则演进中发挥着越来越大的作用。广大发展中国家在国际格局中的地位和作用不断提升，一些发展中大国在国际经济体系和全球治理体系中的话语权有了明显提升。随着广大发展中国家自身实力的增强和相互合作的加强，其在国际格局中的地位和作用还将进一步提升。

未来10年将是国际力量对比加速演变的10年，国际格局也将因此发生更大变化。中国将继续发挥负责任大国的作用，把握历史发展规律，顺应时代发展潮流，积极参与全球治理体系改革和建设，反对单边主义和霸权主义，坚持多边主义和国际关系民主化，为构建新型国际关系、构建人类命运共同体不断注入正能量。

资料来源　杨洁勉. 辩证把握国际格局［N］. 人民日报，2019-07-09（09）.

第一节　资本主义生产关系的实质

一、资本主义的雇佣劳动制度

1.劳动力成为商品是资本运行的前提条件

资本主义生产关系的实质是以生产资料私有制为基础的雇佣劳动制度。分析资本主义雇佣劳动制度的产生，必须首先回答货币是如何转化为资本的问题。

资本最初表现为一定数量的货币，但货币本身并不是资本。货币与资本的区别可以从它们不同的流通形式中体现出来。货币作为货币运动时，表现为简单的商品流通，其运动公式是：商品-货币-商品（W-G-W）；货币作为资本运动时，表现为资本流通，其运动公式是：货币-商品-货币（G-W-G）。这两种运动形式从表面上看只是次序不同，实际上有着本质区别：①起点和终点不同。前者的起点和终点都是商品，后者的起点和终点都是货币。②流通媒介不同。前者以货币为媒介，后者以商品为媒介。③目的不同。前者的目的是换取不同的使用价值，后者的目的是价值增值。因此，资本流通公式实际上应该是：货币-商品-更多的货币（G-W-G′，G′=G+ΔG），这个ΔG就是剩余价值。上述分析表明，货币资本和一般货币是根本不同的，资本是带来剩余价值的价值，其本质特征就是能带来剩余价值。

资本总公式实际上是一个矛盾的公式。它表明资本在流通过程中发生了价值增值，带来了剩余价值，但按照价值规律的要求，作为资本的货币在流通中是不能发生价值增值的。解决资本总公式的矛盾，关键在于说明剩余价值的来源。显然，剩余价值不能在流通中产生，因为在流通中必须实行等价交换。即使贱买贵卖，也只是改变货币在不同资本家之间的占有状况，而价值总量不会发生变化。剩余价值不能在流通中产生，但剩余价值的产生又不能离开流通。在流通领域之外，商品生产者只能同自己的商品发生关系。这种关系只能是一定量的劳动凝结在商品中，形成商品的价值，不会产生价值增值。可见，剩余价值的产生既不在流通领域，又离不开流通领域，这就是问题的关键。解决问题的唯一办法就是在流通中购买到一种特殊商品，这种商品具有特殊的使用价值，通过对它的使用能够创造价值，而且能够创造比自身价值更大的价值。这种特殊商品就是劳动力。

劳动力是指人的劳动能力，是存在于人体中的体力和脑力的总和。自有人类以来，劳动力就存在，它是生产不可缺少的因素。劳动力成为商品是社会发展到一定历史阶段的产物。劳动力成为商品必须具备两个条件：一是劳动力所有者必须是法律上的“自由人”，有权自由处置自己的劳动力；二是劳动力所有者除了自己的劳动力以外一无所有，只有出卖自己的劳动力才能维持生活。这两个条件并不是人类社会一开始就存在的，它们是在封建社会解体、小生产者日益分化、绝大多数人沦为无产者，以及在资本原始积累的历史过程中才逐步形成的。

劳动力既然是商品，它就同其他商品一样，具有价值和使用价值。劳动力的价值是由生产和再生产劳动力所需要的社会必要劳动时间决定的，即由生产和再生产劳动力所需要的生活资料的社会必要劳动时间决定的。具体地说，它包括三部分：维持劳动者自身生存所需要的生活资料和服务的费用、维持劳动者家属及其子女生存所必需的生活资料和服务的费用、劳动者进行技术训练和学习的费用。总的来说，劳动力的价值是由生产、发展、维持和延续劳动力所必需的生活资料的价值决定的。必须指出，同其他商品的价值不同，决定劳动力（商品）的价值还包括历史和道德的因素。

劳动力具有独特的使用价值，这是劳动力作为商品最大的特点。一般商品被消费时，它们的价值或者消失，或者转移到新产品中去。劳动力却不同，它具有创造价值的能力。通过生产过程，它不仅能创造出劳动力自身的价值，而且能创造出比劳动力自身价值更大的价值，即剩余价值。资本家之所以要购买劳动力，就是看中了劳动力使用价值的这种特殊作用，它能够满足资本家唯利是图的欲望。劳动力商品的使用价值是剩余价值的源泉，没有劳动力商品的这个条件，货币就不会转化为资本。因此，劳动力成为商品，是货币转化为资本的关键。

2.剩余价值的生产

（1）资本的价值增值过程。资本主义生产过程具有二重性，它既是劳动的过程，又是价值增值的过程。资本主义生产过程是劳动过程和价值增值过程的统一。劳动过程是人们通过自己有目的的活动，借助一定的劳动手段去改变劳动对象，满足人们某种需要的过程，也就是具体劳动创造使用价值的过程。从劳动过程的一般性质来说，这是任何社会所共有的。但是，由于生产关系不同，资本主义劳动过程既是使用价值的生产过程，又是劳动力商品的消费过程。这一过程的特点是：①劳动者的劳动由资本家所有。生产什么、生产多少、怎样生产，都服从资本家的安排，劳动者在资本家的监督下进行劳动。②劳动产品归资本家所有。由于资本家占有生产资料，劳动成果也归资本家所有。

价值增值过程以一般的价值形成过程为基础，价值形成过程就是抽象劳动创造价值的过程。这对一般商品生产者来说无疑是重要的，但是对资本家来说，显然还不仅仅限于这种一般价值的形成过程。资本家之所以要创造某种使用价值，是因为使用价值是价值和剩余价值的物质承担者，没有使用价值，价值和剩余价值就无法实现。所以，资本主义生产过程是一个价值增值过程。

那么，价值是怎样增值的，或者说剩余价值是怎样生产出来的呢？下面我们来考察价值的增值过程。例如，某服装厂资本家雇用工人劳动，4小时生产1件衣服，需要消耗棉布等生产资料的价值量相当于16小时劳动，假定每小时表现为1元货币，则1件衣服价值的货币表现是：

棉布等生产资料的耗费	16元（旧价值转移的）
工人4小时劳动创造的价值	4元（新创造的价值）
合　计	20元（全部价值量）

再假定工人的日工资相当于4小时的价值，用货币表现就是4元。这样，工人生产1件衣服花费的劳动时间4小时创造的新价值，恰好与劳动力的价值相等。这一新价值已足够补偿资本家付给工人的工资。如果工人劳动到此结束，资本家出售1件衣服后，仍收回20元。价值没有增值，资本家是不干的。资本家购买劳动力从事衣服生产不是供自己穿着，更不是去满足他人需要，他的唯一动机就是要通过工人的生产劳动创造出剩余价值来。

仍采用上面的例子，劳动力1天的价值是4元，工人只需4小时就能把它创造出来。但对资本家来说，他购买的是工人1天的劳动力使用权，这1天之内劳动力的使用完全属于资本家。假定一个劳动日是12小时，资本家就有权要求工人在12小时之内都为资本家生产衣服。这样，根据前面的假设，4小时可以生产1件衣服，12小时就可以生产3件衣服。3件衣服价值的货币表现是：

棉布等生产资料的耗费（16×3）	48元
工人12小时劳动创造的价值（1×12）	12元
合　计	60元

资本家把3件衣服卖出，收入60元，扣除生产资料耗费48元，付给工人劳动力价值4元，共52元，这样，资本金就可以多得8元的差额。这个差额就是由工人创造的、被资本家无偿占有的剩余价值。由此可见，剩余价值无非是由雇佣工人劳动所创造、被资本家无偿占有、超过劳动力价值的那部分价值。

从以上对资本价值增值过程的分析可以看出，资本是能够带来剩余价值的价值，但是资本的不同部分在价值增值过程中有不同的作用。资本在生产过程中通常表现为两种形式：一部分以生产资料的形式存在，这部分资本借助工人的具体劳动，把原有的价值转移到新产品中，价值不会发生变化，马克思称这部分资本为不变资本（用c表示）；另一部分以劳动力的形式存在，这部分资本的实物形态是雇佣劳动者本身，它在生产过程中能够创造出比劳动力价值更大的新价值，马克思称这部分资本为可变资本（用v表示）。

马克思关于资本区分为不变资本和可变资本的重要意义在于它清楚地说明了以下三点：①剩余价值是由可变资本带来的，雇佣工人的劳动是剩余价值的真正源泉；②不变资本是生产剩余价值的必要条件，本身不能产生剩余价值，不会改变它的价值量；③这种区分深刻地揭露了资本主义生产关系的剥削实质，也为揭露资本家剥削工人的程度提供了科学的依据。

（2）绝对剩余价值和相对剩余价值的生产。剩余价值是可变资本带来的，要考察资本的增值程度，就应考察可变资本与剩余价值的关系。马克思把剩余价值与可变资本的比率称为剩余价值率。用m代表剩余价值，用v代表可变资本，用m′代表剩余价值率，则有：

$$m'=m\div v\times 100\%$$

由于工人在必要劳动时间生产劳动力价值或可变资本价值，在剩余劳动时间生产剩余价值，因此剩余价值率还可以用以下公式来表示：

$$m'=\text{剩余劳动时间}\div\text{必要劳动时间}$$

资本家提高剩余价值率、增加剩余价值量的方法很多，概括起来主要有两种：绝对剩余价值生产和相对剩余价值生产。

资本家最大限度地获取剩余价值的第一种方法，就是延长工人每天的劳动时间，即延长工作日的绝对量。工人的劳动时间是由必要劳动时间和剩余劳动时间两部分组成的。必要劳动时间是指工人为获得生活费用而劳动的时间；工人劳动时间中超过必要劳动时间的那部分，即创造剩余价值的时间，就是剩余劳动时间。在必要劳动时间不变的条件下，把工作日延长而使剩余劳动时间的绝对量增加，由此所产生的剩余价值叫作绝对剩余价值。在必要劳动时间不变的情况下，资本家对工人的剥削程度是随着工作日的延长而提高的。以延长劳动时间来榨取更多的剩余价值，是资本主义发展初期资本家所采用的主要方法。

资本家力求以延长工人劳动时间来增加剩余价值的方法，是有一定限度的。它要受到人的生理和社会一定道德规范的限制，资本家不可能过分地延长工人的劳动时间。

由于劳动时间延长有一定的限度，并且会遭到工人的强烈反抗，资本家转而通过缩短必要劳动时间来相应地延长剩余劳动时间。例如，原先工人1个工作日是8小时，其中4小时是必要劳动时间，4小时是剩余劳动时间。如果工作日长度不变，把必要劳动时间缩短到2小时，那么剩余劳动时间就相应地延长到6小时，较之前增加了2小时。这种在工作日不变的条件下，由于必要劳动时间缩短、剩余劳动时间相应延长而生产的剩余价值，称为相对剩余价值。

相对剩余价值生产的前提是缩短必要劳动时间。如何才能缩短必要劳动时间呢？大家知道，必要劳动时间是由生产和再生产劳动力价值所必需的劳动时间决定的，要缩短必要劳动时间，就必须降低劳动力的价值。劳动力的价值取决于维持工人及其家属子女所必需的生活资料的价值，要降低劳动力价值就必须降低这些生活资料的价值。而要降低这些生活资料的价值，资本家必须提高这些生活资料部门的劳动生产率，如采用新机器、新工艺、新技术等，使社会劳动生产率提高，从而使单位商品价值普遍降低，缩短必要劳动时间，相应地增加剩余劳动时间。这样，即使工人1天的劳动时间不变，其必要劳动时间却因劳动力价值的降低而缩短，剩余劳动时间得到相应延长。

这里必须明确，相对剩余价值的生产是以整个社会劳动生产率提高为前提的，而劳动生产率的提高又是从众多个别资本家追逐超额剩余价值开始的。那么，推动个别资本家改进技术、提高劳动生产率的动力是什么呢？直接动力是可以使商品的个别价值降到社会价值以下，而仍按社会价值卖出商品，从而获得超额剩余价值。所谓超额剩余价值，是指商品的个别价值低于社会价值而取得的剩余价值。超额剩余价值是一种暂时的现象，资本家追求超额剩余价值的结果，是使资本家普遍获得更多的相对剩余价值。

相对剩余价值的生产主要是通过采用先进科学技术进行的，尤其是在新的科技革命影响下，出现了机器人一类的自动化装置并用于生产，使资本家获得了更多的剩余价值。但是，有必要说明，在使用机器人等自动化机器设备的条件下，剩余价值仍然是工人阶级创造的。

资本主义经济学者宣扬机器人也能生产剩余价值，这是一种错误的观点：首先，机器人是一种经过人们设计和编制程序并受电脑控制的自动化程度很高的机器，它与普通机器一样，都是生产手段，属于不变资本。不变资本不会发生价值增值。其次，使用机器人使工人劳动的复杂程度提高，复杂劳动是倍加的简单劳动，这样，首先使用机器人的个别企业会因其个别价值低于社会价值而获得更多的超额剩余价值。如果某一产业部门的大多数企业都使用机器人，资本家就能获得更多的相对剩余价值。因此，机器人的使用只是资本家剥削雇佣工人的一种新形式，丝毫没有改变资本家占有剩余价值的实质。

3.资本主义工资

在资本主义社会，资本家根据工人劳动时间的长短或生产的产品件数付给工人工资。工人劳动1天得1天工资，劳动1个月得1个月工资，似乎工人的全部劳动都得到了报酬。但这是资本主义社会日常生活中的一种假象，实际上，工人出卖的不是劳动，而是劳动力，劳动不是商品，它没有价值和价格。第一，劳动不能出卖。存在于工人身上的是劳动力而不是劳动，劳动是劳动力的使用，是在资本家购买劳动力之后才进行的。当劳动过程开始的时候，劳动属于资本家，因而工人也就不能把劳动当做商品出卖了。第二，劳动本身没有价值。商品价值是无差别的人类劳动的凝结，如果说劳动是商品，具有价值，那就等于说劳动的价值是由劳动决定的，这是背理的同义反复。第三，资本家没有付给工人全部劳动的报酬。工人劳动创造的全部价值包含可变资本和剩余价值两部分，而资本家付给工人的工资只相当于劳动力的价值，多出来的剩余价值则让资本家拿走了。所以，从本质上看，资本主义工资是劳动力的价值或价格，但它却歪曲地表现为劳动的价值或价格。

资本主义的工资形式基本上有两种：计时工资和计件工资。计时工资是指按照工人劳动时间长短支付的工资，如日工资、周工资、月工资等。它实际上也就是按劳动时间支付劳动力的日价值、周价值、月价值的转化形式。计件工资是按工人生产的产品件数或完成的工作量支付的工资。它以计时工资为基础，是计时工资的转化形式。

计件工资与计时工资的形式不同，但本质上是一样的，都是以劳动力价值和工作日长度为基础的，都是劳动力价值或价格的转化形式。事实上，资本家往往把身强力壮和技术熟练的工人完成的产品数量作为计件工资的单价标准，迫使工人增强劳动强度。同时，工人为了糊口，不得不拼命干活，用自己的血汗和健康去多挣一些工资。计件工资有利于资本家加强对工人的剥削，更有利于资本主义生产的发展。

除了计时工资和计件工资这两种基本工资形式外，还有其他名目众多的工资派生形式，如奖金、红利等，这些形式的收入就其本质来说还是劳动力价值的转化形式。

二、平均利润和生产价格

（1）剩余价值转化为利润。资本主义企业生产的商品的价值（w）由三部分构成：生产商品所耗费的不变资本价值（c）、可变资本价值（v）和剩余价值（m），即w=c+v+m。其中，c和v代表资本家为生产商品所实际耗费的资本额，对资本家来说，这就是生产成本。如果用k代表生产成本，商品的价值就变成w=k+m。

剩余价值本来是由可变资本带来的，但在资本主义的现实形态下并不是这样。由于商品生产中所耗费的资本价值表现为生产成本，剩余价值就表现为生产成本以上的一个增加额。当剩余价值被看成全部预付资本的产物或增加额时，剩余价值就转化为利润。利润用p表示，这样，商品价值的构成就由w=k+m转化为w=k+p。

随着剩余价值转化为利润，剩余价值率也转化为利润率。利润率就是剩余价值与全部预付资本的比率，用p′代表利润率，则：p′=m÷（c+v）。由于全部预付资本总是大于可变资本，因此利润率也总是小于剩余价值率。利润率是资本增值程度的标志，一般来说，影响利润率高低的因素包括以下四个方面：

第一，剩余价值率的高低影响利润率的高低。这是因为剩余价值率作为资本家对雇佣工人剥削程度的标志，直接决定着剩余价值量的大小，从而对利润率的高低产生重大影响。一般来说，剩余价值率和利润率成正比。剩余价值率高，利润率也高；反之亦然。因此，一切提高剩余价值率的办法也都是提高利润率的办法。

第二，资本有机构成的高低也影响利润率的高低。这是因为资本有机构成反映的是不变资本和可变资本的比例关系，其中能带来剩余价值的是可变资本。资本有机构成提高，表明可变资本比重低，购买的劳动力就少，若剩余价值率是一定的，则剩余价值量也就少，利润率就低；反之，资本有机构成降低，利润率就高。可见，在剩余价值率不变的情况下，资本有机构成和利润率之间是成反比例变化的。

第三，资本周转速度的快慢同样影响着利润率的高低。这是因为资本周转速度会对年利润率产生直接影响，在其他条件不变的情况下，资本周转速度与年利润率成正比。资本周转速度越快，年利润率也就越高。

第四，不变资本的节约能提高利润率。不变资本的节约可以降低预付总资本中不变资本的比重，使资本家能够用较少的资本获得更多的剩余价值，从而提高利润率。

（2）利润平均化和生产价格。资本的本性决定了资本家为追逐高额利润会展开激烈竞争，竞争首先在部门内部展开。部门内部竞争指的是同一生产部门内部生产同种产品的各个企业，为了占有生产和销售优势、追逐超额利润所展开的竞争。商品的社会价值是由社会必要劳动时间决定的，但是每个商品生产者由于生产条件、技术水平和熟练程度存在着差别，其个别劳动耗费是不同的，从而导致个别价值和社会价值不一致。那些生产规模大、技术装备先进、劳动生产率高的企业占有生产和销售优势，由于其生产的商品的个别价值低于该商品的社会价值而获得超额利润。为使自己能在竞争中处于有利地位，打垮对手，保存和发展自己，商品生产者会不断地改进技术，减少劳动耗费，降低成本，结果自然会使个别企业获得超额利润。大多数商品生产者在采用新技术的同时，也会促进社会技术进步，使部门资本有机构成提高，由此形成的部门商品社会价值是部门间竞争的基础。

部门间竞争指的是在不同生产部门如机械、纺织、食品行业的资本家之间，为了获得有利的投资场所而展开的竞争。它会通过资本转移使利润趋于平均化，形成平均利润率和平均利润。

各个生产部门的资本有机构成和利润率是不同的，以食品、纺织、机械三个行业为例，假设剩余价值率和资本周转速度都一样，只是资本有机构成不同，则利润率是有差异的，见表3-1。

表3-1　　不同部门的利润率

部门	不变资本（c）	可变资本（v）	剩余价值率（m′）	剩余价值（m）	利润率（p′）
食品业	70	30	100%	30	30%
纺织业	80	20	100%	20	20%
机械业	90	10	100%	10	10%
合计	240	60	—	60	—

从表3-1中可以看出，上述三个行业尽管剩余价值率都相等，但由于资本有机构成不同，利润率也就不一样。食品业的资本有机构成最低，利润率最高；纺织业次之；机械业资本有机构成最高，利润率最低。根据上述情况，资本转移方向的最佳选择必然是机械业向食品业转移。假设现实情况也是这样发生的，随着这一转移相应地就会出现如下情况：食品业由于有更多的资本投入，生产规模扩大，产量增加，出现了供过于求，价格下跌，利润率随之下降；相反，机械业由于资本转移出去，生产收缩，产量减少，产品供不应求，引起价格上涨，利润率也随之上升。这一情况要持续到各部门的利润率大致相等，从而形成平均利润率和平均利润。平均利润率是指全社会剩余价值总额和社会总资本之间的比率，其计算公式为：

平均利润率（$\bar{p}'$）=社会剩余价值总额÷社会总资本

不同部门平均利润率情况见表3-2。

表3-2 不同部门平均利润率

部门	全部资本	剩余价值率（m′）	剩余价值（m）	平均利润率（$\bar{p}'$）	平均利润（$\bar{p}$）	平均利润与剩余价值的差额
食品业	100	100%	30	20%	20	-10
纺织业	100	100%	20	20%	20	0
机械业	100	100%	10	20%	20	+10
合计	300	—	60	—	60	—

表3-2表明，对于资本有机构成低的食品业，资本家不能占有从本部门工人身上剥削的全部剩余价值，要把其中的一部分让给有机构成高的机械业资本家。机械业资本家除了占有本部门工人创造的剩余价值外，还得到了食品业工人创造的一部分剩余价值。这种根据资本量的大小按照平均利润率分得的剩余价值，就是平均利润。平均利润的形成过程实际上就是各个部门资本家之间通过竞争进行剩余价值重新瓜分的过程，同量资本获得同量利润的原则实质上是资本法权的充分体现。平均利润进一步掩盖了资本的剥削关系，充分暴露出整个资产阶级共同瓜分剩余价值的真相。马克思的平均利润学说从根本上揭示了资产阶级共同剥削无产阶级的本质，指明了无产者和资本家之间是阶级的对立，只有推翻整个资产阶级统治，无产阶级才能获得解放。

随着利润率的平均化，商品价值构成c+v+m也发生了相应的变化，即变化为$k+\bar{p}$。这样，商品价值也就转化为生产价格。生产价格就是生产成本加平均利润。可见，生产价格的形成是以平均利润率的形成为前提的，平均利润率的形成过程实际上就是生产价格的形成过程。随着商品价值转化为生产价格，价值规律的作用形式也随之改变，市场价格围绕生产价格这一中心上下波动。

三、商业利润、利息和地租

1.商业利润

产业资本循环要依次经过购买、生产和售卖三个阶段，并依次变换为货币资本、生产资本和商业资本三种形态。由于生产和流通实际上是两个过程，因此在客观上有分离的可能。而且，让商品资本独立化为商业资本，由商业资本家从事商品的售卖，具有产业资本家所不具备的优势。

商业资本作为商品资本的独立形态，其职能是通过商品的买卖，使商品资本转化为货币资本，从而实现商品中包含的预付资本的价值和剩余价值。这样，商业资本的运动过程可用公式概括为：G（货币）-W（商品）-G′，G′=G+ΔG。ΔG就是商业资本家从产业资本家那里瓜分到的一部分剩余价值，即商业利润。

那么，商业资本家是如何分割剩余价值的呢？简单地说，是通过商业折扣的办法，即产业资本家把商品用低于生产价格的价格卖给商业资本家，商业资本家又按照商品的生产价格卖出，二者之间的差额就构成商业利润。商业利润必须相当于产业资本的平均利润。既然同量资本获得同量利润是资本法权所要求的，则商业资本家也不例外，他也可以通过资本转移来实现这一要求。假如商业利润率低于产业资本利润率，商业资本就要转移到产业资本方面去，这样，商业资本会因减少竞争者而使利润率提高；反之，如果商业利润率高于产业资本利润率，产业资本就要转移到商业资本方面去，商业资本又会因增加竞争者而导致利润率降低。只有使商业资本和产业资本具有相等的利润率，彼此才会安心于各自的活动领域。可见，商业资本实际上也同样参加了利润平均化过程，它所得到的商业利润也相当于平均利润。

这样，对平均利润率的推算，就要改变只根据产业资本单方面计算的办法，即剩余价值总额/产业资本总额，还要把商业资本参加瓜分剩余价值的内容包括在内。其计算公式是：

平均利润率=剩余价值总额÷（产业资本＋商业资本）

假设剩余价值总额为90元，社会总资本为500元，其中产业资本为450元，商业资本为50元，则平均利润率就是18%。按照这一办法，产业资本家要把生产价格为540元的商品按531元的商业折扣价卖给商业资本家，商业资本家又按540元的生产价格出售，其中有9元的差额，这一差额就相当于平均利润的商业利润。

商业资本（家）在商品流通领域从事买卖活动，商业资本家通过雇用商业员工来做这项工作。就商品买卖而言，买是使价值从货币形态变成商品形态，卖则是使价值从商品形态变成货币形态。在这一形态变换中，商品价值量是不会增加的；商业员工的劳动就其从事的简单买卖工作来说，是既不创造价值也不创造剩余价值的。但是，他的劳动却是具体实现商品价值和剩余价值所需要的。商业资本家雇用商业员工，目的就是要其从事商品买卖，去完成实现商品价值和剩余价值的任务。

商业员工通过商品买卖活动，实现了价值和剩余价值，但是商业资本家并没有把他从产业资本家那里瓜分到的剩余价值全部都付给员工，商业员工所得到的只是其中一部分。这样，商业员工的劳动实际上也分成必要劳动和剩余劳动两部分：在必要劳动时间内实现用来补偿商业资本家付给他们的工资的那部分剩余价值；在剩余劳动时间内则替商业资本家实现属于商业利润的那部分剩余价值，这部分被商业资本家无偿占有。加强对商业员工剩余劳动时间的占有，是商业利润增长的一个重要因素。商业资本家延长劳动时间、加强劳动强度、降低工资，目的就是要其实现更多的商业利润。这样说，是否意味着商业员工也参与了剥削活动呢？不是，因为商业员工的工资是其劳动所得，而非不劳而获。商品的买卖对商品经济来说是不可缺少的环节，它虽不创造价值和剩余价值，但却是必要的过程。所以，商业员工与产业工人一样，都是雇佣劳动者，同样受资本家的压迫和剥削。

2.利息

在资本主义社会，参与剩余价值瓜分的，除产业资本和商业资本外，还有借贷资本。借贷资本作为生息资本的一种形态，是从产业资本和商业资本等职能资本的运动中游离出来的闲置货币资本转化而来的。借贷资本的形成与资本循环有着密切的联系：一方面，资本循环中常常产生暂时闲置的货币资本，或是闲置的固定资本折旧基金，或是闲置的流动资本，或是闲置的资本积累等，这些闲置的货币资本是不会带来剩余价值的，这与资本的本性是相悖的；另一方面，无论是产业资本家为了扩大生产，还是商业资本家为了扩大经营规模，都急需借用大量货币资本。这样，那些闲置的货币资本通过货币的借贷关系，借给了急需货币资本的人，转化为借贷资本。

借贷资本的运动公式是：$G-G'$，$G'=G+\Delta G$。ΔG就是利息。利息是从职能资本家那里瓜分来的那部分剩余价值，是剩余价值的转化形式。衡量借贷资本取得利息大小的尺度是利息率，利息率就是利息与借贷资本的比率。这个比率若是按月计算就是月利息率，按年计算就是年利息率。比如，有借贷资本100元，每年可得利息5元，则年利息率就是5%。一般来说，利息率的最高限度不能超过平均利润率。既然利息是参与产业资本和商业资本对剩余价值的瓜分所得，那么如果利息率超过平均利润率，产业资本家或商业资本家就会无利可图甚至赔本，他们就会放弃使用借贷资本。在正常条件下，利息的大小要受平均利润大小的限制，是平均利润的一部分。在平均利润率一定的情况下，影响利息率波动的因素是借贷资本的供求状况。在借贷资本供不应求时，利息率在平均利润率中所占的比重就大，利息率就高；反之，利息率就低。

随着商品经济的发展，出现了一种充当货币关系中介人的特殊形式的资本主义企业——银行。银行的业务有两项：一是吸收存款；二是发放贷款。银行资金由两部分组成：一是银行资本家的自有货币资金；二是吸收社会各方面存款的外来资金。银行资本家也是以获取利润为目的的，银行收入是由吸收贷款的利息同付出存款的利息之间的差额构成的，它也是银行利润的来源。银行利润的水平要相当于银行自有货币资金部分所应得的平均利润，不然的话，银行资本家就会把它的资金转移到产业或商业上去。这说明，银行资本也同样参与了利润平均化的过程。

以银行信用发展为基础，股票、债券等资本融通形式也逐步发展起来。股息和债券利息是股权人、债权人参与剩余价值分配的形式。

3.地租

地租是土地所有权在经济上的实现形式，是土地所有者凭借土地所有权所获得的经济收入。在资本主义农业中，土地掌握在大土地所有者手里，农业资本家要经营农业，就必须向地主租用土地，拿出从农业工人那里剥削到的剩余价值的一部分，作为换取土地使用权的代价即地租交给地主。显然，地租的源泉是剩余价值，资本主义地租就是农业资本家交给土地所有者的超过平均利润的那部分剩余价值。资本主义地租有两种形态：级差地租和绝对地租。

（1）级差地租。它是与土地的不同等级相联系的地租，是由农产品的个别生产价格低于社会生产价格所形成的。农产品价格不同于工业品价格，它取决于由劣等地生产条件所决定的社会生产价格。土地是农业生产的基本条件，它有肥沃程度和位置优劣的不同，分为优等、中等、劣等地。由于优等、中等地有限，所以一旦优等、中等地被某些农业资本家经营，其他资本家就只能经营劣等地。既然农产品价格是由劣等地的社会生产价格决定的，则经营优等、中等地的农业资本家就会因其土地肥沃具有比劣等地更高的劳动生产率，获得更高的农产品产量，其个别生产价格比社会生产价格低，按照劣等地决定的社会生产价格出卖，就会获得超额利润，从而形成级差地租的第一形态。具体情况见表3-3。

表3-3　级差地租第一形态

土地种类	成本（元）	平均利润（元）	产量（千克）	个别生产价格总额（元）	每千克粮食个别生产价格（元）	社会生产价格总额（元）	级差地租Ⅰ
劣等地	100	20	200	120	0.60	120	0
中等地	100	20	250	120	0.48	150	30
优等地	100	20	300	120	0.40	180	60

表3-3表明，同量资本投在肥沃程度和位置优劣不同的土地上，由于劳动生产率和产量不同，所以个别生产价格也不一样。由于农产品是按劣等地决定的社会生产价格卖出的，所以租种优等、中等地必然获得超额利润，其落在土地所有者手里就转化为地租。这种由土地的肥沃程度和位置优劣不同而带来的超额利润以及由其转化成的地租，统称为级差地租第一形态，或称级差地租Ⅰ。

级差地租Ⅱ形成的条件是在同一地块上连续追加投资所引起的劳动生产率不同。在同一地块上连续追加投资，实行集约化经营，等量投资所获得的农产品产量高于劣等地的产量。而农产品的社会生产价格仍由劣等地的农产品所决定，这样，连续追加投资所生产的农产品的个别生产价格低于社会生产价格的超额利润，就形成级差地租Ⅱ。

综上所述，级差地租形成的原因是农业中存在的对土地的资本主义经营垄断。

（2）绝对地租。在资本主义土地私有制条件下，不论租种何种土地，包括劣等地在内，都要向土地所有者交纳地租，这种凭土地私有权垄断获得的地租就称为绝对地租。

由于农业的资本有机构成低，农产品价格高于生产价格，剩余价值大于平均利润，结果就使农产品价值中超过平均利润的剩余价值余额留在农业领域，成为绝对地租交给土地所有者。绝对地租由农产品价格高于生产价格的差额产生，其源泉还是剩余价值，是超过平均利润以上的剩余价值余额。这是劣等地也具有的，所以劣等地虽然没有级差地租，但有绝对地租。

随着农业现代化的发展，在某些发达的资本主义国家或地区，农业中的资本有机构成甚至已经超过工业，对此，马克思早已预见到。他认为，若出现这一情况，则绝对地租就只能来自市场价格超过价值和生产价格的余额。简单地说，只能来自产品的垄断价格。在出现农业资本有机构成高于工业的情况下，绝对地租就具有垄断地租的性质。其实，垄断地租作为地租的一种特殊形式早已存在了。它是指在特别有利的自然条件下生产出来的产品，按照高于它的价值的垄断价格卖出而获得的额外收入所转化的地租。垄断地租来源于垄断价格。

在资本主义社会，土地是被私人占有的，可以自由买卖。作为买卖对象，土地是有价格的。土地价格实际上是资本化的地租，即土地价格相当于能够取得这笔地租收入的货币资本。所以，土地价格必然要与银行的存款及其利息发生联系。土地价格决定于两个因素：一是地租；二是利息率。其计算公式是：

土地价格=地租÷利息率

比如，有一块土地，每年所得的地租是100元，当时的利息率是5%，土地价格就等于2 000元。这里的对比关系是：土地价格与地租是成正比的，地租越高，土地价格也越高；反之，土地价格就越低。土地价格与利息率是成反比的，利息率越低，土地价格就越高；反之，土地价格就越低。在资本主义社会，随着资本有机构成的提高，利润率和利息率均呈现出下降的趋势，地租和土地价格则都呈现出不断上涨的趋势。

拓展阅读3-1　除去剩余价值　《资本论》还说了啥

为了与空想社会主义相区别，马克思用科学社会主义来命名自己的学说。一般认为，科学社会主义学说中的“科学认识”集中体现为两大发现，即唯物史观和剩余价值学说，二者深刻地展现在《资本论》中。由此，《资本论》成为科学社会主义学说的经典之作。

然而，一段时期以来，人们通常只是将《资本论》视为一部揭露资本主义基本矛盾、论证资本主义制度必然灭亡的著作，忽视了它同时是一部揭示社会主义生成条件的著作。事实上，通过对资本主义经济运行规律的分析，马克思在《资本论》中阐明了社会主义生成的两大条件：一是社会主义生成的物质条件，即高度发达的、社会化的生产力发展水平及其带来的物质财富；二是社会主义生成的主体条件，即日益壮大的、由资本主义生产机制所训练和联合起来的无产阶级及其反抗的不断增长。

在此基础上，马克思指出，当“资本积累”和劳动者“贫困积累”达到极点时，资本主义的外壳就要炸毁，私有制的丧钟就要敲响，剥夺者就要被剥夺，取而代之的将是一种更高级的生产方式及社会制度——社会主义以至共产主义。

需要注意的是，对剩余价值的追逐会使资本突破地域界限，借助于各种形式的资本输出而进行全球扩张，由此导致“资本积累”和“贫困积累”在空间上发生分离：“资本积累”主要集中在相对发达的资本主义国家，“贫困积累”则被转移到了经济、文化落后的国家和地区，最终营造出一种社会主义生成的特殊环境，即在“资本积累”不足而“贫困积累”有余的相对落后国家和地区，尽管社会主义生成的物质条件不足，但由于作为主体的劳动者身受多重压迫，其革命性日趋增强。我国社会主义制度的建立，整体上遵循了上述逻辑。

1882年年初，荷兰社会民主党人致信马克思：倘若革命取得了胜利，在政治和经济方面应采取何种措施？马克思复信说：“这当然完全取决于人们将不得不在其中活动的那个既定的历史环境。”在探索建设社会主义道路的过程中，正是基于这一理论自觉，中国共产党人作出了我国处于并将长期处于社会主义初级阶段的科学论断，并根据国情带领全国人民在实践中开启了改革开放的历史进程，在此过程中开创了中国特色社会主义。

社会主义市场经济体制本质上是一种对资本的利用、驾驭和导控的经济运行机制。一方面，利用资本来发展社会生产，以不断夯实社会主义的物质基础；另一方面，通过对资本的驾驭和导控，使其服务于社会主义建设，特别是通过以公有制为主体的所有制来克服“资本积累”过程中所带来的“贫困积累”。由此，我们走出了一条中国特色社会主义的光辉道路，并取得了举世瞩目的发展成就。科学社会主义也因此在新世纪焕发出新生机。

总之，面对“一球两制”的当今世界，我们不应仅仅用《资本论》对资本主义制度进行剖析和批判，还应当从中汲取理论资源用于坚持和发展中国特色社会主义。

资料来源 元晋秋. 除去剩余价值《资本论》还说了啥［N］. 解放日报，2017-08-01（09）.

第二节 垄断资本主义生产关系的特征

一、垄断资本主义的形成和特征

1.垄断的形成及特点

资本主义生产方式始于16世纪，最终确立是在18世纪中期至19世纪中后期。以纺织机和蒸汽机的发明并运用于生产为标志的第一次工业革命，使资本主义生产由工场手工业逐步转变为机器大工业，为资本主义生产方式奠定了物质基础。这个时期的资本主义处于自由竞争阶段。所谓自由竞争，就是资本主义商品生产者之间为争夺有利的生产和销售条件而进行的无限制的竞争。它以分散的资本和企业为主体，其手段主要是通过改进技术和扩大生产规模，提高生产率和降低产品成本，增加利润；市场机制是生产和流通的主要调节者，国家对经济活动基本上采取自由放任政策；其竞争形式包括生产同类商品的部门内部的竞争和生产不同商品的部门之间的竞争。

19世纪末20世纪初，主要资本主义国家相继从自由竞争阶段过渡到垄断阶段，垄断开始成为全部经济生活的基础，自由竞争资本主义转变为私人垄断资本主义（或称一般垄断资本主义）。列宁科学地分析了这一转变过程，把垄断资本主义称为“帝国主义”，并在1916年所著的《帝国主义是资本主义的最高阶段》一书中全面概括了垄断资本主义阶段的主要经济特征和表现：“①生产和资本的集中发展到这样高的程度，以致造成了在经济生活中起决定作用的垄断组织；②银行资本和工业资本已经融合起来，在这个‘金融资本’的基础上形成了金融寡头；③与商品输出不同的资本输出有了特别重要的意义；④瓜分世界的资本家国际垄断同盟已经形成；⑤最大资本主义列强已把世界上的领土分割完毕。”[①]在这些特征中，垄断是其最重要的经济基础，其他特征都由垄断产生，是垄断统治的表现与结果。

生产领域垄断的形成来自于生产集中。在生产领域，自由竞争导致生产集中。资本主义的生产集中是指资本主义社会的生产（包括生产要素和产品）日益集中在少数大资本家掌握的企业手中，它们在社会生产中所占的份额不断增大。生产集中包括行业范围内的集中与全社会范围内的集中两种形式，这是由生产力和生产关系两方面的原因引起的：一方面，随着生产力的发展（第二次工业革命的发生）和科学技术的进步，不断涌现出各种大型、高效率的机器设备，这既为社会化大生产提供了可能，也对社会化大生产提出了更高的要求，因为这些技术装备只有在大企业中才有可能得到推广和应用；另一方面，为获取更多的利润，自由竞争也迫使资本家不断扩大生产规模，以使自己在竞争中处于有利地位，大企业往往凭借经济上的优势，排挤和吞并中小企业，并对新企业的创办设置障碍，使生产和资本日趋集中。此外，这一时期信用制度的快速发展，也使社会上分散的闲置货币资本和游资得以集中，成为巨额借贷资本，在一定程度上促进了生产的集中和规模的扩大。股份公司和联合制企业的出现以及资本主义经济危机的周期性爆发，导致大量中小企业破产，也在客观上促进了生产和资本的集中，从而在各个部门都形成了少数拥有巨额资本的大企业、大公司。比如，1907年，在德国，不到企业总数1%的大企业，却拥有全部工业动力的75%；1909年，在美国，不到企业总数1%的大企业，其产值却占全国总产值的43.8%。

当生产和资本集中发展到一定程度的时候，少数集中了巨额资本的大企业为了避免在竞争中两败俱伤，并提高规模效益，共同获利，就会由自由竞争自然而然地走向垄断。所谓垄断，是指少数资本主义大企业为获取高额垄断利润，通过协议、同盟而联合起来，控制或独占一个或几个经济部门的大部分商品的生产和销售市场。这种占据垄断地位的大企业或大企业的联盟叫垄断组织。从历史上看，垄断组织的形成和发展大体经历了以下三个时期：19世纪60年代到70年代，生产集中有了一定发展，垄断组织开始出现，但还处于萌芽状态，只是个别现象；19世纪70年代到90年代，垄断组织有所发展，但不稳固，只是一种暂时现象；19世纪末20世纪初，生产集中加速发展，垄断组织的发展势不可当，成为全部经济生活的基础，在主要资本主义国家先后居于统治地位。

---

① 列宁. 列宁选集：第2卷［M］. 中共中央马克思恩格斯列宁斯大林著作编译局，译. 北京：人民出版社，1972：808.

垄断组织的形式在各个国家和不同时期不尽相同。最初的形式是若干企业签订临时的短期价格协定，参加协定的企业在规定的期限内，要按照协定所规定的价格销售商品。随着垄断程度的进一步提高，资本主义各国相继出现了更为复杂的垄断组织形式，主要有：①卡特尔，是指生产同类产品的大企业，通过签订商品价格协定、划分销售市场、规定生产规模等形式而组建的垄断组织。这种形式曾在德国最为流行，所以德国有"卡特尔"国家之称。②辛迪加，是指同一生产部门中的少数大企业，通过签订销售商品和采购原材料的协定而建立的垄断组织。参加辛迪加的企业在生产上仍保持其独立性，其商品销售、原料采购都由统一的组织机构来办理。这种形式曾在西欧国家较为流行。③托拉斯，是由生产同类商品或与之相联系的许多大企业联合起来组成的垄断组织或集团，其特点是参加托拉斯的各企业的业务都由托拉斯理事会及其所属机构统一办理，原来的企业主则变成托拉斯的股东，只按持有的股份取得股息和红利。如20世纪初，美国各大托拉斯就掌握了石油生产的95%、化学工业的81%、金属加工业的77%、钢铁工业的66%、制糖工业和烟草工业的80%。④康采恩，是由不同经济部门的一些大企业联合组成的垄断组织，也叫财团。参加康采恩的既有单个企业，也有垄断组织；既有工业企业，又有商业、银行、交通、保险等企业，其中居统治地位的是作为核心的大工业企业或大银行。

第二次世界大战后，在新的科学技术革命和生产社会化程度提高的基础上，生产集中的程度也不断提高，垄断组织日益向综合性、多样化经营的方向扩展，出现了许多大型混合联合公司（企业集团）。

多样化经营或混合联合经营是指一个企业不仅生产和经营某一种产品，而且同时产销若干种相关或者不相关的产品。对混合联合公司发展具有特殊重要性的是20世纪60年代以来兴起的混合合并，即跨行业的企业并购或重组。这种做法不仅可以有效地规避风险，而且可以持久地保持企业垄断地位和获得高额利润。如美国国际电话电报公司，原来只经营电信业务，第二次世界大战后合并了100多家与电信无关的公司，经营业务迅速扩展到交通运输、煤炭、石油、化工、稀有金属、食品、卫生用品、肥料乃至旅馆、酒店、旅游、金融、保险等领域。混合联合公司已成为发达资本主义国家中普遍的、占主导地位的垄断组织形式。

2.垄断利润和垄断价格

垄断的实质或目的在于追逐高额的垄断利润。垄断利润是垄断组织凭借其在生产和流通中的垄断地位而获得的超过平均利润的那一部分利润，是垄断统治在经济上的实现形式。

就其本质来说，垄断利润的来源同其他形式的资本主义利润一样，仍然是雇佣劳动者和其他劳动人民在生产过程中创造的剩余价值。具体来说，其来源主要有：①加强对本国工人阶级和其他劳动人民的剥削。在生产领域，垄断组织采用各种手段，特别是通过垄断新技术、提高劳动生产率来强化对工人的剥削；在流通领域，通过规定垄断价格而占有工人和其他劳动者的一部分收入。②垄断组织通过向非垄断企业低价购买产品和高价出售自己的产品，占有非垄断企业的一部分利润。③加强对国外劳动人民的剥削。

垄断资本家把经济落后国家作为自己的商品销售市场、原料产地和投资场所，通过不等价交换等手段对这些国家的人民进行剥削。④垄断组织利用所控制的国家机器，通过政府对企业的国家采购、财政补贴、税收减免等手段，对国民收入进行有利于垄断资本的再分配。

垄断利润主要通过垄断组织制定垄断价格来实现。垄断价格是垄断组织依靠自己在经济上的垄断地位规定的、旨在保证获取最大限度利润的市场价格。垄断价格等于成本价格加垄断利润。垄断价格体系包括垄断高价和垄断低价。垄断高价是指垄断组织销售商品时规定的高于商品价值或生产价格的垄断价格；垄断低价是指垄断组织购买原材料和其他初级产品时规定的低于商品价值或生产价格的垄断价格。无论是垄断高价还是垄断低价，其目的都是获取垄断利润。但是，垄断价格的制定也不是随心所欲的，而是依据垄断企业的实力、市场容量、非垄断企业的经营情况以及保证获取最大限度利润的产量等诸多因素来制定的。

垄断价格的出现，使市场上一些商品的价格有时高于或低于商品的价值或生产价格。这种情况并不意味着垄断价格可以否定价值规律，它只是改变了价值规律的作用形式，因为垄断价格的确定不能完全脱离商品的价值，而仍需以价值为基础。从全社会来看，商品价值仍由生产它们的社会必要劳动时间决定，垄断价格既不能增加也不能减少整个社会所生产商品的价值总量，它只是对商品价值和剩余价值作了有利于垄断资本的再分配。从总体上说，全社会的商品价格总额与商品价值总额仍然是一致的。

垄断是在自由竞争的基础上发展起来的，在其初期起过促进生产、巩固资本统治的作用，但垄断统治的确立并没有消除竞争，而是垄断与竞争同时并存。其原因在于：①垄断没有消除竞争产生的经济条件。竞争是商品经济发展的必然产物，垄断的出现并没有消灭资本主义商品经济，因而就不可能消除竞争。②垄断资本主义各企业、各部门的发展是不平衡的，某一种商品的生产和销售不可能全部集中到某一个垄断组织手中，其实力对比经常发生变化，商品生产者之间依然存在着不同形式的竞争。③在垄断资本主义时期，除占统治地位的少数大垄断组织外，还存在着不少没有加入垄断组织的“局外”企业，这些企业之间仍然存在着自由竞争。

垄断资本主义时期不仅没能消除竞争，而且使竞争更加复杂多样。从形式上看，既存在垄断组织内部不同资本所有者之间的竞争、各垄断资本集团之间的竞争，又存在垄断组织和非垄断的中小企业之间的竞争；从性质上看，既有垄断竞争，又有非垄断的自由竞争。不过，在垄断占统治地位条件下的自由竞争不仅在范围上受到很大限制，而且在资本转移、原料来源、价格调节等方面，都要不同程度地受到垄断组织的限制和影响。

与自由竞争时期的竞争相比，垄断时期的竞争具有以下新特点：①垄断时期的竞争主体既包括各种垄断组织，又包括大量的“局外”企业，竞争的目的是获取大大超过平均利润的垄断利润。②竞争的手段日趋多样化，除改进生产技术、提高劳动生产率、降低生产成本外，还凭借经济实力和政治上的统治力量，规定垄断价格，控制原材料、技术、信息和熟练劳动力等有关生产和销售条件，甚至通过暴力手段来打击和扼杀竞争对手。③在垄断时期，由于竞争双方都是实力雄厚的垄断组织，竞争更加激烈，更具有持久性和破坏性，竞争的范围也由国内市场扩展到国外市场，由经济领域扩展到政治、军事、文化等诸多领域。正如列宁所说："从自由竞争中成长起来的垄断并不消除竞争，而是凌驾于竞争之上，与之并存，因而产生许多特别尖锐、特别剧烈的矛盾、摩擦和冲突。"①

二、国家垄断资本主义

1.国家垄断资本主义产生的必然性

19世纪末20世纪初，垄断已在主要资本主义国家的经济生活中占统治地位，垄断凌驾于自由竞争之上并与之并存的局面造成严重的矛盾和异常的混乱，私人垄断资本越来越暴露出其内在的局限性，从而产生了国家干预经济的必要，而垄断资本集团利用国家为自己牟取垄断利益也不鲜见。概括地说，国家垄断资本主义就是资本主义国家政权和私人垄断资本相结合而形成的垄断资本主义，它以维护垄断资本的利益和垄断资本主义经济秩序为目的，是一般垄断资本主义的直接继续和更高发展阶段。

国家垄断资本主义的发展大体可分为以下三个阶段：①19世纪末到第一次世界大战前，国家垄断资本主义处于萌芽状态。当时，国家经营的铁路、兵工厂及某些公用事业和基础设施等早就是国家财产，在私人垄断确立后它们才转变为国家垄断资本主义的一种早期形式。②第一次世界大战至第二次世界大战结束初期，是国家垄断资本主义不稳定发展时期，并带有特殊性。这一时期，国家垄断资本主义的发展与20世纪30年代初的经济危机和两次世界大战相联系；在危机和战争期间，资本主义国家普遍对经济实行管制和调节，使国家垄断资本主义有了显著发展。其中，以美国的"罗斯福新政"最为著名，它主要通过推行赤字财政、扩大贷款规模以及增加公共工程投资等来刺激经济的恢复和发展。但是，危机和战争过后，国家又取消了经济管制并减少了对经济的干预，使国家垄断资本主义又出现了回落。③20世纪50年代至今，为国家垄断资本主义广泛、迅猛、持续发展时期。第二次世界大战后，在现代科技革命和工业革命的基础上，生产社会化高度发展。适应社会化资本再生产的需要，国家垄断资本主义在生产、分配、交换和消费各个领域获得了普遍发展，并且在资本主义经济运行中越来越居主导地位，从而使垄断资本主义进入到国家垄断资本主义的发展阶段，成为整个经济运行不可缺少的重要部分。

第二次世界大战后，国家垄断资本主义得到迅速而持续的发展，从根本上说是资本主义基本矛盾加剧的结果。这主要表现在：①大规模生产建设所需要的巨额投资与私人垄断资本数量相对不足发生了矛盾。第二次世界大战后，第三次科技革命的发展，一系列新兴工业部门的建立，社会化、现代化程度很高的公共设施（如道路交通、邮电通信等）的建设，部门经济结构和地区经济结构的调整，许多重大科研项目的开发（如基础科学研究），以及对生态平衡的保护和环境污染的防治等，都需要巨额的长期投资，而

① 列宁. 列宁选集：第2卷［M］. 中共中央马克思恩格斯列宁斯大林著作编译局，译. 北京：人民出版社，1972：807-808.

其中一些由于周期长、盈利少、风险大，私人资本或者无力承担，或者虽有力量进行投资但又不愿承担，这就要求作为“理想的总资本家”的国家垄断资本来从事和承担。②生产社会化的发展，使生产力和生产关系之间的矛盾加深。第二次世界大战后，经济危机频繁爆发，劳资矛盾、阶级矛盾不断加深，垄断资产阶级不得不进一步依靠国家机器的强制力来干预和调节社会再生产过程和劳资关系，以缓和市场矛盾，给生产力的发展创造一定的条件。③第二次世界大战后，国际环境发生了很大变化。旧的殖民体系逐步瓦解，单靠私人资本的实力已难以维持对经济落后国家的统治，主要资本主义国家发展的不平衡性也加剧了在国外争夺投资场所、原料产地和商品销售市场的斗争，这些都要求由凌驾于私人垄断资本之上的国家出面予以协调解决。

2.国家垄断资本主义的实质和作用

国家垄断资本主义的出现是生产力与资本主义生产关系矛盾运动的客观结果，体现了国家与私人垄断资本的结合，这种结合使资本社会化的发展达到了一个新的高度。但这种资本社会化的高度发展，并没有也不可能触动生产资料的资本主义私人占有制，没有改变资本主义生产关系的本质。垄断资产阶级已不是一般地占有生产资料，而是借助国家政权机构，掌握国家的经济命脉，左右整个社会的经济生活。国家作为“理想的总资本家”，虽然并不能保证每一个垄断资本家在每个时期都能获取高额利润，但却能保证他们具有获得垄断利润的条件和环境。为了垄断资产阶级的整体利益和长远利益，国家垄断资本主义有时也会与个别的私人垄断资本集团产生矛盾和冲突，甚至会暂时牺牲个别私人垄断资本集团的利益。这正是国家垄断资本主义与私人垄断资本主义不同的地方。

概括起来，国家垄断资本主义的实质就是私人垄断资本为维持垄断统治和获取高额垄断利润而和国家政权相结合的一种垄断资本主义形式，是资本主义国家在直接参与社会资本的再生产过程中，代表垄断资产阶级总体利益对社会经济进行调节的一种有效形式。

国家垄断资本主义的发展是第二次世界大战后资本主义生产关系适应生产力的高度发展，在其自身范围内进行的一次较大的局部调整。它在相当大的程度上缓和了资本主义社会的基本矛盾，推动了资本主义经济的发展。但是，国家垄断资本主义又是垄断资产阶级利用国家机器干预社会经济生活、保证其获得高额垄断利润的一种形式，并没有改变资本主义生产关系和垄断资本主义的实质，因而不可能解决资本主义制度固有的各种矛盾，由此决定了国家垄断资本主义对经济发展具有双重作用。

国家垄断资本主义对促进生产力的发展具有一定的积极作用，同时也为新的社会制度的建立创造了物质条件。其具体表现为：①资本主义国家运用所掌握的巨额资本，投入社会资本再生产过程，兴建现代化基础设施，对科学技术研究和开发进行投资，从垄断资本的整体利益、长远利益来考虑资本主义经济和社会发展问题，从而在相当程度上突破了私人垄断资本社会化程度相对较低、资本数量相对不足和只顾眼前利益、局部利益的局限性，促进了经济的较快发展。②国家垄断资本主义对社会经济的宏观调节和计划管理，在一定程度上适应了生产社会化的客观要求和经济结构调整的需要，对克服或抑制私人垄断资本运动的无政府状态和盲目性具有一定的作用。第二次世界大战后，资本主义国家经济周期波动幅度相对较小，也说明资产阶级对经济所进行的宏观调节起了不小的作用。③国家垄断资本主义通过财政、金融调节对国民收入进行再分配，建立社会保障制度，制定保护和扶植中小企业发展的政策，在一定程度上缓解了国内的阶级矛盾。④国家垄断资本主义通过国际经济调节，使国际经济逐步发展与增强，适应了经济生活国际化的要求，有助于暂时缓解一些矛盾，构造较为有利的国际经济环境来促进国内经济的较快发展。

国家垄断资本主义对社会经济发展的负面影响和阻碍作用，集中表现在它使垄断资本主义的某些内在矛盾更加复杂。国家垄断资本主义既是适应生产社会化发展而产生和发展的，又使国民收入的分配和再分配有利于私人垄断资本，从而加深了资本主义社会的基本矛盾和阶级矛盾。国家垄断资本主义具有其自身不可克服的历史局限性，它既没有也不可能改变资本主义生产资料私有制和资本对雇佣劳动的剥削，而且要强力维护；它也不可能摆脱资本主义的客观经济规律，如剩余价值规律、资本积累规律等的支配，更不可能从根本上解决资本主义社会的基本矛盾和其他矛盾，如通货膨胀、贫富差距等。

第三节　资本主义发展的历史进程

一、资本主义的基本矛盾

资本主义经济的物质基础是以机器大工业为特征的社会化大生产，这种社会化大生产是从分散的、孤立的小生产转化而来的。资本主义的基本矛盾表现为生产社会化与资本主义私人占有形式之间的矛盾。生产社会化随着资本主义生产方式的产生而出现，产业革命的爆发和机器大工业代替工场手工业，使生产社会化得以最终确立。

资本主义生产社会化的主要表现为：①生产资料集中与劳动社会化。由于资本积累的发展，资本主义企业把原来由个人分散使用的生产资料逐步结合为劳动者共同使用的生产资料，使生产过程从纯粹的个人行为变为一系列的社会行为，产品也从个人劳动的产物变为许多人共同劳动的社会产品。②在机器大工业基础上，各部门和各企业之间的分工协作高度发展，相互联系日益密切。③狭隘分散的地方市场逐步汇合成为统一的国内市场，进而发展成为世界市场。生产社会化的不断发展，客观上要求由社会共同占有生产资料和劳动成果，这样才能按照社会需要对社会各生产部门实行有计划的调节，保障社会生产协调发展。

生产社会化标志着生产力的巨大发展，但它同资本主义私有制之间存在着尖锐的冲突和矛盾。资本主义的基本矛盾实际上是生产力与生产关系的矛盾在资本主义生产方式下的具体反映。生产社会化是社会生产力高度发展的必然结果和表现，生产资料资本主义私有制是资本主义生产关系的基础和最重要的内容。当然，资本主义的基本矛盾在资本主义发展的不同阶段也有不同的表现形式，如在自由竞争阶段，直接表现为生产社会化与资本主义私人占有形式之间的矛盾；在私人垄断阶段，表现为生产进一步社会化与私人垄断组织之间的矛盾；在国家垄断资本主义阶段，又表现为高度生产社会化与国家垄断资本主义形式之间的矛盾。

二、当代资本主义的新变化和特点

生产力与生产关系、经济基础与上层建筑的矛盾运动，推动着资本主义生产关系不断发生调整和变化。第二次世界大战以后，特别是2008年国际金融危机爆发以来，许多资本主义国家经济增长乏力、贫富分化严重、政治极化现象加剧，同时贸易保护主义抬头、右翼极端主义思潮沉渣泛起。这些现象表明，当代发达资本主义国家的内部矛盾日益激化，资本主义危机呈现出一系列新特征。在这些国家中，虽然一些政治势力试图通过指责经济全球化和对外干预等方式转移国内民众的视线、转嫁危机，但无法改变当代资本主义危机不断加深的总体趋势。

（1）经济复苏困难，治理政策乏力。国际金融危机给资本主义国家带来了巨大冲击。为了应对危机，主要发达资本主义国家纷纷拨付巨额财政资金救助大型金融机构，推出大规模经济刺激计划，实施量化宽松货币政策。然而，这些措施只能暂时避免金融秩序崩溃，推动经济复苏的效果有限。而且，由于动用国家信用为破产的私人垄断资本背书，政府债务不断攀升。美国政府债务占GDP（国内生产总值）的比重从2006年的61.8%上升到2016年的106.1%，欧元区的这一比重从67.4%上升到89.3%，日本政府债务占GDP的比重2016年超过250%。巨额政府债务又埋下了新一轮金融危机的隐患。国际金融危机爆发后，有的欧洲国家因外债负担过重陷入濒临破产的窘境，另一些欧洲国家以及美国、日本的政府信用也不断下降。面对这一局面，发达资本主义国家的经济政策在新自由主义和凯恩斯主义之间摇摆。以美国为例，2008年之后，美国政府的财政和货币政策一方面具有新自由主义倾向，如收购数万亿美元的抵押贷款支持证券、稳定金融衍生品市值等；另一方面又具有凯恩斯主义倾向，如相继通过了经济复苏与再投资法案、医疗保险改革法案、金融监管改革法案等。随着金融市场逐步稳定，美国转向主要依靠新自由主义的量化宽松货币政策来刺激经济。此举虽然暂时维持了经济稳定运行，却没有改善中下层劳动者的就业状况，民主党的施政能力因此饱受质疑，共和党内部也开始分化。欧洲和日本面临的经济政策困境更甚于美国，更不用说其他资本主义国家了。

（2）贫富差距扩大，政治极化加剧。国际金融危机之后，美国和欧盟最初采取的凯恩斯主义政策受到多方阻挠和冲击，经济复苏和民生改善的效果大打折扣，劳动者的教育、医疗、养老等福利也不同程度地被削减。比如，美国缩减公立大学教育经费，英国宣布取消强制退休规定，德国、葡萄牙、荷兰等国相继减少医保投入。新自由主义政策的重新抬头进一步加剧了贫富分化。美国最富有的1%阶层的收入占全国总收入的比重从1978年的9%上升到近年来的20%，欧盟、英国和日本等国劳动者的实际工资也出现了长期停滞。正因如此，美国爆发了“占领华尔街”运动，欧洲各国的罢工潮风起云涌，许多民众对资本主义的信任度下降。第二次世界大战后很长一段时间，西方发达资本主义国家主要依靠增加工人工资、提高社会福利水平的方式来缓解阶级矛盾，让劳动者继续创造剩余价值，为巩固资本主义意识形态构建物质基础。然而，随着经济增长放缓或停滞，资本家关注的已不是如何做大“蛋糕”，而是如何增加自己的份额。这使普通劳动者的实际收入陷入停滞甚至负增长。经济政策纷争又加剧了政治极化现象，严重制约着政府推动经济复苏、增加民众福利的能力。普通劳动者尤其是失业年轻人普遍对本国政党感到失望，对国家的未来和自己的前途失去信心。

（3）软实力下滑，国际影响力衰退。软实力是一个国家通过非强制手段获得他国认同与支持的感召力和影响力。它同以经济和军事为基础的硬实力紧密相关。近年来，随着主要资本主义国家经济陷入低迷，其软实力也开始下滑。特别是拥有强大经济和军事实力的美国，在“9·11”事件之后企图依靠硬实力重塑世界秩序，先后发动了阿富汗战争和伊拉克战争。但结果却适得其反，不仅没有实现重塑世界秩序的目标，反而使其软实力受到前所未有的挫折和侵蚀。2008年国际金融危机打破了美国经济制度的神话，暴露了金融高管的贪婪与腐败、金融监管的失效以及美国政府对金融寡头的偏袒和庇护。这在美国国内引起了普通民众的震惊、失望和愤怒，在国外加剧了其国际影响力的衰退趋势。欧洲和日本经济发展面临的困难更多，经济持续低迷，软实力下滑同样严重。虽然这些国家可以凭借强大的金融资本操控大众媒体、输出意识形态，甚至依托军事霸权和金融霸权转嫁危机、维持软实力，但这些做法难以长期持续，无法改变经济下滑软实力也必然下降的客观规律，更难以弥补资产阶级“自由、平等、博爱”的口号和现实之间的巨大鸿沟。

当代资本主义这些新变化，是由其特定的历史条件和因素决定的。这些条件和因素来自多个领域，主要包括：

（1）科技革命的迅猛发展是促使当代资本主义发生重大变革的主要动因。马克思主义认为，科学技术是人类社会变革的伟大杠杆。一切能够为资本家带来利润的因素，都会受到资本所有者的关注和青睐。第二次世界大战后，面对日益激烈的市场竞争，西方国家对科技开发的投入不断增加，建立了国家、企业、私人和国际联合等多层次的科研机构，通过制订各种科学发展计划，抢占科技制高点，促进了新技术、新材料的发明和应用，科技进步对经济增长的贡献率由20世纪初的5%～20%上升到目前的60%～80%。西方发达国家比较充分地利用了新科技革命的机遇，注重科学技术与生产的结合，使科技革命的成果最大限度地直接作用于财富的创造，形成现实的生产力，从总体上改变了西方国家经济、政治和社会生活的面貌，使之出现了与以前很不相同的新变化。

（2）对资本主义生产关系的某些环节和资本主义经济社会的运行、管理机制作了不少自我调节和改良。为维护资本主义制度的生存与发展，西方发达国家在税收、福利政策、企业组织结构等方面采取了不少调节措施，努力限制过高收入和过度垄断；同时，在劳动管理上，采取允许部分工人参加企业管理、“工人持股”、带薪休假、最低工资标准等形式，改善劳资关系。这在一定程度上缓解了生产资料私人占有对生产力发展的制约，使得资本主义生产关系不仅能容纳现实的生产力，而且生产力还有了新的发展。

（3）加强了国家对经济的干预和调控。在总结以往经验的基础上，资本主义国家开始重视经济计划的作用，加强国家干预。其重点是社会总供给和社会总需求，将“看不见的手”与“看得见的手”结合起来，放宽了政府对企业的限制，反对自然垄断，国家（政府）承担起越来越多的管理经济和社会公共事务的职能，如对高科技、教育、环境保护等领域予以重点倾斜等。此外，在上层建筑方面，西方国家在国家政权结构、社会管理形式、法制建设方面也作了一些调整。这些都在相当程度上减缓了市场经济的波动性、自发性和破坏性，促进了现代市场经济的发育，带来了资本主义经济的稳定增长。

三、当代资本主义的历史过渡性

人类社会的发展历史表明，每一种社会经济形态都有自己产生、发展和向更高形态过渡的客观历程，这是不以人们意志为转移的历史必然性。

资本主义自从产生后，不断调整、改良，先由原始积累发展到自由资本主义，再到私人垄断资本主义，在当代已发展到国家垄断资本主义。国家垄断资本主义的确立，是资本主义生产关系适应社会化生产力发展的要求而作的自我调整。这种调整说明，资本主义国家越来越成为理想的总资本家，它归根到底是为资产阶级特别是垄断资产阶级服务的，它不可能从根本上顺应社会化大生产的客观要求，不可能从全社会特别是广大劳动者的愿望和利益出发，去组织、计划、协调生产和其他经济活动。股份社会化只是意味着股权越来越从少数个人手里分散到众多人手里、从家族手里转到法人手里这样一种趋势；财产的社会化并没有消除雇佣劳动与资本的对立，更不能解决生产社会化和生产资料的资本主义私人占有之间的矛盾，或者说改变资本主义制度的性质；相反，资本主义的基本矛盾被推到了顶点，并将以新的形式表现出来。

国家垄断资本主义不是资本主义矛盾、冲突的解决方法，只是包含着解决冲突的形式上的手段和线索。国家垄断资本主义的发展，一方面为社会主义准备了充分的物质前提和必要条件，如高度发达的社会生产力和社会化大生产，便于代表先进生产力的无产阶级在取得政权以后实行生产资料公有制；另一方面它也指出，要解决资本主义的矛盾、冲突，就必须改变生产资料的资本属性。“资本的垄断成了与这种垄断一起并在这种垄断之下繁盛起来的生产方式的桎梏。生产资料的集中和劳动的社会化，达到了同它们的资本主义外壳不能相容的地步。这个外壳就要炸毁了。资本主义私有制的丧钟就要响了。剥夺者就要被剥夺了。”①

事实上，在资本主义社会，资本主义的基本矛盾是始终存在的，并没有因西方国家经济、科技等方面的变化而改变，只是矛盾的运动不是直接上升、日益尖锐化，而是同任何事物一样，是波浪式发展、螺旋式上升的。只要资本主义还是资本主义，其内在矛盾运动终将导致资本主义被社会主义所取代。社会主义制度必然代替资本主义制度，是一个自然的历史过程，这是人类社会发展的客观规律。这一规律在资本主义历史发展进程中，正在逐渐地和越来越深刻地发挥着作用。历史的必然性是一回事，历史的事实又是另一回事。在向社会主义过渡或转化的过程中，资本主义必然要阻挠和反抗，但它始

① 马克思，恩格斯．马克思恩格斯全集：第23卷［M］．中共中央马克思恩格斯列宁斯大林著作编译局，译．北京：人民出版社，1972：831-832.

终改变不了事物发展的总趋势，资本主义制度必然灭亡，并不是说它会立即灭亡。从马克思主义诞生至今的世界社会主义运动发展的曲折过程表明，在全世界范围内，社会主义要代替资本主义并不是直线式的，而是一个漫长、迂回曲折的复杂历史过程。

第二次世界大战以后，由于新技术革命的兴起及社会生产力的高度发展，资本主义生产关系在其生产方式所能允许的范围内作了重大调整，起到了延长资本主义制度生命的作用。自由竞争向垄断过渡、私人垄断向国家垄断过渡是资本主义生产关系调整的表现。虽然这种调整只是局部的，不能从根本上改变资本主义必然灭亡的命运，但是相对于旧的资本关系而言，它却在一定程度上扩大了容纳生产力发展的空间，从而使资本主义基本矛盾的运动从极端激化转变为相对缓和，这正是第二次世界大战后资本主义体系相对稳定的基础。随着资本主义的发展，其自身的调节能力也会再增强。只要当代资本主义在自身范围内还能够暂时或局部地适应生产社会化所提出的要求，它所固有的矛盾尚未出现新的极端激化状态，就不会自动退出历史舞台。正如马克思所说："无论哪一个社会形态，在它们所能容纳的全部生产力发挥出来以前，是决不会灭亡的；而新的、更高的生产关系，在它存在的物质条件在旧社会的胎胞里成熟以前，是决不会出现的。"①

当代资本主义是一个庞大的世界体系，资本主义国家经济和政治发展不平衡规律的作用，决定了资本主义最终灭亡是一个长期的历史过程。就当前情况来说，这个体系中不仅有一批发达的资本主义国家，而且有为数众多的正在走资本主义道路的发展中国家。在发达资本主义国家，虽然国家垄断资本主义的发展陷入深刻矛盾之中，但还有调整、回旋的余地，它们的灭亡还将经历比较长的时间。正在走资本主义道路的发展中国家，资本主义的发展才刚起步，多数成为发达资本主义国家的附属，增强了资本主义体系的力量。在联合国公布的48个最不发达国家中，绝大多数都是资本主义国家，这些国家经济困难、政局动荡、外债累累、粮食短缺、人民生活困苦不堪，有的国家人均日生活费不足1美元，与发达资本主义国家形成了鲜明对比和强烈反差。但总的来看，在当代世界经济体系中，资本主义体系还占有明显的优势。

工人阶级的力量积聚和觉醒，也有一个过程。社会主义革命的胜利绝不是一个单纯的经济过程，而要取决于各国基本矛盾的发展程度、阶级力量的对比以及工人阶级政党的领导水平等许多客观和主观、经济和政治、内部和外部的条件。历史经验证明，只有当被统治阶级已经高度觉醒，不愿照旧生活下去，而统治阶级也不能照旧生活和统治下去的时候，革命才能获得胜利。从资本主义的现状看，资产阶级政府调控机制的巧妙在于，一方面维护资产阶级利益，另一方面又为工人阶级提供较之原来更大的生存空间。因而，虽然工人反抗资本家剥削的斗争从未间断，但并未形成直接的、成熟的革命形势。无产阶级革命的条件是在矛盾激化—缓和—激化的过程中逐步形成的，因而要充分估计它的长期性。

同以往历次社会变革相比，社会主义代替资本主义具有根本不同的特点：它不是从

① 马克思，恩格斯．马克思恩格斯选集：第2卷［M］．中共中央马克思恩格斯列宁斯大林著作编译局，译．北京：人民出版社，1972：83．

一种剥削制度向另一种剥削制度过渡，而是从私有制社会向公有制社会过渡，由此决定其社会变革的广度和深度是以往任何一次社会变革所无法比拟的。社会主义制度越是巩固和发展，其优越性越能充分体现，则越能证明资本主义制度的弊病，越能吸引资本主义国家的人民，促使其从两种制度优劣的对比中增强自己的革命意识。但是，由于现有的社会主义制度都是在经济相对落后的国家建立起来的，生产力发展水平比较低，需要较长的时间来建立社会主义的物质、技术基础。此外，这些国家在其自身的发展过程中由于种种原因也不是一帆风顺的，还存在许多未被认识的“必然王国”，能够充分发挥社会主义制度优越性的经济体制还在建立中，难免出现种种曲折。因此，社会主义制度优越性的充分发挥是一个长期的积累过程。

20世纪八九十年代东欧剧变、苏联解体，无疑是社会主义发展过程中的巨大挫折，加之西方国家利用社会主义国家在前进中遇到的暂时困难，加紧推行“和平演变”战略，发起了一场“没有硝烟的新的世界战争”，以经济力量为政治手段，或从经济上施压，以压促变，或从经济上收买，以“援”促变，矛头直指社会主义制度，使世界社会主义运动陷入低潮。但是，社会主义必然代替资本主义是社会历史发展不可逆转的总趋势。马克思和恩格斯创立的科学社会主义认为，资本主义必然灭亡和社会主义必然胜利不是出于“空想”，也不是出于对资本主义制度下丑恶现象的简单憎恨，更不是建筑在无产阶级必须夺取政权的美好愿望上，而是运用辩证唯物主义和历史唯物主义的世界观和方法论，深刻分析资本主义社会不可克服的内在矛盾，总结工人运动的实践经验，批判地汲取人类历史上的优秀思想文化遗产，从而得出的科学结论。东欧、苏联的变化并不能说明社会主义制度没有生命力，并不意味着社会主义的失败，而恰恰是这些国家在一些重大原则问题上，如把马克思主义理论教条化，从而偏离了社会主义方向的结果。

20世纪是社会主义从理想发展为现实、从一国胜利发展为多国胜利的世纪，这是一部在曲折中前进、在困难中发展的历史。对于建设社会主义这样伟大的事业，在探索前进的过程中出现失误和挫折并不可怕，重要的是真正弄清和正确对待造成失误和挫折的原因。中国改革的成功，为社会主义发展开辟了一条新路，使处于低谷的社会主义运动在世界的东方迸发出新的曙光。从奔腾不息的历史长河来看，目前社会主义运动所经历的曲折丝毫不值得大惊小怪，我们应该辩证地全面认识和对待社会主义运动的曲折，认清历史发展的总趋势，坚信社会主义必将取代资本主义是人类从必然王国进入自由王国的一个决定性阶段，坚定社会主义必然在全世界取得胜利的信心。

本章小结

资本主义生产关系的实质是以生产资料私有制为基础的雇佣劳动制度。劳动力成为商品是资本运行的前提条件；劳动者拥有劳动力所有权与丧失生产资料、生活资料，是劳动力成为商品的重要条件。劳动力商品的特殊性在于它能创造出剩余价值。依据生产资料和劳动力在剩余价值生产中的不同作用，生产资本可分为不变资本和可变资本。剩余价值率是剩余价值与可变资本的比率。工资是劳动力价值或价格的转化形式。绝对剩余价值生产和相对剩余价值生产是剩余价值生产的基本方法，追逐超额剩余价值是个别资本家提高劳动生产率的动力。剩余价值转化为利润，利润再转化为平均利润，商品价值就转化为生产价值。商业利润、利息、银行利润、地租等都是剩余价值的转化形式。

资本主义经历了自由竞争资本主义和垄断资本主义两大发展阶段，垄断资本主义的发展分为私人垄断资本主义和国家垄断资本主义。自由竞争导致生产集中，生产集中发展到一定程度必然走向垄断，垄断成为资本主义的重要经济基础。垄断的目的在于获得高额垄断利润，垄断价格是获得垄断利润的主要手段。国家垄断资本主义是生产力与资本主义生产关系矛盾运动的客观结果，它并未改变资本主义生产关系的实质。

生产力与生产关系、经济基础与上层建筑的矛盾运动，推动着资本主义生产关系不断发生调整和变化。现代资本主义的新发展并没有改变资本主义的基本矛盾，资本主义被社会主义取代的历史趋势不会改变。

课后练习

▲简答题

1.增加剩余价值（生产）的基本方法有哪些？

2.简述剩余价值的生产过程。

3.资本主义工资的本质是什么？

4.什么是利润率？影响利润率的因素有哪些？

5.简述平均利润率的形成过程。

6.什么是利息和利息率？

7.什么是商业资本和商业利润？

8.级差地租和绝对地租产生的原因、条件和源泉是什么？

9.什么是垄断？垄断资本主义有哪些特征？

10.简述国家垄断资本主义的实质和作用。

11.当代资本主义发展出现了哪些新变化？

12.如何认识当代资本主义的历史过渡性？

▲材料分析题

随着社会主义市场经济的发展，我国一些居民手中积累了大量的货币财富，因此成为富豪。从其货币财富的来源看，大致可分为三种情况：一是一些人通过自身劳动能力与智力的超常发挥，在合乎社会主义市场经济规范的条件下，取得了大量的超过他人的收入，这些收入资本化后就使他们变成了资本家；二是一些人通过占有优越的自然条件或社会条件，垄断性地取得了大量的超过他人的收入而成为富豪；三是一些人通过欺诈、阴谋、巧取豪夺等不道德、非法的手段，占有或是剥夺了他人的财产而成为富豪。

结合材料请回答：

（1）什么是资本？资本有哪些特征与属性？

（2）请用政治经济学的基本原理分析上述现象是否合理。

第四章

资本的运行

学习目标

通过本章的学习，学生应在掌握资本运行一般原理的基础上，认识资本主义经济的实质、根源及其在新的历史条件下所具有的新特点；明确在垄断阶段经济运行机制发生的新变化、新特点；了解垄断资本主义经济向国际范围的扩展，发达资本主义国家之间、发达国家与发展中国家之间的经济关系。

案例导入　　辩证看待资本主义系统性危机

2008年爆发的国际金融危机始于金融、经济领域，并逐步蔓延到政治、社会各个方面。从影响程度和范围看，这场危机当属近百年来最严重之列，对各主要资本主义国家产生了重大影响，激发人们思考国际经济政治治理体系变革的深层次问题。

新一轮资本主义危机突出表现为信用危机和治理危机

此轮资本主义危机虽然发端于金融领域，但突出表现在债务问题上，由此引发了资本主义国家的信用危机和治理危机。国际金融危机爆发以来，几乎所有发达资本主义国家的主权债务负担率（主权债务占GDP的比重）都呈大幅上升之势：大部分发达资本主义国家超过了60%的国际警戒线，不少国家超过了80%甚至90%的高压线。资本主义国家发生债务危机早已有之，但主要资本主义国家几乎同时陷入整体性、系统性的债务危机中，却是资本主义危机的新表现。

造成主要资本主义国家债务危机的原因是多方面的。20世纪70年代美元与金本位制脱钩后，金融资本主义迅速发展，导致发达资本主义国家实体经济与虚拟经济严重脱节。美元扮演的国际货币角色，使其在国际贸易中维持长期逆差，这就进一步使生产与消费发生分离。跨国公司的贸易规模迅速扩大，西方主要资本主义国家诸多产业向外转移，很大程度上减少了政府的税收。与此同时，西方资本主义国家在社会领域普遍实行高福利政策，而多党政治体系中政党政策的短期性以及政党的胜选需要，又从体制上助长了福利扩张和财政透支。这些都是资本主义国家发生债务危机的重要原因。

缺乏节制是资本主义债务危机爆发的深层次原因。资本具有逐利的本性，而现实生活中市场信息不对称、不完全、不确定是常态。在缺乏法律和制度制约的情况下，市场主体特别是占有信息优势的一方为了追求利益最大化，可能会故意隐瞒相关信息，或者采取投机、欺诈行为，从而对另一方的利益造成损害。信息不对称的情况累积起来，就会破坏市场正常运行，甚至产生信用危机和经济危机。有人将20世纪70年代后资本主义国家的财政状况形容为“食之者众，生之者寡；用之者疾，为之者舒”，这与我国古代“生之者众，食之者寡；为之者疾，用之者舒”的节制财政思想截然相反。这种状况自然无法持久，不可避免地导致债务危机。

新一轮资本主义危机暴露的深层次问题

债务危机对主要资本主义国家的影响巨大而深远。为了应对金融危机，西方资本主义国家纷纷推出大规模经济刺激计划，但国家公共开支的剧增同经济复苏乏力、税收减少之间的矛盾，反而导致政府债务的进一步攀升。只要经济增长和财政收入增长速度慢于债务膨胀速度，国家支出与国家税收之间的结构性缺口必然导致债务问题越积越重。长远来看，降低政府债务水平应削减公共开支和社会福利，但这必然降低民众生活与福利水平，进而加剧民众与政府之间的矛盾，导致社会冲突不断。为了缓解债务危机，一些西方资本主义国家试图通过增税来平衡财政收支，但又遇到大财团的巨大阻力。如此一来，这些国家就陷入“两面不讨好”的尴尬境地。

债务问题使人们开始怀疑通过国家调节来避免资本主义危机的传统方案。实际上，债务问题大大削弱了西方资本主义国家应对危机的能力，这是新自由主义“去国家化”“最小政府”经济思潮盛行的必然结果。这一轮资本主义危机暴露的不单单是市场失灵，还有严重的政府失灵。大部分西方资本主义国家在应对危机时所表现出的焦虑、慌乱和失序，反映了这些国家因财政状况恶化而造成的信用危机和治理危机，同时也成为危及当今世界稳定的不确定因素。

这一轮危机标志着资本主义的价值观和意识形态在褪色。第二次世界大战后，西方几代理论家苦心包装的所谓西式自由民主和市场原教旨主义价值观，既在其国内遭到质疑和反思，又在国际上遇到越来越多的抵制和阻击。曾经被宣扬为一些西方大国软实力重要组成部分的价值观和制度资源逐渐流失。危机之下，一些西方资本主义国家在选举政治、政党政治、议会政治、对外政治中的表现，让人很难将其与人类理想的政治文明联系在一起。因此，这一轮危机对全世界来说，还是一场生动的政治制度教育。主要西方资本主义国家制度体系运行过程中出现的相互掣肘、漫天许诺、彼此否决、分裂对立等现象，促使越来越多的人反思这种制度体系的合理性。

国际经济政治治理体系变革的新契机

当前资本主义社会的系统性危机，促使人们深入思考资本主义体系与外部世界之间的矛盾，这为国际经济政治治理体系变革打开了新空间、提供了新契机。

资本主义在其扩张过程中，构造了一个包括中心和外围的体系，使其可以将发展的经济和社会成本几乎不受限制地转嫁到外围和边缘。国际金融危机爆发以来，美国出于自身利益的考虑，实行宽松的货币政策，对世界其他国家的经济产生了严重的消极外溢影响。由此可见，资本主义主导的经济全球化必然在国内和国际产生更大的不平等，这是资本主义运行过程中固有的成本社会化和利润私人占有逻辑发展的必然结果。资本主义体系本身并不具有在内部消除危机和压力的能力，它只有不断地通过成本的外部转嫁才能维持运行。这与世界需要的平等、互助、包容、共享的价值理念是背离的。近年来，那些坚持独立自主发展道路的国家获得了更多的政治、经济能力以抵御外部干涉和危机转嫁。这表明，国际经济政治治理体系正在发生积极变化。

国际经济政治治理体系如果纵容一些国家将内部成本转嫁给他国承担，或者对此类现象束手无策，这样的体系就不可能公正，也很难持久。正因如此，国际金融危机后应运而生的二十国集团，取代了过去的七国集团成为全球经济治理的主要平台。然而，西方资本主义国家出现的系统性债务问题，使得其承担世界经济政治治理责任的信用和能力受到质疑。资本主义经济政治制度本身，正在成为许多全球性合作方案的抵制力量。构建国内制度体系和世界治理体系相互适应、相互支持而不是相互抵触、相互冲突的国际秩序，成为人类在探索更好的社会制度道路上面临的重大课题。

在这一轮国际金融危机期间，中国经济对世界经济增长的贡献率一直维持在20%～30%的高水平。中国制度体系在处理与外部世界关系上的积极作为，为世界经济政治治理体系变革提供了有益借鉴。中国始终将国内经济社会发展放在世界格局下来考虑，通过国内经济社会发展促进国际经济政治治理体系变革，同时推动国际经济政治治理体系变革以更好地服务国内经济社会发展。这是一种促进国内治理与全球治理良性互动的制度方案，它解释了中国为什么能以内部制度创新的方式消化压力，而不是像一些发达资本主义国家那样通过对外扩张、搞殖民地的方式实现国家富强。中国很重视将合理的国际方案通过国内发展规划予以认真落实，这种国内制度和国际制度保持协调的方式，是中国制度体系很重要的一个特点。它与资本主义国家分权制衡的制度体系在对外关系上的逻辑迥然有别，为推进国际经济政治治理体系变革拓展了富有启发性的新视野。

资料来源　苏长和. 辩证看待资本主义系统性危机［N］. 人民日报，2017-01-22（05）.

第一节　资本运行的一般原理

一、资本的循环

资本在不断的循环运动中实现着价值的增值，而能够发生价值增值的资本，马克思认为只有产业资本。它包括工业、农业、建筑业、运输业等各个物质生产部门的资本。这里考察的资本运动就是产业资本的运动。产业资本的运动要依次经历三个阶段，采取三种职能形式。

第一阶段是购买阶段，产业资本采取货币资本形式。资本家为了生产剩余价值，首先要用手中的货币购买劳动力和生产资料，为生产准备条件。我们以G代表货币，W代表商品，A代表劳动力，P_m代表生产资料。这个阶段可以用公式表示为：

$$G-W\begin{cases}A\\P_m\end{cases}$$

在这里，货币购买的不是一般商品，而是资本主义生产的物质要素，因此它不是普通货币，而是以资本形式存在的资本，即货币资本，其职能就是为生产剩余价值准备条件。通过购买劳动力和生产资料，货币资本转化为生产资本。

第二阶段是生产阶段，产业资本采取生产资本形式。资本家把劳动力与生产资料结合起来生产出新商品。这个商品不仅在实物形式上与原来购买的商品不同，在价值量上也增大了，它包含工人创造的剩余价值。我们以P代表生产资本，虚线代表流通过程中断和生产过程的进行，W′代表生产出来的商品。这个阶段可以用公式表示为：

$$W\begin{cases}A\\P_m\cdots P\cdots W'\end{cases}$$

在这一阶段上的劳动力和生产资料不仅起着生产要素的作用，而且执行着资本的职能，为资本家生产出包含剩余价值的商品。因此，这里的劳动力和生产资料是以实物形式存在的资本，即生产资本，其职能就是生产剩余价值。随着商品被生产出来，生产资本转化为商品资本。

第三阶段是售卖阶段，产业资本采取商品资本形式。资本家带着含有剩余价值的商品回到市场上，出售商品，换回货币。这时的货币量已经大于原来预付的货币量，以G′代表。这个阶段可以用公式表示为：

$$W'-G'$$

在这一阶段上出售的商品已经不是简单的商品生产的产物，而是资本主义生产的产物，是包含剩余价值的商品。因此，它是以商品形式存在的资本，即商品资本，其职能就是通过商品出售，收回预付资本价值和实现剩余价值。随着商品的销售，商品资本转化为货币资本。

由上可见，产业资本的运动依次经过购买、生产、售卖三个阶段，并相应地采取货币资本、生产资本、商品资本三种职能形式，使价值得到增值，最后又回到原来的出发点。这个运动的全过程就叫作资本循环，用公式表示为：

$$G-W\begin{cases}A\\P_m\end{cases}\cdots P\cdots W'\cdots G'$$

资本循环是生产过程和流通过程的统一。在产业资本的循环中，第一阶段和第三阶段是流通过程，第二阶段是生产过程。在这三个阶段中，起决定作用的是第二阶段，因为剩余价值是在生产过程中创造的，但是流通过程也是不可缺少的，如果没有流通过程，资本家就不能生产和实现剩余价值。因此，产业资本循环的三个阶段必须相互连接，资本要不断地从一个阶段转入下一个阶段，从一种职能形式转化为另一种职能形式，这样才能实现资本增值的目的。这就是资本循环的连续性。如果资本循环在第一阶段受到阻碍，资本家就不能用货币购买到生产资料和劳动力，就不能为剩余价值生产准备条件，资本就变成了贮藏货币。如果资本循环在第二阶段遇到障碍，劳动力和生产资料不能结合起来进行生产，剩余价值就无从生产。如果资本循环在第三阶段出现了停顿，商品不能卖掉，商品资本就不能转化为货币资本，剩余价值便不能实现。所以，资本循环中不论哪个阶段发生中断，都会破坏资本循环的连续性，从而影响剩余价值的生产和实现。

资本运动的连续性要求资本循环周而复始，用公式表示为：

$$G-W\cdots P\cdots W'—G'G—W\cdots P\cdots W'—G'$$

产业资本的三种职能形式都要各自通过循环的三个阶段，回到原来的出发点，这样就同时存在三种循环形式：①货币资本的循环（G—G′）；②生产资本的循环（P—P）；③商品资本的循环（W′—W′）。这三种循环形式不是各自孤立地进行的，它们是有机地联系在一起且同时进行的。这表明，任何一个（种）产业资本都同时处在三种循环形式之中。也就是说，产业资本循环是这三种循环形式的统一。

事实上，资本家为了维持资本运动的连续性，一方面，他要把资本按照一定的比例分成三部分，使它们同时存在于货币资本、生产资本、商品资本中，这就是三种职能形式在空间上的并存性；另一方面，每一种职能形式的资本都必须顺次通过循环的三个阶段，不断由一种职能形式向另一种职能形式转化，从而使三种循环形式在时间上依次继起。这种空间上的并存性和时间上的继起性是产业资本循环的必要条件。资本的本性要求循环连续不断地进行，但是资本循环的链条常常会因资本主义生产的无政府状态而中断。

二、资本的周转

资本不是循环一次就停下来，而是一个循环接着一个循环地反复进行下去。产业资本周而复始、不断重复的循环过程叫资本周转。

资本循环和资本周转都是资本的运动形式。前面考察的资本循环着重说明产业资本运动所经历的过程、所采取的职能形式及其顺利进行的条件；而考察资本周转，要着重说明资本运动的速度及其对剩余价值产生的影响。

资本周转的速度是指资本周转的快慢，它可以用资本周转时间或资本周转次数来表示。资本周转时间是资本周转一次所持续的时间，也就是资本循环一圈的时间，它是影响资本周转速度的因素之一。资本周转时间越短，资本周转速度就越快；反之，资本周转时间越长，资本周转速度就越慢。因此，资本周转时间与资本周转速度成反比。

资本周转要经历生产领域和流通领域，资本处于生产领域的时间叫资本的生产时间；资本处于流通领域的时间叫资本的流通时间。资本周转时间等于生产时间与流通时间之和。

资本的生产时间包括四部分：①劳动时间，即劳动者与生产资料实际结合的时间。生产成本价值和剩余价值是在这段时间里生产出来的，因此它是生产时间中最主要的部分。劳动时间的长短取决于产品的性质、生产技术水平和企业管理水平。②自然力作用的时间，即劳动对象单纯受自然力作用的时间，如农作物的自然生长过程、酿酒的发酵过程、化学反应过程所需要的时间。③生产资料的储备时间。为了保证生产过程连续进行，必须保持一定数量的原材料储备。④停工时间，指在生产过程中劳动者的休息时间以及生产过程中断，机器、厂房等设备停工维修的时间。

资本的流通时间包括两部分：①购买时间，即企业购买生产资料和劳动力所需的时间，也就是货币资本转化为生产资本的时间；②售卖时间，即出售产品所需的时间，也就是商品资本转化为货币资本的时间。这两部分时间的长短都影响着资本周转的速度，由于售卖要比购买困难得多，因此售卖时间对资本周转影响最大。而影响售卖时间长短的主要因素有市场的供求状况、企业距市场的远近以及运输、通信条件等。

资本周转次数通常是指一年内资本周转的次数。以n代表周转次数，U代表年，u代表一定资本周转一次的时间，资本周转次数可用公式表示为：$n=U/u$。可见，一年之中资本周转次数越多，资本周转速度就越快；反之，资本周转次数越少，资本周转速度就越慢。资本周转次数与资本周转速度成正比。生产资本的不同构成部分，按照其价值转移方式来划分，可分为固定资本和流动资本。固定资本和流动资本的比例是影响资本周转速度的另一个重要因素。

固定资本是以厂房、机器、设备等劳动资料形式存在的那一部分生产资本。它的实物形态全部参加生产过程，供多次生产过程使用；它的价值则按照在每次生产过程中的磨损程度一部分一部分地转移到新产品中去，并随着产品的销售而回到资本家手中，要经过多次生产过程才能全部周转回来。

固定资本的磨损状况直接影响着固定资本的周转速度。由于产生的原因不同，固定资本的磨损可分为有形磨损和无形磨损。有形磨损是指对固定资本物质要素的使用和由自然力作用所引起的损耗，又称物质磨损。无形磨损是指生产技术的进步和劳动生产率的提高所引起的固定资本的贬值，又称精神磨损。资本家为了弥补固定资本的磨损，总是用延长劳动时间、提高劳动强度、实行轮班制等手段，提高机器设备的利用率，加速固定资本的周转，以求尽快收回固定资本的价值。

为了补偿固定资本价值的磨损，资本家必须每年从销售收入中把转移到产品中去的固定资本价值提取并积累起来，以备将来更新固定资本之用。这种补偿方法叫作固定资本折旧，用这种方法提取的资本价值称为折旧费。一年中提取的折旧费与固定资本原始价值的比率叫作折旧率。

流动资本是以原料、燃料、辅助材料等形式存在的和用来购买劳动力的那一部分生产资本。前者在一次生产过程中作为新产品形成的要素，价值随其物质形态的变化全部转移到新产品中，并随商品的销售全部回到资本家手中；后者的价值虽然不能转移，但它由工人在生产过程中再生产出来，也加入到新产品中，并随商品的销售一次性回到资本家手中。

固定资本和流动资本的根本区别就在于，它们的价值转移方式不同，周转速度也不同。固定资本周转慢，流动资本周转快；前者周转一次，后者往往可以周转多次。

预付资本是由固定资本和流动资本构成的，预付资本的总周转速度与预付资本中固定资本和流动资本的比例有密切关系。由于流动资本的周转比固定资本快得多，因此在预付资本中，固定资本所占的比重越大，预付资本的总周转速度就越慢；流动资本所占的比重越大，预付资本的总周转速度就越快。预付资本的总周转速度就是固定资本和流动资本的平均周转速度，用公式表示为：

$$\text{预付资本一年周转次数}=\frac{\text{一年中固定资本周转价值总额}+\text{一年中流动资本周转价值总额}}{\text{预付资本总额}}$$

由公式可见，在生产资本构成一定的情况下，固定资本和流动资本的周转速度越快，预付资本的周转速度也越快。

加快资本周转速度，对剩余价值生产有着重大影响：一方面，加快资本周转，使资本预付的时间缩短，可以用较少的资本推动同样的生产过程，因而可以节省预付资本，尤其是流动资本；另一方面，由于预付资本总周转速度在很大程度上取决于流动资本的周转速度，加快资本周转，意味着流动资本周转得更快了，而其中的可变资本也同样周转得更快了，从而使实际发挥作用的可变资本增加了，这就可以增加一年中生产的剩余价值总量，即年剩余价值量，从而提高年剩余价值量与可变资本的比率，即年剩余价值率。因此，资本家总是采用各种手段加快资本周转，以获取更多的剩余价值。

三、社会资本的再生产

1.社会资本再生产的核心问题和理论前提

社会资本再生产的核心问题是社会总产品的实现问题。社会总产品就是社会各个物质生产部门在一定时期（通常是以年为单位）内所生产的全部物质资料的总和。考察社会资本的再生产，不仅要分析价值补偿，而且要分析实物补偿。社会总产品的价值补偿和实物补偿就叫作社会总产品的实现。社会总产品的价值由不变资本价值（c）、可变资本价值（v）和剩余价值（m）三部分组成；按照最终用途的实物构成，社会总产品可分为两种形态，即生产资料和消费资料。与此相适应，整个社会生产也可以划分为两大部类：第一部类是生产资料的生产，用“Ⅰ”表示；第二部类是消费资料的生产，用

“Ⅱ”表示。在每一部类内又可以划分出许多生产部门。社会总产品在价值上由c、v、m这三部分构成和社会生产按社会总产品实物构成分为两大部类的原理，是研究并揭示社会再生产运动规律的两个基本理论前提。

2.社会资本的简单再生产

社会资本的简单再生产是指生产过程在原有规模上重复进行，意味着全部剩余价值用于资本家的个人消费。简单再生产是扩大再生产的基础和出发点，只有先把简单再生产的实现条件弄清楚了，才有利于分析扩大再生产的实现条件。考察社会资本的再生产，必须从简单再生产入手。

为了便于分析，我们假设在资本主义社会只有资产阶级和无产阶级，生产周期为一年，不变资本价值在一个生产周期内全部转移到新产品中，一切商品都按价值出售，消费资金没有用于储蓄，不存在对外贸易。现根据以上假设研究社会资本再生产的两个基本前提，我们假定第一部类总资本为5 000，第二部类总资本为2 500，两大部类有机构成均为4∶1，剩余价值率均为100%。这样，一年中社会总产品的构成如下：

Ⅰ4 000c+1 000v+1 000m　　6 000（生产资料）

Ⅱ2 000c+500v+500m　　3 000（消费资料）

6 000c+1 500v+1 500m　　9 000（社会总产品）

为了使再生产能够顺利进行，两大部类的商品都必须实现，为此要进行三方面的市场交换：

（1）第一部类内部的交换。第一部类的4 000c代表消耗的生产资料价值，第二年要维持简单再生产，就必须使这部分产品在价值上和实物上都得到补偿，也就是必须重新购进4 000c的生产资料。由于第一部类本身就是生产生产资料的，因此这部分产品可以通过本部类各个企业之间的商品交换得以实现。

（2）第二部类内部的交换。第二部类的500v和500m是工人和资本家用于购买消费资料的。由于第二部类本身就是生产消费资料的，因此这部分产品可以在本部类内部通过交换得以实现。

（3）两大部类之间的交换。经过上述两大交换，第一部类还剩下1 000v+1 000m的产品，第二部类还剩下2 000c的产品，它们都不能在本部类内实现，但是这两部分产品在实物形式上正好是对方需要的，在价值上又恰好相等，所以能通过两大部类之间的交换来实现。

上述三方面的交换关系，用图式表示为：

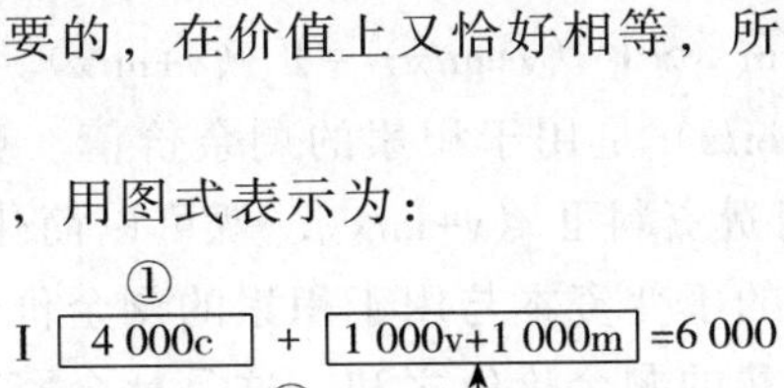

通过上述三大交换，社会总产品的各个部分在价值上和实物上都得到了补偿，第二年的简单再生产就可以顺利进行了。通过上述分析，可以得出社会资本简单再生产的三个实现条件：

（1）第一部类可变资本和剩余价值之和必须等于第二部类的不变资本，即Ⅰ（v+m）=Ⅱc。这个条件说明，两大部类的生产与需求之间必须保持一定的比例关系，反映了在简单再生产条件下，两大部类之间互相制约、互为条件的内在联系。如果Ⅰ（v+m）>Ⅱc，则表明生产资料生产得多了，在简单再生产条件下，第一部类就会有一部分产品卖不出去：如果Ⅰ（v+m）<Ⅱc，则表明生产资料生产得少了，第二部类已消耗的生产资料就不能全部得到补偿。不论生产资料多了还是少了，都不能使社会资本的简单再生产顺利进行。

（2）第一部类生产的全部产品的价值必须等于两大部类不变资本的总和，即Ⅰ（c+v+m）=Ⅰc+Ⅱc。这个条件表明，第一部类生产资料的生产必须同两大部类对生产资料的需求保持平衡。

（3）第二部类生产的全部产品价值必须等于两大部类的可变资本与剩余价值的总和，即Ⅱ（c+v+m）=Ⅰ（v+m）+Ⅱ（v+m）。这个条件表明，第二部类消费资料的生产必须同两大部类对消费资料的需求保持平衡。

3.社会资本的扩大再生产

资本主义再生产的特征是扩大再生产，而扩大再生产的主要源泉是资本积累。资本家必须不断地把剩余价值的一部分转化为资本，用来购买追加的生产资料和劳动力。为了实现资本积累和扩大再生产，必须有两个条件：一是社会总产品中要有追加的生产资料；二是社会总产品中要有追加的劳动力所必需的消费资料。

追加的生产资料来自第一部类。为此，第一部类在一年内所生产的全部产品，除了补偿两大部类当年消耗掉的生产资料外，还必须有剩余。也就是说，第一部类的全部产品的价值必须大于两大部类的不变资本，即Ⅰ（c+v+m）>Ⅰc+Ⅱc。这个公式两端各减去第一部类消耗的生产资料Ⅰc，就可以简化为Ⅰ（v+m）>Ⅱc。这就是说，第一部类的可变资本与剩余价值之和必须大于第二部类的不变资本。这是社会资本扩大再生产的第一个前提条件。

追加的劳动力所必需的消费资料来自第二部类。为此，第二部类在一年内所生产的全部产品，除了满足两大部类工人和资本家当年对消费资料的需要之外还必须有剩余。也就是说，第二部类全部产品的价值必须大于两大部类的可变资本与资本家个人消费的剩余价值之和，即Ⅱ（c+v+m）>Ⅰ（v+m/x）+Ⅱ（v+m/x）。公式中的m/x代表供资本家个人消费的剩余价值，（m−m/x）是用于积累的剩余价值。公式两端各减去第二部类工人和资本家当年消耗掉的消费资料Ⅱ（v+m/x），就可以简化为Ⅱ（c+m−m/x）>Ⅰ（v+m/x）。这就是说，第二部类的不变资本与用于积累的剩余价值之和必须大于第一部类的可变资本与供资本家个人消费的剩余价值之和。这是社会资本扩大再生产的第二个前提条件。

只有当社会总产品中具备了这两个前提条件，社会资本的扩大再生产才有可能性。而这种可能性能否变为现实，还要看社会总产品的各个部分能否都得到实现。

现根据扩大再生产前提条件的要求，假设第一年社会总产品的构成如下：

Ⅰ4 000c+1 000v+1 000m　　6 000

Ⅱ1 500c+750v+750m　　3 000

为了实现社会资本的扩大再生产，两大部类都必须按比例进行积累。现假定第一部类资本家把剩余价值的一半即500m用于追加资本，另一半即500m/x用于个人消费。按照原资本有机构成4∶1划分，追加资本中有400m用于追加的不变资本（Δc），100m用于追加的可变资本（Δv）。这样，第一部类第一年的全部产品价值就重新组合为：

$(4\,000c+400\Delta c)+(1\,000v+100\Delta v)+500m/x=6\,000$

第一部类要获得1 100v+500m的生产资料，并销售等量价值的生产资料。这既为第二部类的扩大再生产提供了条件，又要求第二部类必须进行相应的积累和扩大再生产，以适应两大部类扩大再生产对消费资料的需要。从图式可见，第二部类全年消耗的不变资本为1 500c，而第一部类可以为它提供的生产资料为1 600c，多出100c。这就决定了第二部类必须而且只能追加不变资本100Δc，根据原有资本有机构成2∶1的要求，还要相应追加可变资本50Δv。这样，第二部类第一年的全部产品价值就重新组合为：

$(1\,500c+100\Delta c)+(750v+50\Delta v)+600m/x=3\,000$

在扩大再生产条件下，社会总产品也是通过三方面交换而得以实现的，用图式表示为：

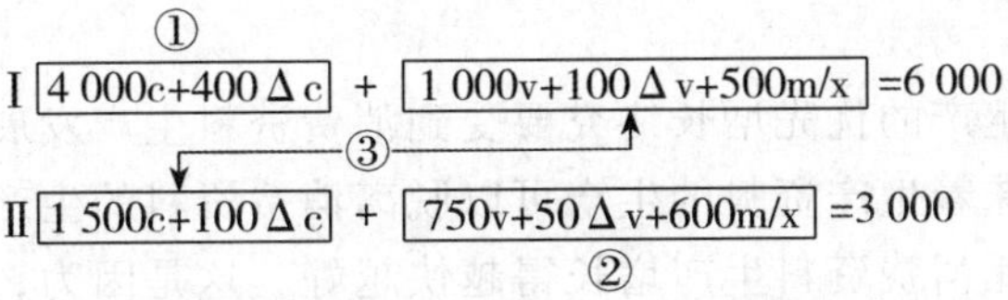

假定剩余价值率仍为100%，那么，第二年年末社会总产品的价值构成为：

Ⅰ4 400c+1 100v+1 100m　　6 600（生产资料）

Ⅱ1 600c+800v+800m　　3 200（消费资料）

6 000c+1 900v+1 900m　　9 800（社会总产品）

同第一年相比，社会资本由7 250扩大到7 900，社会总产品由9 000扩大到9 800，社会资本的扩大再生产实现了。以后各年的扩大再生产情况，都可按上述方法推算。

从上述分析可得出社会资本扩大再生产的三个实现条件：

（1）扩大再生产的基本实现条件。第一部类原有的可变资本和追加的可变资本以及资本家用于个人消费的剩余价值三者之和，必须等于第二部类原有的不变资本与追加的不变资本之和，用公式表示为：

$\text{Ⅰ}(v+\Delta v+m/x)=\text{Ⅱ}(c+\Delta c)$

这个公式揭示了社会生产两大部类在扩大再生产中互相依存、互相制约的辩证关系。它表明，第一部类为第二部类提供追加生产资料的数量，决定着第二部类的积累和扩大再生产所能达到的程度和规模；同时，第二部类提供追加的消费资料的数量，也对第一部类的积累和扩大再生产起着制约作用。

（2）生产资料扩大再生产的实现条件。第一部类全部产品的价值必须等于两大部类原有的和追加的不变资本之和，用公式表示为：

$$\text{I}(c+v+m)=\text{I}(c+\Delta c)+\text{II}(c+\Delta c)$$

这个公式反映了在扩大再生产条件下，第一部类的生产与两大部类对生产资料的需求必须保持平衡的关系。

（3）消费资料扩大再生产的实现条件。第二部类全部产品的价值必须等于两大部类原有的和追加的可变资本以及供资本家个人消费的剩余价值的总和，用公式表示为：

$$\text{II}(c+v+m)=\text{I}(v+\Delta v+m/x)+\text{II}(v+\Delta v+m/x)$$

这个公式反映了在扩大再生产条件下，第二部类的生产与两大部类对消费资料的需求必须保持平衡关系。

4.生产资料生产的优先增长

上面对社会资本扩大再生产实现条件的分析，是以纯粹的外延扩大再生产为研究对象的，完全撇开了技术进步和资本有机构成提高的因素。但在现实经济生产中，由于资本主义生产的扩大总是伴随着技术进步，资本有机构成不断提高，因此在以技术进步为特征的扩大再生产过程中，随着资本有机构成的不断提高，社会资本中不变资本所占的比重越来越大。与此相适应，对生产资料的需求比对消费资料的需求增长得更快。因此，第一部类生产资料生产必须比第二部类消费资料生产增长得更快，只有这样才能满足扩大再生产的需要。在技术进步的扩大再生产条件下，生产资料生产的优先增长具有客观必然性。

但是，生产资料生产的优先增长终究要受到消费资料生产发展的制约。生产资料生产的优先增长并不意味着生产资料的生产可以脱离消费资料的生产而孤立地发展，更不意味着生产资料生产比消费资料生产增长得越快越好。这是因为，第一部类生产发展中追加的劳动力所需要的消费资料，必然要依靠第二部类生产的相应发展来提供；同时，第一部类生产的发展归根到底是为了用更多的技术设备和原材料来满足第二部类生产发展的需要。如果消费资料生产不能相应发展，那么因为生产资料生产优先增长而增加的产品就会找不到市场。生产资料生产的优先增长只有在两大部类按比例协调发展的基础上才能实现。

以上分析的马克思关于社会资本再生产的理论表明，无论在简单再生产还是扩大再生产条件下，社会生产的两大部类以及各个部门之间都必须保持一定的比例关系，只有这样，社会资本的再生产才能顺利进行。在商品经济中，社会化大生产按比例发展是自发形成、通过经济周期波动强制性实现的。

四、资本主义的经济危机

1.经济危机的实质和根源

资本主义经济危机的实质是生产相对过剩。这种过剩并不是与劳动者的实际需要相比的绝对过剩，而是与劳动者有支付能力的需求，即与劳动者的货币购买力相比的相对过剩。经济危机期间最根本的现象和典型特征是商品生产过剩，危机爆发时，生产下降，企业倒闭，工人大量失业，社会经济生活陷于混乱。

经济危机产生的根源在于资本主义生产方式的基本矛盾，即生产的社会化与生产资料资本主义私人占有形式之间的矛盾。当这个矛盾达到十分尖锐化的程度时，就会引发经济危机。

资本主义基本矛盾的一种表现是个别企业内部生产的有组织性和整个社会生产无政府状态之间的矛盾。各个资本主义企业在生产经营中竭力加强企业内部的组织性和计划性，以便提高生产效率和取得尽可能多的利润，并在市场竞争中保持自己的地位。同时，生产的社会化也迫使企业改进经营管理，加强生产的组织性和计划性，使企业生产顺利进行。但是，资本主义私有制却使生产资料和劳动成果归各个资本家私有，各个企业生产什么、生产多少完全是资本家的私事。在第二次世界大战前的资本主义发展过程中，没有国家的统一经济计划，整个社会生产处于无政府状态。当代资本主义国家加强了对社会经济生活的政府调控和政府干预，在相当程度上使生产的无政府状态有所弱化，但不能从根本上消除生产的无政府状态。

在资本主义发展的过程中，个别企业生产的有组织性和社会生产的无政府状态之间的矛盾，使社会资本再生产基本比例关系的失调发展到十分严重的程度，引起大量商品过剩，从而导致经济危机的爆发。

资本主义基本矛盾的另一个表现是资本无限扩大的趋势和劳动人民有支付能力的需求相对缩小之间的矛盾。资本家为了追求更多的利润，总是竭力扩大生产规模。而生产的社会化和现代生产技术又为生产无限扩大提供了物质技术基础。但是，在资本主义生产规模不断扩大的同时，资本家总是通过各种方式加强对劳动人民的剥削，劳动人民有支付能力的需求与社会生产的扩大相比日益缩小，导致生产和消费之间严重失调。当这个矛盾发展到尖锐程度时，市场上的商品大量积压，社会资本再生产的实现条件遭到破坏，也会导致经济危机的爆发。

2.经济危机的周期性

资本主义经济危机具有周期性，每若干年爆发一次。经济危机之所以周期性爆发，是因为资本主义基本矛盾并非始终处于尖锐激化的程度。资本主义基本矛盾的发展运动有时较为缓和，有时尖锐激化，只有在矛盾尖锐激化时才会爆发危机。

经济危机既是资本主义基本矛盾尖锐激化的结果，同时又能使这个矛盾得到暂时的、强制性的缓解，使社会资本再生产的比例关系也暂时地达到平衡，从而使资本主义各国逐渐渡过危机，经济重新得到恢复和发展。然而，经济危机并不能消除资本主义基本矛盾，在渡过危机和经济获得恢复乃至发展后，经过一定时期，资本主义所固有的矛盾又会重新激化，从而导致经济危机的再一次爆发，如此循环不已。

经济危机的周期性爆发使资本主义再生产也具有了周期性，从一次危机的爆发到下一次危机的爆发，其间所经历的时间便是一个再生产的周期。资本主义再生产周期一般来说包括危机、萧条、复苏、高涨四个阶段。

危机阶段是再生产周期的决定性阶段。这个阶段的特点是：商品销售困难甚至被销毁，企业开工不足甚至倒闭，生产下降，物价下跌，工人大批失业，货币信用制度被破坏，整个社会经济生活陷于瘫痪和混乱，生产力遭到严重破坏。

萧条阶段的特点是：生产不再下降，企业停止倒闭，失业人数不再增加，但商品销售仍很困难，信贷关系呆滞。

复苏阶段的特点是：市场销售扩大，生产逐渐回升，企业利润增加，就业人数日益增多，信贷关系活跃；当社会生产赶上和超过危机前的最高点时，便过渡到高涨阶段。

高涨阶段的特点是：市场繁荣，生产上升，企业规模扩大或新建企业增加，就业人数明显增多，社会购买力提高，信贷关系活跃，整个社会经济呈现出一片繁荣景象。

资本主义再生产周期大体上要经过上述四个阶段，但是由于历史条件和发展阶段不同，各资本主义国家在不同发展阶段上的再生产周期具有不同的特点。

3.当代资本主义经济危机的新特点

第二次世界大战以后，科学技术革命使生产社会化程度提高，国家垄断资本主义发展起来并对社会经济生活进行干预，经济全球化和资本主义国际化趋势加强，发展中国家兴起，资本主义发展不平衡性加剧，这些经济和政治条件的变化使资本主义经济危机和再生产周期出现了许多新特点：

（1）经济危机的同期性和非同期性交错出现。第二次世界大战前，随着资本主义世界市场的发展、资本主义世界经济体系的形成和完善，以及资本主义国际联系的日益加强，资本主义国家再生产周期逐渐趋同，经济危机在主要资本主义国家趋于同时爆发。第二次世界大战后，由于各资本主义国家恢复和发展经济的进程不同，各国政府对经济所采取的宏观调控政策、措施和干预经济生活的力度不同，经济发展很不平衡，再生产周期长短不一，削弱了经济危机在国家之间的连锁反应程度，出现了经济危机非同期爆发现象。

（2）经济危机的严重程度小于第二次世界大战前。工业生产下降幅度是衡量和反映经济危机严重程度的一个基本指标。第二次世界大战前，在经济危机期间，工业产值下降幅度较大，特别是1929—1933年的经济危机最为严重，整个资本主义世界的工业产值下降了46%，工业产值连续下降50多个月。第二次世界大战后爆发的经济危机对社会生产力的破坏力仍很大，但与第二次世界大战前相比，破坏程度相对较轻，对经济生活的冲击不如以前严重。

（3）再生产周期各阶段的差别和特征不明显。第二次世界大战前，再生产周期各阶段顺序交错，每个阶段的特征都很明显。第二次世界大战后，危机阶段生产下降幅度一般较小，持续时间较短，萧条阶段与复苏阶段不易明显划分，经济复苏缓慢无力，经济回升到危机前的最高点非常困难。而在高涨阶段，生产上升缓慢，增长乏力，经常存在企业开工不足的现象。

（4）经济危机和通货膨胀相互交织，危机阶段物价仍然上涨。第二次世界大战前，危机阶段物价大幅度下降。第二次世界大战后的危机阶段，造成物价下降的因素如商品供过于求、现金短缺等，仍然存在和发生作用，但是由于经常性的通货膨胀、危机期间采取扩张的金融货币政策，危机阶段通货膨胀更为严重，出现了生产过剩危机和财政金融危机交织在一起的“滞胀”现象。

当代资本主义危机的新特点表明，经济危机的根源在于资本主义制度本身，在于资本主义的基本矛盾。只要资本主义的基本矛盾还存在，经济危机就不可避免。

拓展阅读4-1

原始积累的秘密

《资本论》第二十四章第一节“原始积累的秘密”深刻地揭示了资本主义生产关系产生的原因。马克思指出，资本主义生产关系的出现，必须在经济上具备两个条件：一是有一批失去生产资料并具有一定人身自由的劳动者；二是在少数人手中积累了为组织资本主义生产必需的货币财富。所谓资本原始积累，就是指生产者和生产资料相分离的历史过程。这个过程一方面使大量的社会财富迅速集中到少数人手中，并转化为资本；另一方面，大批的直接生产者突然被剥夺了生产资料，变成一无所有的自由劳动者。这个过程之所以被称为“原始的”，既因为这一过程为资本主义生产方式的形成创造了前提，也因为这一过程的野蛮性和残酷性。

马克思认为，资产阶级总是宣扬资本家致富依靠的是他们的勤劳、智慧和节俭，而工人阶级的贫穷则是因为他们懒惰和愚笨，然而原始积累的真实历史是，大量的人突然被强制同自己的生存资料分离，被当作不受法律保护的无产者抛向劳动市场，“对农业生产者即农民的土地的剥夺，形成全部过程的基础”（《马列主义经典著作选编（党员干部读本）》，党建读物出版社2011年版，第88页）。美洲金银产地的发现，土著居民的被剿灭、被奴役和被埋葬于矿井，对东印度开始进行的征服和掠夺，非洲变成商业性猎获黑人的场所，这一切都是资本原始积累的主要手段。因此，马克思说，资本原始积累的历史，“是用血和火的文字载入人类编年史的”（《马列主义经典著作选编（党员干部读本）》，党建读物出版社2011年版，第87页）。

资料来源 佚名. 马克思《资本论（第一卷）》（节选）学习导读［J］. 求是，2011（14）.

第二节 垄断阶段的资本运行

一、金融资本对经济和社会的全面统治

垄断资本的运行使市场经济规律发生了某些变形，使经济运行的机制发生了新的变化。在垄断条件下，金融资本的形成是与银行业的集中和垄断紧密相联的。随着资本主义经济的发展、私人资本的联合，集中和垄断不仅发生在工商业领域，同样也发生在银行业中。工业生产和资本的集中是银行业集中与垄断的基础，二者相互制约、相互促进，竞争是其强有力的杠杆。大银行由于资本雄厚、信用程度高、地位稳固，在竞争中往往能吞吐大量的货币资金，它不仅排挤、兼并小银行，还通过参股、控股等形式控制小银行，从而使银行业的集中程度不断提高。当银行业集中发展到一定程度时，少数几家处于统治地位的大银行为了避免在竞争中相互损害和保证获得高额利润，就会彼此联合起来结成垄断同盟。

银行业的集中和垄断使银行的作用发生了根本性的变化，银行“由普通的中介人变成了万能的垄断者”。在垄断形成之前，银行只充当货币资本借贷的中介，主要通过存贷业务获取利润，银行和工业企业之间的关系纯粹是一种借贷关系。银行垄断形成以

后，情形就大不相同了，具体表现在：①银行与工业企业之间的信贷关系趋于稳定，二者利益紧密结合，银行通过信贷关系对企业进行监督和干预，甚至决定企业的发展命运。这就使工商企业越来越依赖少数大银行。②银行和工业企业相互持有对方的股票。银行通过购买工业企业的股票，直接进入企业内部，控制企业的经营活动；与此同时，工业资本也千方百计地打入银行业，购买银行的股票，成为银行的股东。③在银行资本和工业资本相互渗透的基础上，双方互派人员进入对方的管理机构，担任要职，实行人事结合，以便相互影响和控制。

银行新作用的产生过程，也就是金融资本的形成过程。所谓金融资本，就是银行垄断资本和工业垄断资本相互融合而形成的一种新型垄断资本。在此基础上，掌握大量金融资本、控制国民经济命脉和国家机器的少数大资本家或垄断财团，就是金融寡头。金融寡头支配了大量社会财富，控制着经济、政治、文化等社会生活的各个领域，是当代资本主义国家中的真正统治者。

金融寡头在经济领域的统治主要是通过“参与制”来实现的。所谓参与制，就是垄断资本家通过掌握一定数额的股票来支配和控制企业的制度。金融寡头先是以自己掌握的总公司作为“母公司”，去投资收购其他公司一定数额的股票，使之成为自己控制的“子公司”，“子公司”又以同样的方法继续发展控制其他更多的公司，使之成为“孙公司”。如此逐级控制，在经济上就会形成金字塔式的上小下大的控制体系，金融寡头据此可以支配比自己的资本大几倍、几十倍甚至上百倍的他人资本，从而实现自己在经济领域的统治。

金融寡头在政治上的统治主要通过人事参与或同政府进行“个人联合”来实现。其主要途径有：①金融寡头亲自出马或者委派代表到政府机关担任各种要职，为其垄断统治服务；②通过各种渠道收买决策人和高级官吏，影响政府内外政策的制定。正如列宁所说，这些人“今天是部长，明天是银行家；今天是银行家，明天是部长”[①]。此外，金融寡头还通过建立各种咨询机构和政策研究机构，对政府的有关决策施加影响，并通过控制报纸、出版、通信、广播、电视等相关机构，实现对上层建筑和社会生活各个方面的全面统治。

二、国家垄断资本主义的主要形式

国家垄断资本主义在不同的国家有不同的表现形式，可以从不同的角度来进行区分。既然国家垄断资本主义是国家与私人垄断资本相结合的资本主义，那么从结合的方式上可分为三种基本类型或组成部分：国有垄断资本、国私共有垄断资本、国有垄断资本与私人垄断资本在社会范围内的结合。

1.国有垄断资本

国有垄断资本是国家财政资金中转化为资本的部分，其组织形式是国家所有制企业，即国有企业。国有企业一般通过两个途径建立起来：①通过“国有化”形式，由资

① 列宁．列宁全集［M］．中共中央马克思恩格斯列宁斯大林著作编译局，译．北京：人民出版社，1963.

本主义国家出资收购或用其他补偿方式，把那些技术设备陈旧、亏损多、濒临破产的基础工业，如煤炭、钢铁、电力、铁路等部门或企业收归国有。②通过国家财政拨款，直接投资兴办新企业。这里的国家是国有垄断资本的人格化。国家投资在战争期间主要是创办军事工业，服务于战争需要。战争结束后，主要投向包括两个方面：一部分投资于生产流通部门，如制造业、采矿业、运输业等部门；另一部分投资于公共工程，如金融、通信、道路、港口、水利设施、城市交通、生态平衡、环境保护、尖端科技研究与开发，以及传统工业部门的技术改造和落后地区的经济开发等，投在这些部门的国家垄断资本虽然自身一般不能增值，但却为私人垄断资本增值创造了必需的社会经济条件和物质基础。国有企业的各种经营活动由国家调节，这里的国有企业实质上仍然是资本主义企业。

第二次世界大战后，法国铁路的电气化、英国采煤业和钢铁工业的技术改造、意大利电力工业的改造、瑞典钢铁和造船工业的改造等，都是通过国有化来实现的。目前，大多数资本主义国家的中央银行及其股东已属国有，法国、意大利等国还对一部分商业银行实行了国有化。一个国家是否实行国有化，主要取决于国有化能否保证垄断资本的利润。

2. 国私共有垄断资本

国私共有垄断资本是国有垄断资本同私人垄断资本在一个企业范围内直接结合而形成的垄断资本，其组织形式一般为股份公司或合资企业。这类公司的形成方式既可以是国家以“参与制”的方式购买私人垄断企业的股票，又可以是私人垄断组织购买国有企业的部分股票，还可以是国家和私人垄断企业共同出资建立新企业。无论是以何种方式建立起来的国私共有垄断资本，它们都是国家资本和私人资本的结合。

国私共有垄断资本运动的特点在于：一方面，国家凭借其资本所有者的身份，可以直接对公司的生产经营活动进行调节、控制和监督，使其符合国家宏观经济的调控要求，也可以利用这类公司对整个社会经济活动进行调控。当然，这里一般要求国家掌握该公司的控股权。另一方面，私人垄断资本可据此享受国家所提供的各种优惠，如获得国家补贴的优惠贷款、减免税、优先订货等，从而增强自己的经济实力和竞争力，使获取高额垄断利润更有保证。因此，国私共有垄断资本成为国家和私人垄断资本都乐于接受的形式。第二次世界大战后，特别是20世纪60年代以来，这种形式得到了很大的发展。

3. 国有垄断资本与私人垄断资本在社会范围内的结合

国有垄断资本与私人垄断资本在社会范围内的结合是指国有垄断资本与私人垄断资本在企业外部发生密切的联系，是国家与私人垄断资本相结合的主要形式，具体包括：国家向私人垄断企业订货或购买产品，如政府采购；通过国家控制的金融机构向私人垄断企业提供贷款和实行差别利率；国家通过财政拨款向私人垄断企业提供补贴，包括直接补贴（资金）和间接补贴（如减免税、加速折旧）；国家提供科研费用，将科研成果提供给私人垄断企业享用，如美、英、法等国的政府拨款占全部科研经费的比重均在60%以上；国家通过实行“经济计划化”和“福利国家”制度来干预和影响社会经济的运行等。在这种形式中，资本运动的主体是私人垄断资本。私人垄断资本并未改变它的资本占有形式，却从过去的单独运动变为与国有垄断资本的结合运动。

无论是国有垄断资本，还是国私共有垄断资本，或是与国家有密切联系的私人垄断资本，都是国家垄断资本主义生产关系体系的有机组成部分。如果仅用国有企业所占的比重来衡量一国国家垄断资本主义发展的程度和水平，那是片面的。应当强调的是，和国家有密切联系的私人垄断资本仍是国家垄断资本主义的基础，这是因为，私人垄断资本的本性是不愿实行国有化的，它需要借助国有垄断资本的力量来帮助其解决资本运动中遇到的困难，从而壮大自己的力量，而不是否定自己。20世纪80年代后，一些西方国家出现的国有企业“私有化”浪潮，实际上只是把国有垄断资本转变为国私共有的垄断资本或与国家有密切联系的私人垄断资本，是国家垄断资本主义生产关系体系中不同资本形态之间的转移，而不是国家垄断资本主义的削弱，私有化浪潮决不等于否定国家垄断资本主义。

三、国家对经济活动的调节和干预

资本主义国家对经济的调节和干预，虽在第二次世界大战之前就已出现，但当时基本上是被动的、临时的和局部的。依靠国家对整个社会经济进行经常的、全面的客观调节，则是第二次世界大战后随着国家垄断资本主义和市场经济的高度发展而逐步扩大、深化和完善的，并逐步建立和形成了较为完备的经济调节体系，成为资本主义国家现代市场经济体制和运行机制的重要组成部分。

国家对经济活动进行调节和干预的客观必然性体现在以下三个方面：①是社会生产力高度发展的必然要求；②资本主义基本矛盾激化导致经济危机周期性爆发的现实，要求国家出面有效干预；③矫正单纯依靠市场机制调节存在缺陷的需要。国家调节经济活动的目的在于缓和社会经济矛盾和阶级矛盾，维护资本主义制度和垄断资本的统治，保证实现高额垄断利润。资本主义国家对经济进行调节的总任务是促进社会总供给和总需求的平衡，这里的平衡包括社会总量平衡和结构平衡两方面。社会总供给从价值形式看，是一定时期社会提供的进入市场可供购买的商品和劳务的价值总额；从实物形式看，是社会提供的进入市场可供购买的商品和劳务总量。社会总需求从价值形式看，是一定时期社会对商品和劳务需求的有购买力的价值总额；从实物形式看，是有货币支付能力的社会要购买的商品和劳务总量。如前所述，社会再生产必须按客观要求的比例进行，而在资本主义条件下，社会再生产的比例是通过不断的经济波动和危机的方式强制实现的，如果市场上供求总量经常不平衡，势必造成价格信号扭曲，使市场机制不能正常发挥作用，市场经济不能顺利运行。

国家调节经济活动的目标主要包括促进经济增长、增加就业、稳定物价和保持国际收支平衡。促进经济增长，就是国家通过宏观调控，保持国民经济的相对稳定，维持一定的经济增速；增加就业，就是国家通过调控，创造就业机会，保持较高的就业水平，力求实现充分就业；稳定物价，就是政府通过各种手段，约束价格主体，防止物价剧烈波动，抑制物价上涨，保持物价总水平的基本稳定；保持国际收支平衡，就是要防止出现国际贸易逆差，保持经济平稳运行。值得注意的是，上述目标有时存在相互矛盾、相互制约的情况，如促进经济增长的措施可能会带来通货膨胀，扩大就业的政策又会导致财政赤字的产生。

资本主义国家对经济活动的调节一般采取经济、法律、计划等手段。经济手段主要是依据价值规律的要求，通过经济政策等措施来引导经济主体的经营活动，以达到国家宏观调控的目标，如国家经常通过制定和实施有关的财政政策、货币政策、社会福利政策，影响企业、个人的经济活动。法律手段就是通过法律的制定和执行，把私人企业的活动纳入国家法制的轨道，促进国民经济有序运行，主要起规范经济秩序的作用，具有权威性、强制性和相对稳定性等特点。计划手段就是政府通过周期不等的社会经济发展计划，对国民经济活动作出预先安排，并据此对社会经济的运行进行调控。如法国、日本和北欧一些国家在这方面都有自己的特色。其计划管理的内容包括制订一定时期的国民经济增长计划、财政收支计划、货币发行计划、科教发展计划、主要产业发展计划等具有全局性、前瞻性、指导性的计划或规划。当然，这些计划不是指令性的，它们对资本主义私人企业没有法律约束力，但可以通过一定的方式，如各种经济措施等去诱导和影响私人企业，进而把私人企业的生产经营活动纳入国家计划的轨道。从根本上说，资本主义经济同国家计划管理是对立的，因此计划管理不可能根除资本主义生产的盲目性和无政府状态。

第三节　垄断资本主义经济向国际范围扩展

一、生产社会化和资本国际化

1.生产社会化和资本国际化的客观必然性

商品生产以社会分工为基础和前提，商品经济活动反过来推动社会分工的发展。在资本主义生产发展过程中，社会分工不断深化，生产社会化程度不断提高，当社会分工越出了国界时，就进一步发展为国际分工。国际分工与生产国际化是垄断资本主义经济向国际范围扩展的基础，科学技术进步推动着生产社会化和资本国际化的发展。国际分工的发展使得世界各国的经济联系日益紧密，各国经济的孤立性和闭关自守状态被打破，资本主义生产朝着国际化生产和交换的方向发展。

20世纪50年代以来发生的以电子计算机、核能、空间技术为重要标志的第三次科技革命，将资本主义国际分工体系、生产国际化推进到一个新的阶段。现代科技革命所释放出来的巨大生产力，进一步突破了民族、国家的界限，使科技发展和生产进步日益国际化；产业资本大规模国际化和跨国公司的兴起，则把企业内部和部门内部的分工发展为国际专业化分工；以自然资源为基础的传统国际分工发展为以产品专业化、零部件专业化和工艺专业化为基础的新的国际分工。旧的殖民体系的瓦解也在一定程度上改变了国际分工的格局，发展中国家日益卷入世界工业分工体系之中，以技术密集、资本密集、劳动密集产业为划分标准的分工格局突出地表现出来。

随着国际分工的深化和生产国际化的发展，资本的国际化也在发展。在自由竞争资本主义阶段，也就是资本主义进行对外扩张的初期，资本国际化主要通过国家与国家、国家与地区之间的商品交换形成的国际市场和国际分工体现出来。进入一般垄断资本主义阶段后，资本国际化步伐加快，主要通过资本输出并带动商品输出、形成国际垄断同盟、从经济上瓜分世界、最终形成殖民体系等体现出来。第二次世界大战以来，随着科技进步和国家垄断资本主义的发展，资本国际化进程加速，具体表现为私人和国家垄断资本扩大在国外的投资，兴建生产性企业。

资本无限增值的本性是资本国际化发展的内在动因。资本是能带来剩余价值的价值，无限增值是其本性所在。资本运动的目的在于追逐利润，没有利润，资本的生命就会终止。因此，作为资本人格化的资本家，一方面，要不断地积累资本，改进机器设备，扩大生产规模，使生产呈现出无限扩大的趋势；另一方面，要采取各种措施强化对广大劳动群众的剥削，从而极大地抑制了市场的扩充，最终导致资本主义经济危机周期性爆发。这就迫使资本家为转嫁危机而极力向海外拓展市场，以获取高额利润。此外，资本主义发展到垄断阶段后，资本有机构成不断提高，平均利润率呈下降趋势，出现了大量“过剩资本”，需要向外寻求出路，从而导致资本输出。

2.资本国际化的表现形态

资本主义再生产的进行表现为资本在运动中发生增值。资本国际化是指资本的运动越出国界，在国际范围内延续和发展、增值和积累。资本国际化的表现有三种形态：商业资本国际化、借贷资本国际化和产业资本国际化。

（1）商业资本国际化。资本主义企业生产的商品是包含着剩余价值的商品，商品输往国外，意味着商品资本走向世界。本来意义上的商品输出，从资本国际化角度看，表现为商品资本在国际范围的活动，形成商业资本的国际化。

在资本主义自由竞争阶段，商业资本的国际运动是资本国际化的主要形式。当时的国际分工是通过国际贸易形成和联系起来的，以此为基础的国际商品交换成为资本主义社会再生产不可或缺的部分，商品输出成为这一时期国际经济关系的主要内容和基本特征。第二次世界大战以后，随着科技革命的发展，特别是信息技术水平的提高和国际分工的进一步加深，国际贸易的发展速度持续超过工业生产的增长速度，1953—1990年，世界商品出口量年均增长5.8%，而同期世界工业年均增长4.4%（均以1970年不变价格计算）；国际贸易总额中工业制成品比重超过初级产品比重，行业内贸易占据优势；与商品结构变化相适应，国际贸易的地区结构转向以发达国家之间的相互出口为主；无形贸易特别是技术贸易发展迅猛，商业资本国际化的广度和深度都达到空前的水平。

（2）借贷资本国际化。资本主义进入垄断阶段后，资本输出具有重要意义。资本输出是指资本主义国家的政府、资本家或垄断组织为了获取高额利润和利息以及谋求其他经济利益而对国外进行的直接投资或贷款。资本输出早在资本主义自由竞争时期就已出现，但当时数量较少，不占重要地位，占统治地位的是商品输出。直到20世纪初，资本主义发展进入垄断阶段后，资本输出才在各主要资本主义国家迅速发展起来，并成为这一时期资本主义对外经济关系中的一个重要经济特征。

资本输出从资本形态上看主要有两种：一种是借贷资本输出，又叫间接投资，即由资本主义国家的政府、私人银行或企业对他国政府、私人银行或企业提供高利贷；另一种是生产资本输出，又叫直接投资，即资本主义国家的政府或资本家在国外直接投资开办工厂、矿山、银行等企业或控股当地企业。

从资本输出的主体看，它可分为私人资本输出和国家资本输出。前者是指由私人资本家向外国贷款或直接投资；后者则是由资本主义国家的政府对外国进行贷款或直接投资，一般采取“对外援助”的形式，包括经济援助和军事援助方面的贷款与“赠予”。无论采取何种形式，资本输出在本质上都是垄断资本加强国际剥削、获取高额垄断利润、争夺经济霸权、巩固金融资本对世界统治的重要工具，是国际垄断的基础。

资本输出对资本输出国来说，可以获得高额利润，带动和扩大商品输出，在一定程度上可以缓和国内矛盾或危机，但同时，它又使输出国食利者阶层扩大，给这些国家打上寄生的烙印，并往往引起国内经济发展的停滞，加速发达资本主义国家经济发展的不平衡，使它们之间的矛盾不断激化。

资本输出对资本输入国的经济发展具有双重影响：一方面，大量过剩资本的涌入和外国资本企业的建立，客观上加速了这些国家自然经济的解体，刺激了商品经济的发展，某些现代生产技术和管理经验的输入会对输入国的经济发展起到一定的促进作用；另一方面，外国资本的输入又会造成对输入国国民收入和自然资源的掠夺，导致这些国家的经济单一或畸形发展，增强对外依赖性，甚至影响到本国经济和政治的独立。当然，如果资本输入国是一个完全独立的主权国家，能够坚持独立自主的原则，也可避免上述不利影响，从而促进本国经济发展。20世纪初，资本输出加快发展，直到第二次世界大战前，资本输出主要表现为借贷资本输出，即将货币资本以按期还本付息为条件借贷给他国，这导致金融资本对全球的统治成为这一时期国际经济关系的主要内容。

第二次世界大战后，资本输出量剧增并出现了一些新的特点：资本流向由原来的主要是发达国家向经济落后国家输出，发展到当代的多方向输出，特别是发达国家之间相互投资的大幅度增加；私人国际借贷资本数额膨胀，进入新兴起的欧洲货币市场和债券市场，现代跨国银行成为国际借贷资本的行为主体，虚拟经济（金融经济）扩张迅速；国家垄断资本主义加强对国内和国际的经济调节，国家借贷资本输出比第二次世界大战前显著增加，日益成为占重要地位的资本输出形式。国家借贷资本输出按其执行主体可分为两种：一是双边政府信贷和一国政府对另一国私人机构提供的进出口信贷；二是国际金融机构对有关国家政府和私人企业的信贷。

（3）产业资本国际化。它是指产业资本越出国界，不断扩大对国外的直接投资，从事商品的生产和经营，在国际范围内生产和实现剩余价值。产业资本国际化是在商业资本和借贷资本输出的基础上逐步发展起来的。第二次世界大战前，虽然也有产业资本国际化现象，但所占比重很小，主要是为促进和扩大商品输出服务。第二次世界大战后，随着科技的进步和国家垄断资本主义的发展，产业资本国际化的进程大大加快了。

产业资本国际化集中表现为垄断资本对外直接投资的增加，在主要发达资本主义国家的私人对外直接投资累计额中，产业资本所占比重高达80%～90%；1960—1984年，发达资本主义国家私人对外直接投资增长了8.4倍，大大超过了同期这些国家国民生产总值的增长速度，并且投向以发达国家之间的相互投资为主。在投资的产业结构上，发达资本主义国家之间主要投在第二、三产业，尤其是与科技进步密切相关的部门，如电子、信息、汽车制造、金融等；对发展中国家则主要投在传统的劳动密集型产业甚至污染重的部门，以获取丰厚的利润。

二、发达资本主义国家之间的经济关系

1.发达资本主义国家之间经济关系的本质

所谓发达资本主义国家经济，是指完成了工业化，具有较高生产力发展水平，建立了现代市场经济体制和运行机制，国家垄断资本主义生产关系在经济生活中占统治地位的经济类型。目前，发达资本主义国家主要包括美、日、德、法、英、意、加西方七国，以及西欧、北欧和大洋洲的二十几个国家。其基本特征是：科学技术和生产力发达，产业结构日趋合理，生产社会化、国际化程度较高，市场经济现代化，国家垄断资本主义占统治地位，贫富差距扩大。在当今的资本主义世界经济体系中，发达国家经济始终处于主导地位，它们之间的经济关系不仅是整个资本主义国际经济关系中最重要的部分，而且制约着资本主义世界经济的发展及其格局的演变。在第一次工业革命时期，英国作为“世界工厂”成为当时资本主义世界经济体系的中心，拥有世界财富的30%～40%。由于第二次工业革命的影响，资本主义世界经济体系的中心发生了转移。20世纪初，后起的美国在世界工业生产中所占产值的比重大大超过其他主要资本主义国家，1920年为47%，1948年上升到53.4%，出口贸易占32.4%，黄金外汇储备占75.5%，成为当时世界上最大的资本输出国；同时，美元在国际货币体系中确立了霸主地位。20世纪50年代和60年代期间，美国全面实现了国民经济工业化和现代化，综合国力大大提高。与此同时，西欧国家和日本在美国的扶持下，经济迅速恢复和发展，其影响因素主要包括科技革命强有力的推动、社会保障制度的实施、政府对经济的干预、国际货币体系与贸易体制的作用，以及第三世界国家廉价的能源和原材料供应等。

20世纪70年代以来，发达资本主义国家内部发展逐渐不平衡，总体趋势是，美国的经济实力不断削弱，以欧洲经济共同体为核心的西欧国家重新崛起，日本经济实力不断增强。1977年，欧洲经济共同体工业生产总值占资本主义世界的37.5%，而美国仅为13.5%。它们之间的差距逐渐缩小，美国独霸资本主义世界经济的格局逐步转变为美、日、欧洲经济共同体“三足鼎立”。伴随着西方国家经济增长方式从单纯追求经济规模和数量向提高效益和质量转变，不平衡发展有了新变化，合作与竞争成为新时期发达资本主义国家经济关系的主流。美国由于科技基础雄厚，高科技占优势，率先从工业经济走向信息经济，20世纪90年代以来，经济增长率与欧盟和日本相比居于领先地位，总体实力有所加强，日本和欧盟国家则因内部困难较多，经济调整进展相对缓慢，呈现低速增长态势。

从发达资本主义国家间经济关系的演变可以看出，由于政治经济发展不平衡，垄断资本及其国家实力对比也在不断发生深刻变化，资本力量增强的国家要求按照新的资本

力量对比在经济上分割利益，而资本力量相对弱化的国家则要竭力维护既得利益，这样，各垄断资本主义国家间的经济关系势必要演变为重新瓜分世界的关系。究其根源，是垄断资本为维护本国垄断资本利益而无限追求垄断利润的本性。在资本无限增值的内在冲动下，资本主义经济势必要突破一切地域和国家的限制，不断扩大资本主义制度的世界范围，这样就会把越来越多的国家和地区置于资本主义的国际统治之下，从而获得更多的高额垄断利润。

2.发达资本主义国家之间经济关系中的矛盾

发达资本主义国家之间的经济关系表现在诸多方面，它们之间既有共同利益，也有矛盾和争夺，后者主要体现在贸易、投资和货币金融三大领域。

（1）贸易领域的矛盾。第二次世界大战后，发达资本主义国家间国际贸易的发展可以划分为两个阶段：20世纪70年代之前为迅速发展阶段；20世纪70年代中期以后转向不稳定发展阶段。其主要特点表现为：一是相互间贸易发展不平衡。美国和欧共体相继出现贸易逆差，而日本贸易顺差不断扩大，使得贸易发展不平衡状况日趋严重、摩擦不断。日本迫于欧美压力，表示要限制出口，但其依赖出口以求经济增长，限制出口并非易事。二是在商品结构方面，工业制成品在出口中所占比重上升，尤其是机械、电子产品在各大类商品中增长最快，技术贸易发展迅速。三是争夺国外市场的斗争加剧。能够占领更多的海外市场，就可缓解国内生产过剩的压力，获取更多的利润，增加国内就业，减少社会矛盾。因此，资本主义各国间不断爆发贸易大战，引起贸易摩擦的商品不仅包括传统的工业品（如钢铁、机械、化工产品等）、农产品（如牛肉、柑橘、大米等），而且包括高新技术产品，如半导体、计算机、飞机和通信器材等；不仅表现为保护本国市场，也表现为迫使对方开放市场。如20世纪70年代，日、美、欧之间贸易摩擦的重点是丧失比较优势的国家要求对方限制出口来保护本国市场；20世纪80年代后，则重点转向强迫对方开放市场，这是美、欧对付日本贸易保护主义的重要举措。由于各国利益各异，它们之间的贸易冲突必将持续不断。

（2）投资领域的矛盾。第二次世界大战后，随着政治、经济、科技条件的深刻变化，资本主义国家的对外投资方向有了很大改变，由原来主要向不发达国家投资转变为发达资本主义国家之间相互投资；至于投资主体和形式，由原来私人资本间接投资转变为跨国公司直接投资。这主要是因为广大发展中国家的独立，使得发达资本主义国家在这些国家不能再为所欲为，加之发展中国家经济发展水平低，不如把资本投向其他发达资本主义国家，因为投资风险小，市场容量大，可以有效保证投资的安全性。由此，资本主义国家间相互投资逐步增多，往往采取既鼓励又限制、既利用又排斥的政策，形成了你中有我、我中有你的复杂局面。当然，矛盾和冲突也不可避免。

从一定意义上说，投资战是贸易战的继续和延伸，因为在东道国投资建厂，生产的商品可以绕过关税壁垒，就地销售，直接占领对方市场。20世纪80年代以前，发达国家相互投资格局的特点是美国占绝对优势。之后，投资格局转化为美、日、欧之间的大规模相互投资，投资重点日趋转向高科技领域以及运用高科技的服务业，投资方式也越发多样化，其中最为引人注目的是日本对外直接投资的骤然增长。1986年，日本在美私人直接投资相当于美国在日本直接投资的207%，欧洲经济共同体对美私人直接投资相当于美国在欧洲经济共同体投资的125%。1985年，日本以1 298亿美元的对外净资产一跃成为世界最大债权国。随着发达国家对外直接投资的迅猛发展，投资领域的矛盾和斗争（主要是投资自由化和非歧视性待遇问题）也日益加剧。

（3）货币金融领域的矛盾。货币金融领域历来是资本主义国家之间角逐的重要场所。第二次世界大战结束后，各国忙于治理国内经济问题，国际金融（资本）活动的整体水平较低，美元基本上是唯一的国际货币，占据国际金融霸主的地位。20世纪50年代末60年代初，随着经济的恢复，西方主要资本主义国家先后取消了外汇管制，实行多边支付，金融市场的开放程度随之提高。各国利率水平的差异使得私人资本在国际金融市场上为套汇套利大规模流动，不可避免地加剧了各国之间为争夺黄金储备、限制资本流动而展开的“货币战”，国际市场上不断出现抛售美元、抢购黄金的风潮，并最终导致以固定汇率制度为核心的布雷顿森林体系于1973年瓦解，各国相继实行了浮动汇率制度，让外汇汇率随市场供求情况而波动。这在一定程度上有利于世界经济的正常运转，但也使得国际货币体系变得更加复杂而难以控制。受此影响，国际货币关系动荡，汇率波动剧烈。1978年10月，美元对其他主要西方货币汇价暴跌，引发西方货币金融市场的混乱。1987年10月“黑色星期一”的股市狂跌，再次显示了金融市场的脆弱性。马克、日元加入国际货币行列，伦敦、东京成为与纽约并立的国际金融中心。20世纪90年代后，国际金融市场动荡更加频繁，且破坏性日益增强，特别是1997年7月爆发的东南亚金融危机和2008年由美国次贷危机引发的全球金融危机，更成为世界经济中备受瞩目的焦点。

1999年年初，欧元（EURO）的正式启动颇受世人关注。早在20世纪60年代末，欧洲经济共同体就希望通过建立一个单独稳定的货币圈以摆脱美元危机的影响。1979年，欧洲货币一体化取得重要进展，建立了欧洲货币体系（EMS），创设了欧洲货币单位（ECU），但其只是一种记账单位，而不是一种用于流通的货币。1991年12月，欧洲经济共同体12国通过了《欧洲联盟条约》，明确了实现经济和货币联盟的目标、任务和步骤。1998年5月初，欧盟确认德、法等11国首批进入欧元区；1998年7月，欧洲中央银行挂牌；1999年1月1日，欧元正式启动。欧元的启动推动欧盟一体化进程进入质的飞跃阶段。从经济上看，在世界经济一体化、全球化的大背景下，欧元的启动使欧盟形成了统一的货币政策，降低了外汇交易成本，使企业减少了汇率风险，有利于改善投资环境和吸引外资，从而促进经济增长，增强欧盟的经济实力，并在与美、日等经济强国的竞争中处于有利地位。从长远看，欧元启动将使世界货币体系改变面貌，欧元作为国际储备和结算支付手段的地位将会上升，改变美元在世界经济中的主导地位，促使国际金融体系向多元化方向发展，并对国际金融关系的稳定发挥重要作用。2019年，经济合作与发展组织（OECD）将全球经济增长预测从先前预期的3.2%大幅下调至2.9%。对2020年世界经济的预测进一步降低0.4个百分点至3%。预计2019年美国经济将增长2.4%，2020年将增长2%，而此前预计分别为2.8%和2.3%。对未来两年欧元区的经济预测恶化了0.1和0.4个百分点，分别为1.1%和1%。

3.资本主义的国际经济调节

随着第二次世界大战后国际贸易活动的日趋频繁、国际金融联系的日益密切、资本的大规模跨国流动，世界经济成为一个统一的有机整体。然而，各国追求的目标、要求和利益大不相同，这必然会导致国与国之间的经济摩擦和矛盾，并且经济联系越密切，彼此间产生矛盾和冲突的机会就越多。有关国家或国际机构为此进行了相互磋商和调节，产生了一些国际组织和国际会议，以及若干国际规则、国际惯例，构成了当今世界经济的协调机制。国家垄断资本主义的国际经济调节，实质上是资本主义国家通过国际协调为本国私人垄断资本对外经济扩张服务，即维护本国资产阶级的利益，而不是为了全球利益和他国利益。第二次世界大战前，进行协调的主体是由各国私人垄断资本组成的国际垄断同盟。国际垄断同盟是指资本主义各国的最大垄断组织为获取高额垄断利润，通过达成一定的协议而建立起来的国际性经济联盟。

在垄断资本主义阶段，各国垄断资本争夺国外销售市场、原料产地和有利的投资场所的竞争日趋激烈。为避免在竞争中两败俱伤，协调各国垄断组织间的关系，各国最大的垄断组织唯有暂时妥协，通过签订各种国际性协定或条约，瓜分世界市场，划定各自的势力范围，从而结成国际垄断同盟。如20世纪初，世界上最大的两个电气垄断组织——德国的电气总公司和美国的通用电气公司，经过长期的斗争，于1902年结成了国际电气垄断同盟。

国际垄断同盟的形式有多种，主要包括国际卡特尔、国际辛迪加和国际托拉斯，其中以国际卡特尔最为普遍。这种形式由生产同类产品的若干国家的最大垄断组织组成，通过订立国际协定，分割世界市场，规定垄断价格和销售范围，以保证谋取高额垄断利润。1914年，缔结正式协定的国际卡特尔有116个，到第二次世界大战前的1939年，迅速发展到约1 200个。当时，世界贸易的40%以上是由这些国际卡特尔或具有卡特尔职能的国际组织控制的。

国际垄断同盟从经济上瓜分世界，主要目的在于获取超过国内垄断利润的国际垄断利润，其实质是外国工人创造的剩余价值和小生产者创造的一部分价值，以及本应归外国民族资本占有的一部分剩余价值。各国垄断资本之间的妥协和联盟只是暂时的、相对的，一旦它们之间的经济实力对比发生较大变化，就会要求推翻或修订原来的协议，按新的力量对比重新瓜分世界，甚至会引发战争。

第二次世界大战后，由于发达国家垄断资本主义的发展，协调的主体转变为以国家垄断资本主义为基础的各种国际经济联合实体（如欧洲联盟）、国际经济组织和国际会议；协调的对象扩展到国际生产领域；协调的形式既有在各种国际经济联合体内对相互的经济政策和经济活动的协调，也有通过各种国际经济组织和国际会议进行的经济协调。

对世界经济和国际秩序影响最广、作用最大的国际经济组织主要有：国际货币基金组织（IMF）、世界银行（WB）和世界贸易组织（WTO）。1944年7月，44个国家在美国新罕布什尔州的布雷顿森林举行了联合国货币金融会议，建立了以美元为中心的国际金融汇兑本位制，即布雷顿森林体系，并为此于1945年12月成立了国际货币基金组织。

该组织自1947年3月开始正式活动，其任务和宗旨是：共同研究和协商国际货币问题，稳定国际汇兑，避免竞争性的货币贬值；协助成员国建立多边支付制度，消除妨碍世界贸易增长的汇兑限制；协助成员国克服国际支付困难，提高就业水平和增加国民收入。该组织的资金主要来自于会员国缴纳的份额，会员国在发生对外支付困难时，可向国际货币基金组织借用外汇，其数额与所交纳基金份额成正比例。世界银行的前身是成立于1945年的国际复兴开发银行（IBRD），1946年6月开始营业，凡参加世界银行的国家必须是国际货币基金组织的成员国。其主要任务是向会员国提供长期贷款，促进经济复兴与发展，协助不发达国家发展生产、开发资源。世界贸易组织（WTO）于1995年1月1日正式运行，其前身是1947年10月签署的《关税及贸易总协定》（GATT），这是一个有关关税和贸易政策的多边国际贸易协定，其宗旨是促进公平的世界贸易，增进全球的经济增长。关贸总协定具有契约性质，一旦参加就要在享受应有权利的同时，承担相应的义务。世界贸易组织以建立没有贸易壁垒的世界单一市场为己任，构建了新的世界多边贸易体制得以运转的基础，截至2018年年底共有164个成员。它的成立及运作，对推动全球贸易自由化向纵深发展具有重要意义。

此外，还有成立于1961年9月的发达资本主义国家政府间的经济协调机构——经济合作与发展组织（OECD）。该组织的宗旨是：在维护成员国财政稳定的同时，实现经济增长和就业水平的提高，通过协调经济和社会政策，改善成员国的经济和社会福利，促进世界贸易，推动世界经济向前发展。

国际会议对国际经济活动的协调主要是通过定期或不定期的、不同级别的双边或多边会谈进行的，协调的对象或是国际经济关系的某一方面，或是全面的、涉及国际经济关系的各个领域。如20世纪六七十年代以来，美日之间、欧日之间相继组织的政府间定期会议、部长级经济委员会等，都是对双边经济活动进行协调的场所。而西方五国（美、英、法、日、德）或七国（美、英、法、日、德、意、加）财长会议，以及西方七国首脑会议，则是对西方发达国家之间经济活动进行协调的场所，协调的内容较为广泛，对世界经济往往会产生较大影响。

第二次世界大战后，发达国家之间各种形式的经济协调的加强，在一定程度上适应了生产国际化的客观要求，通过协调，各国政策相互接近，行动上相互配合，缓和了相互之间的经济矛盾，尤其是近年来在缓和“滞胀”、调节贸易失衡、调整和稳定汇率方面，协调机制的作用范围越来越大，从而创造了相对稳定的国际经济环境，有利于资本主义经济的发展。但是，对国际经济协调的作用不能估计过高，协调机制也有很大的局限性。这是因为，发达国家参与国际经济协调的基本出发点是为了营造有利于本国资本对外扩张的国际环境，并以各国的实力对比为基础。当实力对比发生重大变化时，就要求在新的基础上重新协调。不少国际经济组织仍受西方某些大国意志的支配，现存的国际经济规则和惯例绝大部分是发达国家在其经济实践中制定的，其运作过程中必然会较多地向发达国家的利益倾斜，这实际上是资本主义基本矛盾在国际范围内的表现。由此可见，发达资本主义国家之间的经济关系是在争夺—协调—再争夺—再协调的矛盾运动中发展的。

三、发达国家与发展中国家之间的经济关系

1.发展中国家经济的基本特征

发展中国家是指那些在历史上受过殖民统治和剥削，现已摆脱殖民地附属国地位，取得了政治独立，并以此为基础致力于社会经济发展的国家。由于经济落后，它们在地域上大多位于南半球，有时也被称为第三世界国家或南方国家。发展中国家无论在原有的自然条件、社会条件、经济发展水平上，还是在经济发展战略、发展速度、经济结构和社会生产关系结构上，都各不相同，大体上可分为最不发达国家、中等水平发展中国家、新兴工业化国家和高收入石油生产国四种类型。从整体上考察，发展中国家的经济具有以下基本特征：

（1）经济发展基础薄弱，尤其是农业生产落后，对外依附较为严重。许多发展中国家历史上经历过长期的殖民统治，财富被掠夺，发展的道路被堵塞。政治独立以后，多数国家致力于发展民族经济，民族工业有了一定程度的发展，但尚不足以矫正已形成的畸形经济结构，国民经济仍以农业和采矿业为主，现代工业不发达，许多国家依赖于一两种或少数几种农、矿原料产品的生产和出口。农业中自然经济占主导地位，农业耕作技术落后，农业劳动生产率水平低下，粮食单位面积产量不及发达国家的一半。由于基础差、人口增长过快等原因，发展中国家经济总体发展水平依然较低。经济文化落后，很多发展中国家面临人口膨胀、粮食匮乏、资金短缺、人才不足、国际收支严重逆差、外债增加等诸多社会经济问题的困扰。

（2）社会经济具有二元结构，多种经济成分并存。发展中国家和地区的社会经济结构非常复杂，迄今为止，那种典型的二元经济结构仍不同程度地存在，突出表现为采用现代生产方式、集中于从事工业生产的城市和沿海地区，与仍采用古老生产方式、分散从事传统农业生产的广大农村并存。在撒哈拉以南的非洲国家，有的地方还存在部落土地所有制；在拉丁美洲，大庄园制与个体农民私有制并存，拥有外国垄断资本的跨国公司占有大片的土地，各方在发展中产生了许多摩擦和冲突。当然，私人资本在政府的支持和扶植下，在一些发展中国家也有了不同程度的发展，甚至还形成了少数私人大企业集团。随着民族经济的发展，发展中国家已能根据自己的意愿制定本国的发展战略和政策，选择适合本国的发展模式，监管外国垄断公司和企业。

（3）经济发展不平衡，贫富差距悬殊。经济发展不平衡普遍存在于不同类别、不同地域或不同国别的发展中国家。从类别上看，工业制成品生产国和地区尤其是东亚国家和地区，经济发展是佼佼者；从地域上看，非洲国家的经济发展缓慢、困难较多，大部分最不发达国家集中在该地区。日益严重的发展不平衡造成了发展中国家的分化。不少国家占人口总数10%的富有家庭的收入占全国家庭总收入的一半甚至更多，而占人口总数40%的贫困家庭的收入还不及全国家庭总收入的10%。据联合国粮农组织估计，世界上长期营养不良的人数约为7.95亿，这意味着地球上70多亿人口中约有1/9的人口经常遭受饥饿。世界上几乎所有营养不良的人都生活在发展中国家，然而，长期营养不良的人中有2/3生活在亚洲。撒哈拉以南的非洲仍然是饥饿问题最严重的地区，那里至

少有1/4的人口营养不良。贫穷、失业、饥饿、疾病、战乱等的折磨，使发展中国家的广大劳动人民处境艰难。

2.从旧殖民主义到新殖民主义

殖民主义是资本主义国家通过政治、经济和军事侵略等手段迫使经济落后的国家和地区沦为它们的殖民地、半殖民地或附属国的政策。殖民主义的内容和形式在资本主义的不同发展阶段有所不同。

早在15世纪，由于世界航路的开辟，葡萄牙、西班牙等国就开始对外实行殖民政策。随后，荷兰、英国、法国相继成为主要的殖民国家，它们通过海外移民、海盗式掠夺、欺骗性贸易以及贩卖奴隶等方式，对落后国家进行经济和超经济的剥削，为资本主义的发展积累了巨额资本，开辟了广阔的市场，提供了大量的廉价劳动力。19世纪末20世纪初，主要资本主义国家完成了对世界领土的瓜分，世界上2/3的地区沦为殖民地和半殖民地，56%的人口处于殖民压迫之下，形成了资本主义殖民体系。各垄断资本主义国家之所以要抢占殖民地，对世界领土进行瓜分，根本原因在于殖民地对它们具有重要的特殊作用：殖民地是垄断资本主义国家最重要的原料产地和可靠的商品销售市场；由于殖民地的经济相对落后、地价低、原材料和劳动力价格比较便宜，向殖民地输出资本可以获得比国内高得多的利润；殖民地同时还是垄断资本主义国家加强国内统治和建立海外军事基地的重要基础，直接关系到垄断资本主义国家金融资本的根本利益。

世界领土瓜分完毕是资本主义国家抢占殖民地的必然结果，但并不意味着斗争的终结。原因在于，这种瓜分是以各国的资本和实力为基础的，而资本主义各国经济、政治发展的不平衡，必然会使各国的实力发生变化。当新的力量对比状况同原来的领土分割不相适应时，重新瓜分世界领土的斗争就不可避免。殖民统治使得殖民地、半殖民地的生产力得不到及时发展，经济上长期处于贫困落后状态。俄国十月社会主义革命的胜利，动摇了资本主义的统治基础，促进了被压迫民族的解放斗争。第二次世界大战后，中国人民革命胜利，亚、非、拉地区民族解放运动蓬勃高涨，一系列国家取得了民族民主革命胜利，成为独立的主权国家，以“政治兼并”为基础的旧殖民主义逐渐瓦解。但资本主义（国家）掠夺和侵略的本性是不会改变的，为了继续维护自己的利益，它们不得不在策略上和形式上作出改变，采取更为隐蔽的以“经济兼并”为基础的新殖民主义手段，即表面上承认殖民地、附属国的政治独立，同时又通过各种方式培植自己的代理人进行殖民统治，使新独立的国家在经济上长期依赖国际垄断资本，对这些国家继续实行经济扩张和掠夺，获取高额利润。发展中国家为维护和巩固已经取得的政治上的独立，争取经济上的独立自主，正在各个领域开展反对资本主义控制、剥削和掠夺的斗争。这是第二次世界大战后发达资本主义国家与发展中国家关系中的本质特征。

3.发达国家与发展中国家之间的经济关系

在经济发展过程中，发达国家与发展中国家之间存在着矛盾和摩擦、妥协和协调的关系。在国家垄断资本主义条件下，西方垄断资本极力推行经济殖民主义，对发展中国家进行经济扩张和经济控制，其途径和手段主要包括以下三个方面：

（1）通过直接投资，极力维持旧的国际分工体系，使发展中国家在经济上处于依附地位。第二次世界大战后，西方发达国家对发展中国家的直接投资有了明显增加，但直到20世纪五六十年代，跨国公司的投资仍集中在发展中国家的农业和矿业部门。之后，在制造业方面的投资有所增加，特别是80年代以来，随着产业资本国际化的迅速发展，发达国家流入发展中国家的直接投资增长迅猛，这些投资对促进发展中国家经济增长和产业结构调整起了一定的作用，但同时也带来了风险和不稳定因素。因为西方垄断资本的目的是追求垄断利润，增加投资是为了就地利用当地廉价的劳动力和原材料，以降低成本，并占领发展中国家的销售市场。虽然少数发展中国家和地区目前已和西方发达国家形成初级的“水平分工”，但在资金、技术和市场等方面对发达国家仍有很强的依赖性。

（2）通过垄断世界市场和操纵商品价格，同发展中国家进行不平等交换，使发展中国家处于依附状态。由于发达国家和发展中国家的资本有机构成、劳动生产率存在巨大差距，长期以来，发展中国家对发达国家的贸易依存度大于发达国家对发展中国家的贸易依存度，形成双方贸易的不平衡性和不对称性。同时，旧的国际分工体系制约着双方的商品结构，发展中国家大多出口初级产品和劳动密集型产品，而进口资本和技术密集型产品，双方的贸易在很大程度上为西方大垄断公司所左右。在技术贸易中，跨国公司通过限制向发展中国家转让先进技术和关键技术，设置种种不合理、不平等的商业条款，来保持发展中国家对发达国家的技术依附关系。此外，发达国家还通过“经济制裁”阻碍发展中国家的经济发展，以实现其经济和政治目的。

（3）通过对国际货币和金融体系的垄断，并借助政府和国际金融机构，极力保持发展中国家在金融上的从属和依附地位。在国际货币、金融领域，发达国家一直处于主导和控制地位，发展中国家基本上处于从属地位。直到20世纪70年代中期，国际货币、金融领域一直是在“布雷顿森林体系”框架内及其协调机构国际货币基金组织、世界银行的监督下运行的。发展中国家的货币通常要和某个发达国家的货币（如美元、英镑等）或发达国家的合成货币（如特别提款权、欧元等）挂钩。这样，它们的经济就必然受到发达国家经济状况和汇率政策的影响。此外，西方跨国银行还借助本国政府的力量，极力对发展中国家的资金融通和信用体系施加影响。20世纪80年代以后，由于西方发达国家贸易保护主义抬头和高利率政策的推行，发展中国家的国际收支状况急剧恶化，债务激增。1980年，发展中国家的债务为4 372.3亿美元，1989年猛增至1.3万亿美元，1995年已达1.7万亿美元。国际金融协会（IIF）的一份研究报告显示，全球债务的膨胀势头，主要应该归因于发展中国家，仅2016年，其债务就增加了3万亿美元，现在已经达到了56万亿美元。这一数字相当于其国内生产总值总和的218%，较一年前增长5%。急剧增加的债务已经开始拖累主权信用评级，让许多发展中国家陷入极端的经济困难，尽管国际社会为解决债务危机作出了种种努力，取得了一些进展，但从根本上解决债务问题仍遥遥无期，且前景暗淡。

需要指出的是，发达国家与发展中国家之间也存在着相互依赖的经济关系。发达国家和发展中国家各有自己的优势，这是人类社会的基本特征，也是人类文明进步的动力。发展中国家要实现本国经济的工业化、商品化、社会化和现代化，除受政治经济体制、思想文化价值等社会条件的制约外，还会受到人力、技术、资本等资源的制约。而在当今的世界经济格局下，无论是资本，还是先进的技术设备和管理经验，或者市场，主要集中于西方发达国家。为此，发展中国家不仅要努力发掘、依靠本国的资源，而且迫切需要利用国外的各种资源作为补充。发展中国家吸收的国外直接投资和各种贷款以及引进的技术、设备，主要来自于发达国家；发展中国家出口的产品2/3以上出口到发达国家。与此相对应，发达国家不仅离不开发展中国家的原料、能源、销售市场和投资场所，而且需要发展中国家保持政治上的稳定，减少社会动荡；同时，在全球保护生态环境、实施可持续发展战略方面，发达国家也需要发展中国家共同参与并合作。

本章小结

资本只有在不断的运动中才能增加价值。产业资本的循环要依次经过购买阶段、生产阶段和售卖阶段，相应地要采取货币资本、生产资本、商品资本三种职能形式。资本周转研究的是资本运动的速度，资本周转时间由生产时间和流通时间构成。依据价值周转方式的不同，生产资本可以划分为固定资本与流动资本。技术进步会影响资本有机构成以及资本周转速度，而资本周转速度又会影响剩余价值的生产。

社会资本运行的核心问题是社会总产品的实现。社会总产品的实现关键在于解决物质补偿和价值补偿问题，社会资本简单再生产的实现条件以及社会资本扩大再生产的前提条件和实现条件，揭示了社会生产过程中各部门之间必须保持协调的比例关系。资本主义基本矛盾是经济危机的根源，生产的相对过剩是资本主义经济危机的实质。资本主义经济危机具有周期性，在新的历史条件下具有新的特点。

在垄断条件下，金融资本实现了对经济和社会的全面统治。国家垄断资本主义的发展使经济运行出现了新的变化和特点；国家垄断资本主义的主要形式有国有垄断资本、国私共有垄断资本、国有垄断资本和私人垄断资本在社会范围内的结合。国家对经济活动的调节主要采取经济、法律、计划等手段。国际分工与生产国际化是垄断资本主义经济向国际范围扩展的基础，科技进步推动着生产社会化和资本国际化的发展；商品输出和资本输出、跨国公司的迅速发展是垄断资本主义经济向国际范围扩展的主要形式。发达资本主义国家之间在经济发展中存在着竞争和矛盾、妥协和合作的关系；发达国家与发展中国家之间在经济发展过程中存在着矛盾和摩擦、妥协和协调的关系。

课后练习

▲简答题

1.产业资本循环经历了哪些阶段？分别采取了哪些职能形式？

2.产业资本顺利循环的必要条件是什么？

3.资本周转速度对剩余价值生产有何影响？

4.社会资本简单再生产和扩大再生产的实现条件各是什么？

5.资本主义经济危机的实质和根源是什么？

6.资本主义经济危机在新的历史条件下出现了哪些新特点？

7. 国家垄断资本主义的主要形式有哪些？

8. 当代资本主义国家是如何进行宏观调控的？

9. 如何认识发达国家之间的经济关系？

10. 如何认识发达国家与发展中国家之间的经济关系？

▲材料分析题

材料一：

假定某个资本家预付资本6万元，其中一半（3万元）投在建筑物和机器上，10年更新1次；1/4（1.5万元）投在购置工具上，2年更新1次；其余1/4（1.5万元）投在工资和原料上，1年周转2次。

材料二：

假定有甲、乙两个资本家，每周都以1 000元的预付可变资本投入生产过程，剩余价值率都是100%，但资本的周转时间不同。资本家甲1年周转10次，资本家乙1年周转1次。为计算方便，1年假定为50周。

结合材料请回答：

（1）根据材料一，计算预付资本的周转速度。

（2）根据材料二，计算资本家甲和资本家乙全年预付的可变资本量各是多少；资本家甲和资本家乙的年剩余价值率各是多少。

第五章

社会主义生产关系的实质与经济制度

学习目标

通过本章的学习，学生应了解社会主义生产关系的产生；理解社会主义生产关系的实质；掌握和理解社会主义初级阶段的基本经济制度和个人收入分配制度。

案例导入　进一步丰富和发展马克思主义关于生产力和生产关系的思想

习近平总书记在纪念马克思诞辰200周年大会上发表重要讲话时指出，“学习马克思，就要学习和实践马克思主义关于生产力和生产关系的思想”“我们要勇于全面深化改革，自觉通过调整生产关系激发社会生产力发展活力，自觉通过完善上层建筑适应经济基础发展要求，让中国特色社会主义更加符合规律地向前发展”。马克思的经济思想科学地阐述生产力和生产关系的基本原理，批判资本主义市场经济的弊端及其理论，原则性地阐述科学社会主义的生产关系及其理论，是人类经济思想史上的伟大革命，对正确认识当代资本主义和中国特色社会主义经济具有重要价值。习近平新时代中国特色社会主义经济思想，开辟了马克思主义经济思想的新境界，进一步丰富和发展了马克思主义关于生产力和生产关系的思想。对此，我们应当深刻领悟，以实际行动纪念马克思诞辰，推进新时代中国特色社会主义伟大事业。

（1）任何社会均由生产力与生产关系、经济基础与上层建筑构成基本框架。在马克思看来，生产力决定生产关系，经济基础决定上层建筑，而生产关系和上层建筑之间又具有反作用。其中，生产力是最革命、最活跃的因素，而掌握先进科技和管理方式的人，对生产力起着核心作用。生产力的发展，主要涉及劳动力、劳动资料和劳动对象三大实体性要素，以及科技、管理和教育这三大渗透性要素，人的科技劳动在其中具有引领生产力发展的决定性功效，由自然环境构成的自然力应与劳动力和科技力相协调。

习近平新时代中国特色社会主义经济思想继承和发展马克思主义经济思想，强调坚持解放和发展社会生产力；创新是引领发展的第一动力；使创新成果更快转化为现实生产力；人才是创新的根基，创新驱动实质上是人才驱动；要择天下英才而用之，实施更加积极的创新人才引进政策，集聚一批站在行业科技前沿、具有国际视野和能力的领军人才；核心技术是国之重器，最关键、最核心的技术要立足自主创新、自立自强；自主创新，不是关起门来搞研发，一定要坚持开放创新。

可见，习近平总书记从国际竞争和中国国情出发，阐明人才、科技和自主创新对发展社会主义生产力的重要性。当前，我们要深刻领会和坚决落实习近平总书记关于科技和人才发展的重要思想，紧紧抓住作为引领发展第一动力的创新，从企业、产业和国家层面实施自主知识产权战略，实现经济结构转型升级，不断追赶和引领世界科技革命。

(2) 马克思在充分肯定资本主义私有制比以往任何私有制都大大促进生产力发展的同时，深刻揭示资本主义私有制与生产不断社会化的基本矛盾，必然导致个别企业的生产经营高度计划性与整个社会生产和经济活动的无政府或无秩序状态之间的矛盾，导致社会生产经营的无限扩大与人民群众有支付能力的需求相对缩小之间的矛盾，导致生产和国民经济周期性地发生衰退和各种危机以及经济垄断等一系列严重问题，因而指出用生产资料公有制逐步取代私有制，是客观需要和历史的必然。

马克思主义政治经济学和《资本论》没有过时。从国际金融危机看，许多西方国家经济持续低迷、两极分化加剧、社会矛盾加深，说明资本主义固有的生产社会化和生产资料私人占有之间的矛盾依然存在，但表现形式、特点有所不同。习近平新时代中国特色社会主义经济思想继承和发展马克思主义经济思想，强调要坚持和完善社会主义基本经济制度，毫不动摇巩固和发展公有制经济，毫不动摇鼓励、支持、引导非公有制经济发展，推动各种所有制取长补短、相互促进、共同发展，同时公有制主体地位不能动摇，国有经济主导作用不能动摇；国有企业是壮大国家综合实力、保障人民共同利益的重要力量，必须理直气壮做强做优做大，不断增强活力、影响力、抗风险能力，实现国有资产保值增值；深化国有企业改革，发展混合所有制经济，培育具有全球竞争力的世界一流企业；巩固和完善农村基本经营制度，深化农村土地制度改革，完善承包地“三权”分置制度；深化农村集体产权制度改革，保障农民财产权益，壮大集体经济等。

实行公有制为主体、多种所有制经济共同发展的基本经济制度，是中国共产党确立的一项大政方针。目前，我们必须认真领会和坚决落实习近平总书记关于坚持和完善社会主义初级阶段基本经济制度的定力思维，尤其要促使国有企业成为贯彻新发展理念、全面深化改革的重要力量，成为实施“走出去”“一带一路”建设等重大战略的重要力量，成为壮大综合国力、促进经济社会发展、保障和改善民生的重要力量，成为我们党赢得具有许多新的历史特点的伟大斗争胜利的重要力量。

(3) 社会基本分配制度是由所有制结构形成的基本经济制度所决定的。马克思系统阐明生产关系中的所有制决定分配关系，而资本主义私有制决定分配上必然是按资分配，雇佣劳动者只能凭借法律上的劳动力所有权获得劳动力的价值或作为其转化形式的广义工资，难免陷入绝对或相对贫困化；同时，马克思指出社会主义社会应实行按劳分配，而共产主义社会应实行按需分配。

习近平新时代中国特色社会主义经济思想继承和发展马克思主义经济思想，强调要坚持和完善社会主义基本分配制度，努力推动居民收入增长和经济增长同步、劳动报酬提高和劳动生产率提高同步，不断健全体制机制和具体政策，调整国民收入分配格局，持续增加城乡居民收入，不断缩小收入差距；坚持按劳分配原则，完善按要素分配的体制机制，促进收入分配更合理、更有序；坚持以人民为中心的发展思想，不断促进人的全面发展、全体人民共同富裕；深入开展脱贫攻坚，保证全体人民在共建共享发展中有更多获得感等。

可见，习近平总书记的重要论述，丰富和发展了中国特色社会主义基本分配制度的思想，是我们正确处理现阶段收入分配问题的根本指针。我们要深刻领会和全面落实习近平总书记阐明的共享新理念和共同富裕原则，处理好分配领域的公平与效率关系，打好扶贫攻坚战，进一步提升广大劳动人民的满意度和幸福感。

（4）马克思认为，市场调节是基于价值规律的，价值规律的内涵是：商品的价值量由生产商品的社会必要劳动时间所决定，生产某种商品所耗费的劳动时间在社会总劳动时间中所占比例需符合社会需要，即同社会分配给这种商品的劳动时间比例相适应，且商品交换按照价值量相等的原则进行，而供求关系、竞争和价格波动在资源配置中的作用以市场价值为基础，是价值规律的具体实现形式。马克思指出，在资本主义社会，国民经济存在相当程度的无政府或无秩序状态，因而自由放任的市场调节必然会导致周期性的经济危机和金融危机等，造成经济比例失调、资源极大浪费和分配不公等许多经济社会问题。他科学地预见在未来社会，按比例规律主要表现为整个社会内有组织的分工与生产单位内部有组织的分工相结合。

习近平新时代中国特色社会主义经济思想继承和发展马克思主义经济思想，强调要坚持社会主义市场经济改革方向，坚持辩证法、两点论，继续在社会主义基本制度与市场经济的结合上下功夫，把两方面优势都发挥好；中国经济体制改革的重要方向就是使市场在资源配置中起决定性作用和更好地发挥政府的作用；努力形成市场作用和政府作用有机统一、相互补充、相互协调、相互促进的格局，推动经济社会持续健康发展。

当下，应深刻领会和积极贯彻习近平总书记关于“看不见的手”和“看得见的手”都要用好的思想精髓，既要用市场调节的优良功能去抑制“政府调节失灵”，又要用政府调节的优良功能来纠正“市场调节失灵”，从而推动我国在实现高质量发展上不断取得新进展。

资料来源　程恩富. 进一步丰富和发展马克思主义关于生产力和生产关系的思想［EB/OL］.［2018-05-10］. http：//theory.people.com.cn/n1/2018/0510/c40531-29976090.html.

第一节　社会主义生产关系的产生和实质

一、社会主义生产关系的产生

社会主义生产关系取代资本主义生产关系，是由生产关系一定要适合生产力性质的规律决定的，是资本主义社会基本矛盾发展的必然结果。

在资本主义制度建立的初期，生产关系适合生产力发展的要求，推动了生产力的巨大发展。但是，随着生产力的迅速发展和生产社会化程度的不断提高，资本主义生产关系越来越成为生产力发展的桎梏。适应生产社会化发展要求，突破和否定资本主义私有制，建立与生产社会化相适应的公有制，是人类社会发展的必然要求，是不可抗拒的历史趋势。

社会主义经济制度不可能在旧的制度内部自发地产生，只有在无产阶级成为统治阶级以后，依靠自己的政权力量，才能逐步建立和发展社会主义生产关系。社会主义生产关系的这一特点表明，无产阶级政权的建立是社会主义经济制度产生的政治前提。

社会主义制度代替资本主义制度，是人类社会发展的普遍规律。这一普遍规律实现的途径和形式却没有固定的模式，由于各国的历史条件不同、经济发展水平不同，所以各国出现社会主义革命的时机和采取的具体道路也就不同。

中国特殊的国情决定了其建立社会主义道路具有不同于其他社会主义国家的特点。近代中国在帝国主义、封建主义和官僚资本主义“三座大山”的剥削和压迫下，未能走上独立发展资本主义的道路，而是沦为了半殖民地半封建社会。这就使中国的民主革命不是一般地反对资本主义，而是反对帝国主义、封建主义、官僚资本主义，推翻压在中国人民头上的“三座大山”。这也就决定了中国革命要分两步走：第一步，进行新民主主义革命，改变半殖民地半封建的社会性质，建立新民主主义社会；第二步，使革命向前发展，进行社会主义革命，建立社会主义社会。

中华人民共和国的成立标志着新民主主义革命的胜利，建立了新民主主义社会。这个社会是一个过渡性质的社会。在这个过渡时期，我国制定了过渡时期总路线，完成了社会主义改造。一方面，通过对官僚资本采取没收的政策，对民族资本采取利用、限制和逐步改造的政策（即和平赎买政策），建立起社会主义的国营经济；另一方面，通过对个体私有制的社会主义改造，将个体劳动者组织起来，走合作化道路，建立起集体所有制。到1956年年底，全国绝大部分地区基本上完成了对生产资料私有制的社会主义改造，我国的社会主义经济制度得以建立和发展起来。在社会主义改造的过程中，也出现了一些偏差和错误。如改造的要求过急、工作过粗、改变过快，在社会主义经济模式的选择和理解上过于单一，在公有制实现形式的选择和理解上过于简单化，以至于一些遗留问题长期没有得到解决。但在一个拥有十几亿人口的大国中比较顺利地实现了如此复杂、困难和深刻的社会变革，并促进了工农业和整个国民经济的发展，并且极大地加强了民族团结，的确是伟大的历史性胜利。

二、社会主义生产关系的实质

社会主义生产关系的实质是以生产资料公有制和按劳分配为基础，消灭剥削，消除两极分化，最终实现共同富裕。

（1）公有制是社会主义生产关系的本质体现。生产资料公有制是生产资料归社会主义国家的劳动者共同占有和支配的一种新型的所有制，是社会主义经济制度的基础，体现了社会主义生产关系的根本特征：①生产资料公有制决定了全体劳动者在生产资料的占有关系上处于完全平等的地位，在生产资料面前都是平等的主人；②生产资料公有制决定了劳动者之间在社会生产和社会经济生活中形成的是一种互助互利的新型合作关系；③生产资料公有制决定了社会生产的目的和生产成果分配的性质，社会产品归劳动人民共同占有，个人消费品要按照每个劳动者提供的劳动量进行分配。公有制是国家引导、推动经济和社会发展的基本力量，是实现最广大人民根本利益和共同富裕的重要保证，是社会主义生产关系的本质体现。没有公有制经济的主体地位，也就不能确保我国的社会主义性质。

（2）社会主义的根本经济特征是在生产资料公有制和按劳分配为主体的条件下，消灭剥削和消除两极分化。所谓剥削，就是凭借生产资料的所有权而无偿占有他人的剩余劳动。私有制是人剥削人的经济根源。实行公有制，人们在生产资料的占有上是平等的，劳动者成了生产资料的共同所有者，其剩余产品也属于公共所有，被用于增进人民的利益，随着生产力的发展而逐步消灭剥削、消除两极分化、达到共同富裕，并为社会的全面进步和人的全面发展提供物质条件。

两极分化是一切以私有制为基础的社会经济制度中普遍存在的现象。剥削阶级凭借其私人占有的生产资料，把自身的富裕建立在劳动人民贫困的基础之上，而且其发展趋势总是富者愈富，贫者愈贫，两极分化日益严重。随着社会主义公有制的建立和按劳分配的实现，在社会主义公有制范围内，广大劳动者摆脱了受剥削的地位和贫穷的命运，从而消除了两极分化得以产生的经济根源。

社会主义经济制度的一个重要特征是实行按劳分配。在社会主义公有制经济范围内，个人消费品的分配采取有利于劳动者的分配制度，以人们劳动的数量和质量作为分配个人消费品的尺度。按劳分配与公有制一起，体现了消灭剥削、消除两极分化和实现分配公平及走向共同富裕的社会主义要求。

社会主义经济制度与以往一切以私有制为基础的社会经济制度的根本区别在于，它要消灭剥削和消除两极分化。我国在生产力得到充分发展以前，仍然会在一定的范围内和一定程度上存在剥削现象和出现两极分化的可能。这是一个随着生产力的发展而逐步实现消灭剥削和消除两极分化的比较长的动态过程。

（3）共同富裕是社会主义经济制度的最终目标。社会主义社会发展经济的根本目的是提高全体人民的生活水平和质量，最终实现共同富裕。这也是社会主义的本质要求和根本目的。社会主义不仅要求最终实现共同富裕，而且为实现这一目标提供了可能。社会主义革命胜利和通过改革而建立起具有生机与活力的社会主义市场经济体制，极大地解放了生产力，从而实现了生产力的巨大发展，为劳动人民走上共同富裕的道路创造了条件。社会主义公有制和按劳分配为实现共同富裕创造了前提，提供了实现共同富裕的充分可能。贫穷不是社会主义，少数人富裕、多数人贫穷也不是社会主义，社会主义要消灭贫穷，实现劳动者的共同富裕。

拓展阅读5-1

供给侧结构性改革指导政策新节奏

12月12日，中央经济工作会议通稿公布，对比本次会议与2018年年底会议通稿，我们总结关注要点如下：

1.内外形势和目标：强调外部环境变化，紧扣规划目标。对国内环境的判断，本次中央经济工作会议重申了“三期叠加”，仍强调经济下行压力加大。此次会议重申“三期叠加”，以此解释“经济下行压力加大”，或意味着政策仍强调稳定性和结构性改革，对经济增速下行可以容忍。

对外部环境的判断，更加强调世界经济增速的放缓，做好工作预案，或意味着政策层将外部环境尤其是世界经济的弱化视为主要的风险因素之一。

本次会议未提“战略机遇期”说法。但并非每次会议对此均有提及，判断是否已经发生变化，仍需验证；强调“紧扣全面建成小康社会目标任务”。对规划目标的强调或意味着后续逆周期调控政策仍有强化的动力。

2.三大攻坚战：排序变化，关注对金融风险的新论断。本次中央经济工作会议延续了稍早前政治局会议的排序，并对金融风险做出了具体论断。会议将金融风险放在“三大攻坚战”的末位，提出了“我国金融体系总体健康，具备化解各类风险的能力”的新论断，这或许意味着“金融去杠杆”任务已大体完成，后续应关注金融监管、地方债风险化解等领域的政策边际变化。

3.宏观调控政策：供给侧结构性改革指导政策新节奏。对于政策基调，强调供给侧结构性改革主线和多目标的动态平衡，即强调结构性改革和系统全局观念，多目标动态平衡，维持政策的“相机抉择”状态。

对于财政政策，淡化“加力”，2020年政策边际或较2019年有所弱化。财政政策的措辞由“加力提效”变为“提质增效”，“加力”有所淡化，“减税降费”在其他部分有所提及，且较为强调政策的落实，未再具体提及地方专项债的发行，特别强调了一般性支出的压缩，财政政策发力空间或受到一定程度的限制。

对于货币政策，延续“降成本”主线，保持“合理充裕”。公告直接点出了“降低社会融资成本”，或延续2019年以来的“降成本”思路，未来围绕实体经济融资成本的数量型和价格型货币政策工具或仍存在使用空间。

对于房地产政策，延续“房住不炒”，强调“三稳”，首次提及“改革土地计划管理方式”。本次会议延续“房住不炒”，强调“因城施策”和“三稳”；首次提及“改革土地计划管理方式”，或意味着土地征收与土地供应制度面临一定程度的改革。

对于就业政策，强调就业“总量”的稳定，稳就业或仍对政策形成压力。这或许意味着“稳就业”目标是逆周期调控政策的重要指向，要求逆周期调控政策的加码。

总体而言，本次中央经济工作会议延续了政治局会议的思路，基本维持前期政策基调，尤其是房地产调控和货币政策基调，对内外形势的判断措辞加强，较为重要且比较明确的关注点在于对金融风险的新论断和财政政策措辞边际的弱化。此外，供给侧结构性改革贯穿宏观调控，多目标动态平衡，政策格局或维持“高频率、小幅度”的操作特点。

资料来源 周冠南，梁伟超. 供给侧结构性改革指导政策新节奏［EB/OL］.［2019-12-13］. http：//stock.finance.sina.com.cn/stock/go.php/vReport_Show/kind/search/rptid/629544284960/index.phtml. 有删减.

第二节 社会主义初级阶段的基本经济制度

一、建立社会主义初级阶段基本经济制度的依据

我国现阶段的基本经济制度是以公有制为主体、多种所有制经济共同发展。实行这样的基本经济制度是由社会主义国家的性质和我国处于社会主义初级阶段的国情所决定的。

我国是社会主义国家，必须把公有制作为社会主义经济制度的基础。维护公有制的主体地位，对保持社会主义性质和坚持社会主义发展方向，调动广大人民群众的积极性，推动生产力发展具有重要意义。但是，社会主义初级阶段的国情决定了我国又不能实行单一的公有制。

社会主义初级阶段不是泛指任何国家进入社会主义都会经历的起始阶段，而是特指我国这样在生产力落后、商品经济不发达的条件下，建设社会主义必然要经历的特定历史阶段。社会主义初级阶段的一个重要特征是生产力水平相对低下、呈现出多层次且发展不平衡。生产关系一定要适应生产力状况，因而需要建立以公有制为主体、多种所有制经济共同发展的基本经济制度。

现阶段各种所有制经济在一定范围内都有其不可替代性。以公有制为主体、多种所有制经济共同发展，有利于调动劳动者的积极性、主动性和创造性，促进生产力发展；有利于实现资源的优化配置，通过竞争繁荣和搞活经济；有利于扩大就业和提高人民生活水平。这是我们必须长期坚持的基本经济制度。

经过几十年的建设，我国的生产力有了很大程度的提高，经济实力有了巨大增长，特别是改革开放以来，取得的成绩更是举世瞩目。2018年，我国GDP达到919 280亿元，人均GDP为64 520元，财政收入超过18万亿元。农业综合生产能力提高，粮食连年增产，2018年粮食产量65 789万吨，2019年达到66 385万吨。产业结构调整取得了新进展，基础设施全面加强，城镇化水平提高，城乡区域发展协调性增强。但是我们也应该看到，在前进道路上还有不少困难和问题，我国生产力发展还不平衡，农业基础设施依然薄弱，资源环境约束加剧，城乡区域发展差距和城乡居民收入分配差距依然较大，产业结构还有不合理之处。要摆脱不发达状况，实现社会主义现代化，必须坚持以

公有制为主体、多种所有制经济共同发展。

十八届三中全会公报指出，以公有制为主体、多种所有制经济共同发展的基本经济制度，是中国特色社会主义制度的重要支柱，也是社会主义市场经济体制的根基。公有制经济和非公有制经济都是社会主义市场经济的重要组成部分，都是我国经济社会发展的重要基础。我国经济体制改革的目标是建立社会主义市场经济体制，市场经济的基本功能是使市场在资源配置和整个社会经济运行中起决定性作用，它是不同所有者之间进行商品交换和竞争的经济。多种所有制经济共同发展符合市场经济的特性和要求，使市场机制能更充分地发挥作用，如果只有单一的公有制经济，就难以展开市场竞争，也就无法实现市场机制对社会资源的有效配置。通过多种所有制经济之间的互相配合、平等竞争，实现企业之间的优胜劣汰，促进社会资源配置不断趋于合理、不断优化，从而推动我国生产力更快发展。

以公有制为主体、多种所有制经济共同发展有利于通过多种渠道促进我国对外开放的发展。为了加快我国社会主义现代化建设的步伐，需要利用国际资本，引进国外的先进技术，学习先进国家有益的经营管理经验。多种所有制经济的存在为我国进一步吸引和利用外资创造了条件，有利于我国经济走向国际市场。

坚持以公有制为主体，促进非公有制经济发展，二者缺一不可，少了哪一个内容都是不完整的，都不能称之为社会主义初级阶段的基本经济制度。改革开放以来，许多地方的实践充分证明，多种所有制经济完全可以在市场竞争中发挥各自的优势，相互融合、相互促进、共同发展。在社会主义市场经济中，公有制经济和非公有制经济都有自己的用武之地。因此，必须毫不动摇地巩固和发展公有制经济，必须毫不动摇地鼓励、支持和引导非公有制经济发展。

2019年10月底召开的中国共产党第十九届中央委员会第四次全体会议指出，要坚持和完善社会主义基本经济制度，推动经济高质量发展。公有制为主体、多种所有制经济共同发展，按劳分配为主体、多种分配方式并存，社会主义市场经济体制等社会主义基本经济制度，既体现了社会主义制度的优越性，又同我国社会主义初级阶段社会生产力发展水平相适应，是党和人民的伟大创造。必须坚持社会主义基本经济制度，充分发挥市场在资源配置中的决定性作用，更好地发挥政府的作用，全面贯彻新发展理念，坚持以供给侧结构性改革为主线，加快建设现代化经济体系。要毫不动摇地巩固和发展公有制经济，毫不动摇地鼓励、支持、引导非公有制经济发展，坚持按劳分配为主体、多种分配方式并存，加快完善社会主义市场经济体制，完善科技创新体制机制，建设更高水平开放型经济新体制。

二、公有制经济及其实现形式

1.公有制经济的含义及其主体地位的体现

公有制是社会主义生产资料公有制的简称。从渊源上说，作为社会主义标志的一种财产所有制形式，它是空想社会主义者最先提出来的，是与资本主义私有制相对立的所有制形式。

对于什么是公有制，邓小平明确指出，基本的生产资料归国家所有，归集体所有，就是说归公有。公有制包括全民所有制和集体所有制。中共十五大报告进一步指出，公有制经济不仅包括国有经济和集体经济，还包括混合所有制中的国有成分和集体成分。其打破了公有制经济只有国有经济和集体经济两种基本形式、这两种形式是十分纯粹的传统论断，第一次把国有经济和集体经济以投资、参股等形式加入混合所有制经济中的部分，即把国有成分和集体成分都看成是公有制经济。这就在公有制经济的含义上大大开阔了我们的视野，提高了对公有制经济参与各种混合所有制经济的重要性和必要性的认识，有助于正确判断作为主体的公有制经济的比重，有助于更大胆地探索公有制的实现形式，更好地坚持公有制的主体地位和发挥国有经济的主导作用。

公有制的主体地位主要体现在以下两个方面：第一，公有资产在社会资产中占优势。这种优势不仅是数量上的优势，更应该注重质的提高。公有资产不仅包括公有制企业的资产，还包括国家和集体所有的各种资产。虽然在某些行业、某些地区非公有制经济比重已经超过了公有制经济的比重，但是从全社会范围来看，公有资产是始终占优势的。第二，国有经济控制国民经济命脉，对经济发展起主导作用。改革开放以来，由于非公有制经济的迅速发展，国有经济的比重有所下降，但是国有经济仍然控制着国民经济命脉，公有制经济仍然占主导地位。

要充分发挥公有制经济主体地位的作用，最根本的还在于经济质量的提高。在市场经济中，国有经济与其他所有制经济是平等竞争的，要靠成本低、质量优、服务好才能保存自身的资产并发展壮大。如果国有经济只有数量优势而没有高质量，就会缺乏竞争力，就会在竞争中萎缩下去。资产的“质”一般包括四个方面：一是指资产的产业分布结构；二是指资产物化状态的科技含量；三是指资产的增值能力；四是指资产由一种形态转化为另一种形态的能力、速度和转换比率。

2.国有经济

在我国，国有经济指全民所有、由国家代表人民行使所有权的那部分经济，它是公有制经济的核心层次。从起源上讲，它是社会生产力中社会化程度最高的那个层次的产物，代表社会生产力的发展方向；同时，在社会主义市场经济条件下，它又是国家宏观调控的基本工具和物质基础，对社会主义市场经济的持续、快速、健康发展起着决定性作用。坚持以公有制为主体，一定要摆正国有经济的位置，发挥其应有的作用。

国有经济在国民经济中起主导作用，具体表现在：

（1）以国有经济为主导是解放和发展生产力的根本要求。虽然资本主义制度在历史上极大地推动了生产力的发展，但是它本身固有的矛盾即生产的社会化与生产资料私人占有之间的矛盾导致两极分化及经济危机的周期性爆发。生产的社会化要求发挥国有经济的主导作用，引导国民经济进行合理布局和结构调整，发挥在宏观调控中的基础作用，推动生产力发展。

（2）以国有经济为主导是在经济全球化条件下国家经济安全的重要保障。国家经济安全受国内外多种因素的影响，在对外开放的情况下，尤其容易受到国际政治、经济形势的冲击和国际经济与国际市场动荡的影响。以国有经济为主导，有利于国家实施自主创新战略，建立创新型国家，增强对关键领域和行业的控制，提高国家竞争力，维护国家经济安全。

（3）以国有经济为主导是调整经济利益关系、实现共同富裕的前提。根据马克思关于生产决定分配的理论，不同的所有制关系决定了不同的分配形式。在国有经济中，个人收入遵循按劳分配的原则，在生产资料社会占有的基础上，形成了以按劳分配为主体、多种分配方式并存的比较公平的分配方式，有利于防止两极分化，实现共同富裕。

（4）以国有经济为主导是构建和谐社会的重要经济基础。国有经济中生产资料归国家所有，消除了资本与劳动的阶级对抗性和对立性矛盾，维护了社会的公平正义，实现了社会整体利益和局部利益、当前利益和长远利益、个人利益和公共利益的有机结合，为构建社会主义和谐社会奠定了经济基础。

坚持国有经济的主导作用必须注意以下三点：

（1）国有经济的主导作用是就全国而言的，不是指某些地方或某一个产业，不排除在某些地方、某些产业中非国有经济起主导作用。国有经济起主导作用，不是一个经济数量的规定，不能以国有经济占国民经济的比重多少来判定。国有经济的控制力和竞争力加强了，国有经济的比重即使减少一些，也不会影响我国的社会主义性质。

（2）国有经济的主导作用主要体现在控制力上。国有经济在关系国民经济命脉的重要行业和关键领域占支配地位，支撑、引导和带动整个社会经济的发展，在实现国家宏观调控目标中发挥重要作用。国有经济控制力的基本内涵是它在国民经济总量中保持必要数量和比例的基础上，更注重在质上的提高，要有较强的市场竞争力，在结构上有合理的产业分布，能够控制更多的社会资本，对社会经济的发展具有较强的支撑、引导和带动作用。

（3）根据产业或行业在国家经济安全和国民经济发展中的地位，要保证国有经济对整个国民经济的足够控制力，必须在下列行业保证国有经济的绝对控制和国有资本的重点投入：①关系国家安全的特殊行业，如军事工业、造币工业、航天工业等。②大型公益性、基础性建设，包括城市基础设施和运输骨干设施建设、大江大河治理、重点防护林工程、重点公益性和国防建设等社会效益大、受益面广而非国有经济部门不愿承担或无力承担的建设项目。③具有自然垄断性的不可再生资源的开发，如石油、天然气、大型煤矿等的开发项目。这些项目投资规模大、回收期长，目前民间资本还没有能力投资，出于经济安全考虑又不宜让外资控制，国有经济要在这些行业中占主导地位。④国有经济要在国家确定的支柱产业中占支配地位。国有经济在这些支柱产业中占支配地位，主要作用在于促进规模经济的形成，提高产品附加值和市场占有率，大幅度提高国际竞争力，确保国家财政收入，对社会投资起到龙头和导向作用。

3.集体所有制经济是公有制经济的重要组成部分

集体所有制经济是部分群众共同占有一定范围内的生产资料的公有制形式，适应我国现阶段生产力发展水平，符合共同富裕的要求，是生产力容量很大、灵活的经济形式，在我国农业、手工业、商业、服务业中广泛存在，在国民经济发展中发挥着重要作用。

集体所有制经济是公有制经济的重要组成部分，在广大城乡具有广泛的适应性。在社会主义市场经济条件下，集体所有制经济可以采取劳动联合与资本联合的组织形式，充分发挥其优越性；能够广泛吸收社会分散资金，开辟多种多样的生产门路，具有比较完整的经营自主权，能灵活适应市场需要，经营效果较好，有利于壮大集体经济利益和实现共同富裕，具有国有经济不可替代的作用；集体经济面宽量大，多为劳动密集型，近年来增加农民收入和吸纳农村富余劳动力是我国城乡经济和社会事业发展的重要推动力量，尤其是乡镇企业迅猛发展，成为整个国民经济发展中极富活力的一个新增长点。巩固和发展公有制经济，必须促进集体所有制经济的发展。

发展壮大集体所有制经济要以乡镇企业为重点，支持和帮助城乡集体经济发展，这是调整所有制结构的内在要求和重要内容。当前，要针对产权界定难、贷款融资难等实际问题，调整政策，深化改革，按照现代企业制度的要求，明晰产权，建立出资人制度，提高企业管理水平，促进产品升级换代，努力实现集体所有制经济新的飞跃。

4.公有制的实现形式

公有制和公有制的实现形式既密切相关，又不完全相同，必须区分开来。公有制是指生产资料归社会或劳动者共同占有的一种经济制度，它反映了人与人之间在占有生产资料方面的关系，其核心是生产资料的归属关系。公有制的实现形式是生产资料所有者支配、经营、管理生产资料，并对再生产过程中创造的产品进行分配的具体方式和途径。其核心是生产资料的营运效率及对剩余产品的索取问题，即一定所有制经济采取的经营方式和组织方式。国内外的经验都说明，同一所有制可以采取多种实现形式，不同所有制也可以采用同一种实现形式。

党的十八大明确指出，要毫不动摇地巩固和发展公有制经济，推行公有制经济发展多种实现形式，深化国有企业改革，完善各类国有资产管理制度，推动国有资产更多投向关系国家安全和国民经济命脉的重要行业和关键领域，不断增强国有经济活力、控制力和影响力。因此，要积极探索公有制的实现形式。

党的十九大指出，发展是解决我国一切问题的基础和关键，发展必须是科学发展，必须坚定不移贯彻创新、协调、绿色、开放、共享的发展理念。必须坚持和完善我国社会主义基本经济制度和分配制度，毫不动摇巩固和发展公有制经济，毫不动摇鼓励、支持、引导非公有制经济发展，使市场在资源配置中起决定性作用，更好地发挥政府作用，推动新型工业化、信息化、城镇化、农业现代化同步发展，主动参与和推动经济全球化进程，发展更高层次的开放型经济，不断壮大我国经济实力和综合国力。

我国改革开放的实践证明，所有制实现形式单一不利于生产力的发展。公有制的实现形式可以而且应当多样化，一切反映社会化生产规律的经营方式和组织形式都可以大胆利用，并要努力寻找能够极大促进生产力发展的公有制实现形式。我国公有制企业数量众多、规模不一、类型各异，在所处行业和地区中的地位不同，国家对它们的经营目标的要求和预期也不相同，这本身就决定了公有制的实现形式必然是多样化的，如股份制、股份合作制等。

股份制企业是通过发行股票筹集资金组建的企业，是现代市场经济普遍适用的资本组织形式。其本身没有姓私姓公、姓资姓社之分。私有制可以利用，公有制也可以利用；资本主义可以利用，社会主义也可以利用。不能笼统地说股份制是公有还是私有，关键看控股权掌握在谁手中，国家和集体控股，企业就具有明显的公有性。

国有企业经过股份制改造，其股本结构一般包括国家股、法人股、企业内部职工股、社会公众股（含机构持股、个人持股）。采用股份制改造国有企业，有利于国有资本的所有权与企业经营权分离，使企业真正做到自主经营、自负盈亏、转换经营机制；能广泛筹集社会资金，积极稳妥地进行资产重组和资本集中，提高企业和国有资本的运作效率；有利于扩大公有资本的支配范围，增强国有经济的主导作用。

股份合作制经济是我国城乡劳动者在改革实践过程中创造的一种以劳动者的劳动合作和资本合作为主要特征的资本组织形式和生产经营形式。它兼有股份制与合作制的特点，是社会主义市场经济中集体经济的一种新的组织形式。股份合作制企业最早源于20世纪80年代初期我国的乡镇企业，80年代后期，逐步引入到城市集体企业和国有小型企业改革中来。

股份合作制经济兼有股份制和合作经济的特征，但与股份制不完全相同，也与合作经济不完全相同。第一，在股份合作制企业中，劳动者的劳动联合和劳动者的资本联合是互相结合的。员工的劳动联合是基础，资本联合是员工共同为劳动联合提供物质条件，员工既是劳动者，又是企业出资人。本企业员工人人入股（分个人股和集体股），不吸收本企业以外的个人入股。企业根据情况还可设立国家股、法人股，但员工股在总股本中应占大多数。员工之间持股数可以有差距，但不宜过分悬殊。第二，股东不能退股。员工离开企业时股份不能带走，只能在企业内部转让。第三，实行一人一票的表决方式，由股东代表大会选举企业领导成员，决定企业重大事项。第四，企业的分配方式是按劳分配与按股分红相结合。员工按照按劳分配原则获得工资、奖金。企业税后利润提取公积金、公益金之后的可分配利润，实行按股分红，也可用于补充社会保障费用或增资扩股。

股份合作制的主要优点是：①员工拥有产权，企业对自己的经营承担责任，实行政企分开，企业是自主经营、自负盈亏、自我约束、自我发展的市场竞争主体；②员工的资产、收入同企业经营的好坏直接联系起来，员工有了民主管理的权利，可以提高员工对企业的关心程度和风险意识，增强企业的凝聚力；③开辟了新的筹资渠道，可以促进企业的技术改造和结构调整。由于有这些优点，股份合作制便成为改革国有小企业和集体企业的一种良好形式，成为促进社会生产力发展的有效形式。

三、非公有制经济是我国社会主义市场经济的重要组成部分

我国社会主义初级阶段的非公有制经济主要包括个体经济、私营经济、外资经济以及混合所有制经济中的非公有制成分。据国家市场监督管理总局统计，截至2018年年底，我国私营企业总数超过2 700万户，个体工商户发展到近6 600万户。2019年1—7月，民营企业税收占比56.9%；民间固定资产投资占比60.3%，在制造业投资中占比更达到85%以上，是投资的最大推动力；民营企业就业存量占比近80%，增量占比超

100%，民营企业是城镇就业的最大保障。有鉴于此，习近平总书记在十九大报告中明确指出要“毫不动摇鼓励、支持、引导非公有制经济发展，使市场在资源配置中起决定性作用，更好发挥政府作用，推动新型工业化、信息化、城镇化、农业现代化同步发展，主动参与和推动经济全球化进程，发展更高层次的开放型经济，不断壮大我国的经济实力和综合国力”。

（1）个体经济。它是个人或家庭占有少量生产资料，以个人或家庭成员劳动经营为主，劳动成果由劳动者个人及其家庭成员直接占有和支配的私有制经济形式。个体经济具有规模小、工具简单、操作方便、经营灵活等特点。它有两个明显的特征：一是生产资料和劳动成果直接归个人所有；二是劳动者以自己的劳动为主体。个体经济主要包括小手工业、零售商业、饮食业、修理业、运输业等。

个体经济就其本质来说，是私有性质的非社会主义经济，但同资本主义私有制又有着本质的区别。个体劳动者既是生产资料的占有者，又是自食其力的劳动者，不包含剥削关系。个体经济是社会主义市场经济的重要组成部分。

（2）私营经济。它是指生产资料归私人所有，存在雇佣劳动关系的经济成分。私营经济的特征主要有：生产资料私人占有性，但是生产资料的使用已经社会化了，由过去单个人使用生产资料变为许多人协同使用生产资料；雇佣性，即雇用较多的工人和职员。从本质上讲，它是资本主义性质的经济，但在社会主义条件下，私营经济是同公有制经济相联系、受到公有制经济巨大影响和约束、处在国家宏观调控之下的经济形式，雇工和雇主的政治地位也是完全平等的。它是公有制经济必要和有益的补充，在长时期内有其存在的必然性。国家通过有关政策和法律，加强对私营经济的引导、监督和管理，使私营经济健康地发展并更好地为社会主义服务。

实践表明，私营经济以其灵活的就业方式，为解决百姓就业、实现勤劳致富创造了条件，在化解全国就业压力方面发挥了主渠道的作用。广大私营经济从业者以其巨大的勇气和魄力，成为时代的先行者，成为改革的先驱，也为就业观念的转变开辟了先河。到2018年年底，我国私营企业已超过2 700万户，从业人员超过2.5亿人。

（3）三资企业。它是指通过引进境外资本（包括我国港、澳、台资本）在我国境内依照我国法律设立，中方与外商共同举办的中外合资企业、中外合作企业以及外商在我国举办的独资企业。这是在改革开放的新形势下产生和发展的一种经济成分，是我国引进外资的一种形式。三资企业在经营管理中要遵守我国的法律和法规，服从我国的管理，照章纳税。它的出现和发展，不仅有利于解决我国在社会主义建设中资金不足的困难，而且有利于我国引进国外的先进管理经验、先进的生产技术，提高我国企业管理的水平，同国际社会接轨。

在社会主义初级阶段，发展非公有制经济不是权宜之计，它是社会主义市场经济的重要组成部分，对增强经济活力、充分调动人民群众和社会各方的积极性、加快生产力发展具有重要作用：①推动了国民经济增长。改革开放以来，在党的方针政策引导下，我国个体经济从小到大，私营经济从无到有，它们在国民经济中所占的比例不断增大，从20世纪80年代初的“拾遗补阙”发展成为社会主义市场经济的重要力量，一直保持了较快的发展态势。②拓宽了就业渠道。目前，个体、私营等非公有制企业已占我国企业总数的95%以上，产值占GDP的60%以上，新增就业岗位占全国总量的90%以上，流动人口大多数在非公企业就业。③个体、私营等非公有制经济已经成为发展社会主义市场经济的重要力量，成为推动地方经济发展的主要力量。④个体、私营经济的发展是激发活力，促进大众创业、万众创新的重要力量。特别是在全球经济复苏缓慢、我国经济发展进入新常态的背景下，大众创业、万众创新成为我国经济发展的新动能、经济发展的发动机。众创空间、创客工场以及"互联网+"等新产业、新业态、新模式的蓬勃发展，为新常态下我国经济转型升级注入了新的活力。

非公有制经济是社会主义市场经济的重要组成部分，要毫不动摇地鼓励、支持、引导非公有制经济发展。然而，在实践中，待遇不公平仍然是当前阻碍非公有制经济发展最大的障碍。解决这个问题需要从以下几个方面入手：一是要依法平等保护各种所有制经济产权和合法利益；二是要保证各种所有制经济依法平等使用生产要素；三是要实行统一的市场准入制度和市场监管，保证各类市场主体公开、公平、公正地参与市场竞争；四是深化国有企业改革，完善国有资产管理体制，积极发展混合所有制经济。

四、积极发展混合所有制经济

《中共中央关于全面深化改革若干重大问题的决定》指出，国有资本、集体资本、非公有资本等交叉持股、相互融合的混合所有制经济，是基本经济制度的重要实现形式，有利于国有资本放大功能、保值增值、提高竞争力，有利于各种所有制资本取长补短、相互促进、共同发展。允许更多国有经济和其他所有制经济发展成为混合所有制经济；国有资本投资项目允许非国有资本参股；允许混合所有制经济实行企业员工持股，形成资本所有者和劳动者利益共同体。

混合所有制的内涵很宽，过去国有企业搞股份制、上市等都在一定程度上实现了混合，但由于企业内部机制以及外部监管不到位，混合的效果并不理想，要么是政企不分、所有权与经营权不分、激励缺失，要么就是国资无人负责、流失严重。应赋予混合所有制新的内涵，通过混合，既要实现资本层面的融合，更重要的是实现体制和机制融合，采用混合所有制的公司要建立现代企业制度。同时，针对过去混合中出现的诸多问题，如民企和国企混合动力不足导致国企更愿意与国企混合，混合后由于相互的制度和文化等差异大而导致融合貌合神离，国企办社会等遗留问题制约混合进程，资产定价和交易规则不清晰容易导致资产流失等，应加紧出台有操作性的制度规则，努力实现十八届三中全会、十九届三中全会提出的改革目标。

拓展阅读5-2

公有制经济是改革发展的中坚力量

公有制为主体、多种所有制经济共同发展的基本经济制度，是中国特色社会主义制度的重要组成部分，是我国经济社会发展取得举世瞩目成就的重要保证，也是我国各族人民共享改革发展成果的制度保证。改革开放40多年来，我国公有制经济蓬勃发展，为深化改革、促进发展、扩大开放作出了巨大贡献。当前，中国特色社会主义进入了新时代，我们必须继续坚持和完善社会主义基本经济制度，坚持公有制为主体、多种所有制经济共同发展，充分发挥公有制经济的作用和优势。

1.改革开放40多年来，公有制经济蓬勃发展

改革开放以来，我国社会主义公有制的主体地位日益巩固，国有企业改革取得了巨大成就，企业发展质量和经营效益大幅提升，资产规模不断扩大，国有经济的活力、控制力、影响力和抗风险能力进一步增强，成为社会主义现代化建设的中坚力量。

（1）国有经济规模不断扩大。改革开放40多年来，我国国有经济规模不断扩大，国有资产大幅增值，上缴利税显著增加，一批国有大型企业已跻身世界一流或知名企业行列。到2017年年底，全国国有企业资产总额和所有者权益分别达到151.7万亿元和52万亿元，是1978年的209.7倍和107.2倍；上缴税费总额占全国财政收入的1/4，工业增加值占全国GDP（国内生产总值）的1/5。国有经济规模不断扩大，为公有制主体地位的巩固奠定了坚实基础。

（2）国有经济影响力不断增强。改革开放以来，我国建立健全社会主义市场经济体制，大力推进国有企业改革、现代企业制度建设，国有企业实现了所有权与经营权分离和投资主体多元化，已经成为真正意义上的市场经济主体。随着国有企业改革的深入推进，国有经济活力得到有效激发，影响力不断增强。到2018年，我国有120家企业（含港、澳、台企业）进入世界500强，其中国有企业占80%以上。此外，中央企业积极投身“一带一路”建设，截至2018年8月，中央企业在“一带一路”建设中承担了3 116个项目；在已开工和计划开工的基础设施项目中，中央企业承担的项目数占比达50%左右，合同额占比超过70%。国有经济是保持宏观经济稳定、避免经济大起大落和促进产业结构调整的重要力量。国有经济的影响力不断增强，对其他所有制经济的引导作用更加突出，有力促进了各种所有制经济为中国特色社会主义事业作出更大贡献。

（3）谱写创新发展辉煌篇章。国有企业在改革开放中谱写了创新发展辉煌篇章：C919大型客机首飞成功，标志着我国大型客机项目取得重大突破，是我国民用航空工业发展的重要里程碑；嫦娥四号探测器在世界上首次成功登陆月球背面，悟空、墨子、慧眼、碳卫星等系列科学实验卫星成功发射，载人航天工程突破大量关键技术，取得了众多创新成果；高铁总里程占世界的2/3，“八纵八横”高铁网建设全面展开等。在国有经济的主导下，一大批具有自主知识产权的国之重器相继问世，为我国经济社会发展和民族复兴插上了科技的翅膀。

2.公有制经济蓬勃发展，推动形成坚实稳定的社会经济基础

习近平同志指出：“公有制主体地位不能动摇，国有经济主导作用不能动摇，这是保证我国各族人民共享发展成果的制度性保证，也是巩固党的执政地位、坚持我国社会主义制度的重要保证。”改革开放以来，公有制主体地位的巩固和国有经济主导作用的发挥，推动形成了坚实稳定的社会经济基础，有力保障了社会主义现代化强国建设顺利推进和中国特色社会主义事业不断取得新成就。

（1）推动形成独立完整的工业体系。中华人民共和国成立以来特别是改革开放以

来，在国有经济的引领和推动下，我国建立起独立完整的工业体系。目前，我国拥有39个工业大类、191个中类、525个小类，成为唯一拥有联合国产业分类中全部工业门类的国家；在世界500多种主要工业产品中，我国有220多种产品的产量居世界第一。早在2010年，我国就已经成为世界第一制造大国。独立完整的工业体系，为社会主义现代化强国建设提供了雄厚基础。

（2）推动形成系统有效的金融体系。金融是现代经济的血脉。改革开放以来，我国金融体系改革稳步推进。货币政策和金融监管制度不断完善，作用得到充分发挥；国有商业银行、股份制商业银行、政策性银行等金融机构健康发展；股市、债市、衍生品和各类金融市场基础设施等“四梁八柱”都已搭建完成，市场容量位列世界前茅。金融体系在贯彻落实中央经济政策、保证社会经济稳定运行、优化资源配置和经济布局、应对国际金融危机冲击等方面发挥了重要作用，有力保障了国内经济持续健康发展。

（3）推动形成庞大顺畅的基础设施体系。交通运输和邮电通信等基础设施建设具有投资大、周期长、回收慢等特征，需要国有企业担负起主要建设责任。改革开放以来，国有企业聚焦基础设施建设，显著提高了我国交通运输能力和邮电通信能力，有力推动了我国经济社会发展。比如，2018年全国铁路营业里程新增4 683千米，达到13.1万千米以上，其中新增高铁4 100千米，达到2.9万千米以上，为经济社会发展提供了基础支撑。

（4）推动形成强大创新引擎。国有经济是科技创新的排头兵。改革开放以来，我国国有企业瞄准世界科技发展前沿，勇攀科技创新制高点，着力推进面向国家重大需求的战略高技术研究，推动我国在基础研究和应用基础研究领域取得重大突破，成为引领我国产业迈向全球产业链、价值链中高端的基础性力量，为我国经济高质量发展注入了强大动力。

此外，国有经济还在宏观调控、社会保障、国家安全等方面发挥着重要作用，成为经济持续健康发展的“压舱石”、社会和谐发展的“稳定器”、国家安全和国防军事工业的重要基础。正如习近平同志所指出的，我国国有企业为我国经济社会发展、科技进步、国防建设、民生改善作出了历史性贡献，功勋卓著，功不可没。

3.进一步发展好公有制经济，必须做强做优做大国有资本

习近平同志指出，我国是中国共产党领导的社会主义国家，公有制经济是长期以来在国家发展历程中形成的，为国家建设、国防安全、人民生活改善作出了突出贡献，是全体人民的宝贵财富，当然要让它发展好，继续为改革开放和现代化建设作出贡献。

进一步巩固和发展公有制经济，让它继续为改革开放和现代化建设作出贡献，必须做强做优做大国有资本。这既是坚持和完善社会主义基本经济制度的题中应有之义，又是更好发挥国有经济主导作用的客观要求。做强做优做大国有资本，应重点抓好以下几个方面：一是坚持党对国有企业的领导不动摇，坚持建强国有企业基层党组织不放松，为做强做优做大国有资本提供坚强政治和组织保证；二是继续加快国资国企改革，坚持政企分开、政资分开和公平竞争原则，围绕管资本为主加快转变国有资产监管机构职能，完善各类国有资产管理体制，改革国有资本授权经营体制，加快实现从管企业向管

资本转变；三是推动国有企业完善现代企业制度，健全公司法人治理结构；四是加快国有经济布局优化、结构调整、战略性重组，促进国有资产保值增值，有效防止国有资产流失；五是发展混合所有制经济，培育具有全球竞争力的世界一流企业；六是提高企业的自主创新能力，研发和掌握更多的国之重器。

应当认识到，强调把公有制经济巩固好、发展好，同鼓励、支持、引导非公有制经济发展不是对立的，而是有机统一的。公有制经济和非公有制经济都是我国社会主义市场经济的重要组成部分，都是我国经济社会发展的重要基础。正如习近平同志所指出的："我们国家这么大、人口这么多，要把经济社会发展搞上去，需要各方面齐心协力干，公有制经济、非公有制经济应该相辅相成、相得益彰，而不是相互排斥、相互抵消。"要充分肯定我国民营经济的重要地位和作用，落实好党和国家的方针政策，不断为民营经济营造更好的发展环境，帮助民营经济解决发展中的困难，大力支持民营企业发展壮大。国有资本、集体资本、非公有资本等交叉持股、相互融合的混合所有制经济，是我国基本经济制度的重要实现形式，有利于国有资本放大功能、保值增值、提高竞争力，有利于推动各种所有制资本取长补短、相互促进、共同发展。要积极发展混合所有制经济，放手让民营资本与国有资本、集体资本等交叉持股、相互融合。

当前，我国经济发展已经进入了新时代。只要坚持和完善我国社会主义基本经济制度，毫不动摇巩固和发展公有制经济，毫不动摇鼓励、支持、引导非公有制经济发展，使市场在资源配置中起决定性作用，更好发挥政府作用，就能进一步激发各类市场主体的活力，形成推动高质量发展的强大合力，取得更加辉煌的发展成就。

资料来源　白暴力，方凤玲. 公有制经济是改革发展的中坚力量［N］. 人民日报，2019-02-19（09）.

第三节　社会主义个人收入分配制度

一、按劳分配

1.按劳分配的内容和意义

在社会主义社会，个人消费品分配的基本原则是按劳分配。所谓按劳分配，是指社会在作了必要的扣除之后，按照劳动者向社会提供的劳动量来分配个人消费品。这个定义表明了按劳分配的基本内容：

（1）实行按劳分配的物质对象不是全部社会产品，只是个人消费品。社会总产品在作了必要的生产性和社会消费性扣除之后，才在劳动者个人之间进行分配，用于满足劳动者个人及家庭的消费需要。按劳分配必须借助商品货币形式实现，其实现程度受到市场机制的制约。

（2）劳动者向社会提供劳动，是参与按劳分配的前提。按劳分配所依据的劳动，在实质上是符合社会需要、被社会所承认的劳动。只有被社会承认的劳动才代表劳动者对社会的贡献，它是按劳分配的依据。

（3）社会和集体按劳动者所提供劳动的质量和数量分配个人消费品，等量劳动领取等量报酬，多劳多得，少劳少得，不劳不得。

按劳分配的内容主要体现在三个方面：①个人消费品的分配只能以劳动为尺度，而不能以生产资料的占有状况和其他条件为尺度；②每个劳动者应分配的个人收入的多少，取决于他为社会提供的劳动进行必要的扣除后的个人劳动的多少，多劳多得，少劳少得；③随着劳动生产率的提高和生产力的发展，劳动者能够分到的消费品也将增加。按劳分配是一种等量劳动相交换的原则。

按劳分配对社会主义制度具有重要意义：首先，它用劳动代替了资本，使劳动成为占有社会产品和获得收入的唯一依据，体现了生产资料公有制中人们在占有关系上的平等，从而为消灭剥削、消除两极分化、实现共同富裕奠定了基础。其次，它以劳动的尺度代替需要的尺度，承认个人能力大小与分配差别的关系，为社会主义经济的运行提供了有效的激励和约束机制。最后，按劳分配中所包含的劳动者之间相交换的个别劳动与社会劳动的矛盾关系，是推动劳动者提高自身素养、革新技术、发展生产力的重要力量，也是推动社会经济不断发展的动力。

2.按劳分配的客观必然性

在社会主义制度下，个人消费品实行按劳分配的原则具有客观必然性。这是由社会主义初级阶段的经济条件决定的。

（1）生产资料公有制是实行按劳分配的前提条件。产品的分配方式首先是由生产资料所有制的性质决定的：一方面，谁占有生产资料，谁就能支配生产过程，从而也就能支配产品的分配，一定的分配方式是一定的所有制的结果；另一方面，一定的分配方式又是一定的所有制的实现方式。在社会主义经济中，生产资料归劳动者共同所有，决定了产品要按照广大劳动者的利益来进行分配。按劳分配是有利于劳动者的一种分配方式，只有在社会主义公有制的基础上才可能对个人消费品实行按劳分配。生产资料公有制决定了劳动产品的分配必须体现劳动者的意志和利益，为实行按劳分配提供了可能。

（2）生产力发展水平是实行按劳分配的根本条件。选择何种方式来进行分配取决于社会生产力的发展水平。在社会主义条件下，生产力还没有高度发达，劳动产品还没有达到极大丰富的程度，还不能充分满足社会成员各个方面的需要，所以还不具备实行共产主义社会按需分配的物质条件。在条件不具备时，勉强进行按需分配，必然会变成平均主义，挫伤劳动者的积极性，妨碍生产力的发展。

（3）社会主义社会劳动的特点是实行按劳分配的直接原因。社会主义社会劳动的特点：一是生产力发展水平比较低，科学技术还不够发达，劳动者还没有实现全面发展，因而其能够向社会提供的劳动存在着明显的差别。这就是说，由于社会主义是从旧社会脱胎而来的，它必将在一个相当长的历史时期留有旧社会的痕迹。体力劳动和脑力劳动的对立虽然已经消灭，但它们之间的重大差别依然存在。因此，在社会主义社会，劳动者向社会提供的劳动在质和量上都存在着重大差别。二是劳动还没有成为人们“生活的第一需要”，而只是谋生的手段，人们还要靠劳动来取得收入以维持自己的生活，而收入的高低又直接决定着自己生活的好坏。这样，人们自然要求把自己的劳动同劳动收入联系起来。可见，个人消费品的分配必须体现人们劳动的差别，不能实行平均分配，只能按劳分配。

3.社会主义市场经济条件下按劳分配的新特点

按劳分配理论是马克思首先提出来的。在《哥达纲领批判》一书中，马克思曾对此作了系统的精辟阐述。由于马克思、恩格斯对未来社会主义社会的设想是以商品货币关系的消亡为前提的，因此在他们设想和论述按劳分配时排除了商品货币关系，这就使得现实中的按劳分配与马克思主义创始人所设想的按劳分配具有不同的特点：

（1）实行按劳分配的主体结构不同。马克思主义创始人设想的按劳分配，是在全社会范围内进行的，分配的主体是社会。在社会主义市场经济中，按劳分配是在公有制企业内部进行的，按劳分配的主体是企业而不是社会。这就使得等量劳动领取等量报酬的原则在企业内部是适用的；在全社会范围内，不同公有制企业之间的劳动者提供的等量劳动所获得的报酬却常常是不相等的。这是因为，在社会主义市场经济条件下，劳动者的劳动只能先作为企业总劳动的构成部分，只有当企业生产出来的产品在市场上销售出去，企业的总劳动得到社会承认后，他们的劳动才转化成社会劳动，而不能直接作为社会总劳动的构成部分。

（2）劳动者向社会提供劳动的途径不同。马克思主义创始人所设想的按劳分配，是在商品货币关系消失、全社会单一的生产资料公有制条件下，全部生产要素（包括劳动力在内）都不是通过交换，而是由社会直接分配到各个生产单位。也就是说，劳动力不再成为商品，劳动者不需要通过出卖劳动力而是同生产资料相结合来提供劳动。但在社会主义市场经济条件下，劳动力作为生产要素，要像其他生产要素一样进入市场进行交换，交换成功，劳动者才能向社会提供劳动。劳动力的商品性是现时按劳分配的一个显著特征。

（3）衡量劳动者向社会提供劳动量的尺度不同。马克思主义创始人所设想的按劳分配，其衡量劳动者向社会提供劳动量的尺度是直接的个人劳动时间。在社会主义市场经济条件下，由于按劳分配是在商品货币关系普遍存在的情况下在企业内部进行的，劳动者的个人劳动时间要融入企业总劳动时间之中，而企业的总劳动时间又必须经社会必要劳动时间“过滤”，符合社会必要劳动时间规定的部分才能为社会所承认。也就是说，社会主义市场经济条件下的按劳分配，是在用社会必要劳动时间的标准衡量了企业集体劳动者的总劳动时间之后，再由企业根据这种经过社会必要劳动时间“过滤”的劳动时间，向劳动者进行按劳分配。由劳动者所提供的企业总劳动时间中超过社会必要劳动时间的部分，是不能作为按劳分配依据的。

（4）实现按劳分配的手段不同。马克思主义创始人所设想的按劳分配，是采取不能流通的“劳动券”的形式，通过“劳动—劳动券—个人消费品”的过程来实现的。劳动者向社会提供一定劳动后，从社会方面领到一张“证书”，证明他为社会提供了多少劳动（扣除他为社会基金提供的劳动），然后劳动者再凭这张“证书”从社会产品储存中领得同他提供的劳动相当的一份消费资料。在社会主义市场经济条件下，由于按劳分配是在商品货币关系普遍存在的情况下进行的，还必须通过“劳动—货币（工资）—商品

（个人消费品）”的过程来实现。劳动者向社会提供一定量的符合社会必要劳动时间规定的劳动后，从企业领得的是一定量的货币工资，然后用这些货币工资到市场上去购买自己需要的商品。这样，在实现按劳分配的过程中，不仅价值规律起了决定性作用，价格机制也起了再分配的作用。因而，劳动者最终取得的消费品所体现的劳动量同他向社会提供的劳动量会由于价格和价值的差异而不一致，这就使得按劳分配所体现的等量劳动相交换的原则，并不是在每个场合都适用。

（5）按劳分配原则所起作用的范围不同。对于马克思主义创始人所设想的按劳分配，由于生产资料归全社会所有，实现了单一的社会所有制，各个企业不存在独立的经济利益，因而不仅在全社会范围内按统一的标准实行等量劳动领取等量报酬的原则，而且这也成为全社会唯一的分配形式和原则。在社会主义市场经济中，不仅在生产资料所有制结构上是以公有制为主体的多种所有制经济共同发展，而且在公有制内部也因为实行了所有权与经营权的分离而出现了不同的产权主体，因此相应地出现了按劳分配与其他分配形式并存的局面，而按劳分配仅存在于公有制经济内部。即使在公有制经济内部，按劳分配也不是唯一的形式，与市场经济相适应的非按劳分配因素，如利息、股息、红利收入以及风险收入等，都成为公有制经济内部与按劳分配并存的分配形式。

上述分析表明，在社会主义市场经济条件下，按劳分配具有不同于马克思主义创始人原来设想的一系列新特点，比马克思主义创始人设想的按劳分配的内容更丰富，表现更复杂。但这些特点并未改变按劳分配思想的伟大作用，马克思主义创始人关于按劳分配的理论对我们正确贯彻按劳分配原则仍具有重要的指导意义。

二、社会主义初级阶段存在多种分配方式

1.社会主义初级阶段存在多种分配方式的客观必然性

（1）社会主义初级阶段的所有制结构决定了多种分配方式的存在。按劳分配是公有制范围内的个人收入分配方式，在非公有制经济成分中，由于生产资料的占有关系不同，必然存在与之相适应的其他分配方式，如按资分配、按劳动力价值分配等。

（2）市场经济的存在和发展也要求实行多种分配方式。在市场经济条件下，自然资源的优劣、资金数量的多寡、市场条件的变化等非劳动因素，会使各个生产经营者质量相同、数量相等的劳动形成和实现的价值量不相等，从而他们获得的收入也不同。同时，随着金融市场、房地产市场、期货市场的形成和完善，资金收益、土地收益、风险收益等非劳动收入的合法性允许那些善于经营的企业和个人取得更多的收入，这必然带来个人收入分配的多元化。

（3）多种经营方式的存在要求实行多种分配方式。在不同的经营方式中，所有者、经营者、劳动者的职能以及他们的相互关系存在着差别，因此他们获得收入的方式也会不同。即使在公有制范围内，由于采取各种不同的经营方式，也会产生多种分配方式。如有些企业通过发行债券或股票筹集资金，这样，购买股票、债券者就要取得股息和利息。

在我国现阶段，以按劳分配为主体、多种分配方式并存的分配制度是由客观经济条

件决定的，有其客观必然性。这种分配方式也适应现阶段生产力发展的需要，可以从分配关系上调动各方进行投资、生产经营的积极性，以充分利用社会经济资源，促进经济的发展。

2.按劳分配与按生产要素分配相结合

改革开放以来，我国收入分配制度改革逐步推进，破除了传统计划经济体制下平均主义的分配方式，在坚持按劳分配为主体的基础上，允许和鼓励资本、技术、管理等要素按贡献参与分配，不断加大收入分配调节力度。我国按劳分配为主体、多种分配方式并存的分配制度基本确立，以税收、社会保障、转移支付为主要手段的再分配调节框架初步形成，有力地推动了社会主义市场经济体制的建立。

坚持以按劳分配为主体、多种分配方式并存的分配制度，把按劳分配和按生产要素分配结合起来，允许和鼓励劳动、资本、技术和管理等生产要素按贡献参与分配，是我国社会主义初级阶段必须遵循的分配原则。

按生产要素分配是指社会根据各种生产要素在商品和劳务生产过程中的投入比例和贡献大小给予报酬，即劳动力、土地、技术、信息、管理等要素共同参与收益分配。简单地说，是生产要素所有者的所有权在经济上的实现。

在社会主义市场经济条件下，按生产要素分配具有客观必然性：

（1）生产要素参与分配是由生产要素所有权引起的。只要生产要素掌握在不同的所有者手中，不管是资本主义还是社会主义，都要承认生产要素所有者参与分配的合理性；否则，他们提供生产要素得不到回报，就不能在全社会范围内形成增加生产要素有效供给的经济激励，这些生产要素就会处于闲置状态，既造成生产要素的有效供给不足，又造成社会资源浪费，从根本上阻碍生产力的发展。

（2）生产要素参与分配是与市场经济相适应的分配方式。只要将市场作为配置资源的手段，生产要素就会以利润最大化为导向进行自由流动，在市场导向下生产要素才能实现最优配置。同时，生产要素所有者也获得了参与社会净产品分配的资格。

（3）生产要素是社会产品生产中不可缺少的因素，它们参与了财富的创造，对财富的生产都作出了贡献，因此有必要以生产要素的贡献分配收益，以激励生产要素的所有者积极投入生产要素，创造更多的财富，发挥生产要素在生产中的作用。

社会主义市场经济条件下的分配制度既应体现一般劳动的价值，以调动劳动者的积极性、创造性；也应体现科学技术、经营管理等复杂劳动的价值，以激发科技人员和管理工作者的创新活力和创业精神；还应体现包括土地、资本、知识产权等必不可少的生产要素的价值，以集中各种生产要素投入经济建设。

强调各种生产要素参与分配，并不会影响以按劳分配为主体的原则。劳动不仅是同资本、技术、管理等相并立的生产要素，而且是一种特别重要的生产要素。随着科学技术的发展，知识在经济发展中的作用变得越来越重要，即使强调劳动以外的其他生产要素参与收入分配，也不会冲击按劳分配的主体地位。

按照中共十八大、十九大提出的千方百计增加居民收入的战略部署，要继续深化收入分配制度改革，优化收入分配结构，调动各方的积极性，促进经济发展方式的转变；

要健全技术要素参与分配机制；建立健全以实际贡献为评价标准的科技创新人才薪酬制度，鼓励企事业单位对紧缺急需的高层次、高技能人才实行协议工资、项目工资等；加强知识产权保护，完善有利于科技成果转移转化的分配政策，探索建立科技成果入股、岗位分红权激励等多种分配办法，保障技术成果在分配中的应得份额；完善高层次、高技能人才特殊津贴制度；允许和鼓励品牌、创意等参与收入分配。

此外，要加快发展多层次资本市场，落实上市公司分红制度，强化监管措施，保护投资者特别是中小投资者的合法权益；推进利率市场改革，适度扩大存贷款利率浮动范围，保护存款人的权益；严格规范银行的收费行为；丰富债券基金、货币基金等基金产品；支持有条件的企业实施员工持股计划；拓宽居民租金、股息、红利等增收渠道。

三、收入分配中的效率与公平

公平是指一定社会中人们之间利益和权利分配的合理化。在我国社会主义初级阶段，公平就是人们的劳动投入、非劳动投入与收入紧密联系，投入的变化应该在收入中得到体现，使收入的变化与投入的变化相适应。公平主要包括取得收入的机会均等、分配的尺度统一和差距适度。效率是指经济活动中所获得的劳动成果与所消耗的劳动量的比率。效率实际上是指“馅饼”做得大小的问题，公平实际上是指“馅饼”如何分割或分配的问题。显然，在对二者进行抉择或取舍的时候，走两个极端都是不可取的。例如，我们不能为了效率而只让市场机制发挥作用，放弃政府在收入分配特别是收入再分配中的功能，从而舍弃公平的目标；我们也不能只顾公平分配而不顾生产效率的提高，即因袭“不患寡而患不均”的陈旧观念。

过去我国的收入分配格局是平均主义与不平等并存。我们在处理效率与公平问题时，面临两方面的任务：一方面，打破平均主义，让人们在收入分配和财富占有上保持合理的差距，这种差距是调动人的积极性、发挥人的潜能的必要刺激。多劳多得，分配才显公平。另一方面，通过调整经济结构和政府干预，逐步解决城乡之间和地区之间收入分配不平等的问题，以调动城乡和各地区的积极性，促进国民经济均衡、协调发展。

中共十五大报告指出，要“坚持效率优先、兼顾公平”。中共十六大报告重申了这一原则。中共十七大报告进一步指出，初次分配和再分配都要处理好效率和公平的关系，再分配更加注重公平。中共十八大报告再次指出要兼顾效率与公平、再分配更加注重公平，要把提高效率和促进公平结合起来。提高效率能增强经济活力，促进经济发展，同时又要高度重视在经济发展的基础上通过实现社会公平来促进社会和谐。坚持公平和效率的有机结合，才能更好地体现社会主义本质。初次分配和再分配都要兼顾效率和公平，初次分配要注重效率，创造机会公平的竞争环境，维护劳动收入的主体地位；再分配要更加注重公平，提高公共资源配置效率，缩小收入差距。中共十九大报告指出，要坚持一个方针，就是质量第一、效率优先；坚持一条主线，就是深化供给侧结构性改革，推动三大变革：质量、效率、动力；建设一个四位协同的产业体系：实体经济、科技创新、现代金融、人力资源。

坚持效率优先、兼顾公平的原则，既要提倡奉献精神，又要落实分配政策；既要反对平均主义，又要防止收入悬殊。在收入分配的不同环节，要正确把握调节重点。国民收入初次分配要注重效率，发挥市场机制的作用，创造机会公平的竞争环境，实行机会均等，坚持把效率作为分配的首要尺度，坚持把劳动者的劳动贡献和劳动报酬紧密结合起来，把人们富裕程度的差别主要建立在劳动差别和贡献大小的基础上，鼓励一部分人通过诚实劳动、合法经营先富起来，以提高工作效率和经济效益；国民收入再分配要注重公平，加强政府对收入分配的调节职能，调节差距过大的收入，防止两极分化，兼顾各阶层、各方面群众的利益，实现合理公平的分配。在社会主义市场经济条件下，保证公平有利于共同富裕的实现，可以有效地避免因收入差距过大而挫伤人民群众的积极性，对保持社会的稳定和长远发展具有极为重要的意义。

坚持效率优先、兼顾公平的原则，还要改革分配制度，规范分配秩序；促进中低收入职工工资合理增长；建立反映劳动力市场供求关系和企业经济效益的工资决定及正常增长机制；完善机关事业单位工资制度；建立公务员和企业相当人员工资水平调查比较制度，完善科学合理的职务与职级并行制度；建立健全符合事业单位特点、体现岗位绩效和分级分类管理的工资分配制度；完善以税收、社会保障、转移支付为主要手段的再分配调节机制，加大税收调节力度；建立公共资源出让收益合理共享机制；完善慈善捐助减免税制度，支持慈善事业发挥扶贫济困的积极作用；健全公共财政体系，完善转移支付制度，调整财政支出结构，大力推进基本公共服务均等化；集中更多财力用于保障和改善民生，建立健全促进农民收入较快增长的长效机制；使居民收入在国民收入分配中的比重、劳动报酬在初次分配中的比重逐步提高，社会保障和就业等民生支出占财政支出的比重明显提升；规范收入分配秩序，完善收入分配调控体制机制和政策体系，建立个人收入和财产信息系统，保护合法收入，调节过高收入，清理规范隐性收入，取缔非法收入，增加低收入者的收入，扩大中等收入者比重，努力缩小城乡、区域、行业收入分配差距。

深化分配体制改革，到2020年实现城乡居民人均实际收入比2010年翻一番，力争中低收入者收入增长更快一些，人民生活水平全面提高。收入分配差距逐步缩小，城乡、区域和居民之间收入差距较大的问题得到有效缓解，扶贫对象大幅减少，中等收入群体持续扩大，“橄榄型”分配结构逐步形成。收入分配秩序明显改善。合法收入得到有力保护，过高收入得到合理调节，隐性收入得到有效规范，非法收入予以坚决取缔，收入分配格局趋于合理。

拓展阅读5-3　人民日报评论员观察：用公平促进可持续发展

近日，北京市人大常委会表决通过《北京市促进科技成果转化条例》。其中，“将职务科技成果转让、许可给他人实施的，从该项科技成果转让净收入或者许可净收入中提取不低于百分之七十的比例”等规定，既有利于促进科技成果转化，更体现了强化知识价值、完善收入分配政策的鲜明导向。一个地方的改革，折射出整个国家在收入分配制度改革领域的进步。

一个社会如何分配，是经济发展的重要问题。“坚持按劳分配为主体、多种分配方式并存”，社会主义分配制度既有利于鼓励先进、提升效率、最大限度地激发活力，又有利于防止两极分化，逐步实现共同富裕，使人民群众共享改革发展的成果。正因如此，党的十九届四中全会把“坚持按劳分配为主体、多种分配方式并存”作为社会主义基本经济制度的重要内容，既强调“坚持多劳多得，着重保护劳动所得”，又坚持“健全劳动、资本、土地、知识、技术、管理、数据等生产要素由市场评价贡献、按贡献决定报酬的机制”，更要求“合理调节城乡、区域、不同群体间的分配关系”。这对进一步完善我国的分配制度、激发社会活力、促进公平公正具有十分重要的意义。

劳动是一切财富的源泉，幸福都是干出来的。党的十九届四中全会着重强调“增加劳动者特别是一线劳动者的劳动报酬，提高劳动报酬在初次分配中的比重”。随着我国人口红利逐步向人才红利转变，劳动力供过于求所导致的劳动要素价格偏低的情况已在扭转；同时，诸如“强化工资收入支付保障制度”“提升最低工资标准”等制度保障都为提高劳动报酬在初次分配中的比重奠定了重要基础，有利于人们更多、更公平地分享经济社会发展成果。

同时，分配制度改革还要发挥激励效应，让一切劳动、知识、技术、管理、资本的活力竞相迸发，让一切创造社会财富的源泉充分涌流。无论是各地在国企混合所有制改革过程中推行员工持股，还是企业重奖“大国工匠”，抑或是设立科创板、改革资本市场，推动科技与资本更好地结合起来，都是为了强化以增加知识价值为导向的收入分配政策，充分尊重科研、技术、管理人才，最大程度地推动生产力发展。随着互联网的发展，将数据作为关键生产要素的数字经济正在成为新经济形态，数据对提高生产效率的乘数作用日益凸显，成为最具时代特征新生产要素的重要变化。党的十九届四中全会首次增列“数据”作为生产要素，正是与时俱进完善分配制度的生动体现。

当然，如果说初次分配要注重效率，再分配就要更加注重公平。我们需要坚持共同富裕的方向不动摇。如何避免个体在收入差距、财产差距上越拉越大？如何合理调节城乡、区域、不同群体间的分配关系？这都离不开“健全以税收、社会保障、转移支付等为主要手段的再分配调节机制”，也需要“强化税收调节，完善直接税制度并逐步提高其比重”。自2018年个税改革后，2019年我国前9个月累计减税已达4 400多亿元，惠及2.5亿纳税人，减低税负、增加收入、扩大消费的作用明显。可以预期，未来将继续增加低收入者的收入，扩大中等收入群体，调节过高收入，用公平促进社会和谐稳定，推动经济可持续发展。

让分配制度兼顾效率与公平，不仅能有力拉动内需，本身也有助于用制度解决发展不平衡、不充分的问题。相信通过不断完善我国的分配制度，既激励每个人都发挥其聪明才智，又朝着共同富裕的方向不断迈进，就能有效推动收入分配更合理、更有序，促进经济高质量发展。

资料来源　何鼎鼎．用公平促进可持续发展［EB/OL］．［2019-12-09］．http：//opinion.people.com.cn/n1/2019/1209/c1003-31495586.html.

本章小结

社会主义生产关系的产生是由生产关系一定要适合生产力性质的规律决定的，是资本主义基本矛盾发展的必然结果。社会主义生产关系的实质是以生产资料公有制和按劳分配为基础，消灭剥削，消除两极分化，实现共同富裕。公有制是社会主义生产关系的本质体现，共同富裕是社会主义经济制度的最终实现目标。在社会主义经济制度中，剩余产品由劳动者共同占有，并为社会的全面进步和人的全面发展提供物质条件。

以公有制为主体、多种所有制经济共同发展是社会主义初级阶段的基本经济制度。生产力发展水平和社会主义生产关系的性质是建立这一基本经济制度的客观依据。坚持和完善社会主义基本经济制度，必须毫不动摇地巩固和发展公有制经济，必须毫不动摇地鼓励、支持和引导非公有制经济发展，必须全面认识公有制经济的含义，探索公有制经济的多种实现形式。

以按劳分配为主体、多种分配方式并存是社会主义初级阶段的个人收入分配制度。这一分配制度与社会主义初级阶段的所有制结构及社会主义市场经济体制的特点相适应，是由社会主义初级阶段的经济条件决定的，它对社会生产力具有巨大的促进和推动作用。在社会主义市场经济条件下，按劳分配具有新的特点。必须确立劳动、资本、技术和管理等生产要素按贡献参与分配的原则，调整和规范国家、企业和个人的分配关系。坚持效率优先、兼顾公平，正确处理好个人收入分配中提倡奉献精神与落实分配政策的关系、反对平均主义与防止收入悬殊的关系、初次分配注重效率与再分配注重公平的关系。

课后练习

▲ 简答题

1.为什么说公有制是社会主义生产关系的本质体现？

2.为什么说以公有制为主体、多种所有制经济共同发展是社会主义初级阶段的基本经济制度？

3.公有制的主体地位主要体现在哪些方面？

4.怎样全面认识公有制经济的含义及其实现形式？

5.为什么坚持和完善社会主义基本经济制度，必须毫不动摇地巩固和发展公有制经济，必须毫不动摇地鼓励、支持和引导非公有制经济发展？

6.在社会主义市场经济条件下，按劳分配有哪些特点？

7.为什么要把按劳分配与按生产要素分配结合起来？

8.如何理解效率优先、兼顾公平的原则？

▲ 材料分析题

材料一：

民营经济在过去40年中取得了从“0”到“56789”的伟大成就：

（1）民营企业税收贡献超50%，民营企业是政府税收和国家财力的最大贡献者。

1985年，在全国工商税收中，全民所有制占比71.7%，集体所有制占比24.1%，个体经济仅占3.0%；2019年1—7月，民营企业税收占比56.9%。

（2）民间投资占比超60%，制造业投资中占比超85%，民营企业是投资的最大推动力。1980年，在全社会固定资产投资中，国有经济占比81.9%，集体经济占比5.0%，个体经济占比13.1%。2019年1—7月，民间固定资产投资占比60.3%，在制造业投资中占比更达到85%以上。

（3）民营企业发明专利占比超75%，民营企业是中国科技创新的主力军。2000—2017年，中国规模以上工业企业专利申请数、发明专利申请数和有效发明专利数分别由2.62、0.80和1.53万件快速上升至81.70、32.06和93.40万件。2017年，民营企业专利申请数占比77.8%，发明专利申请数占比77.4%，有效发明专利数占比75.8%。

（4）民营企业就业存量占比近80%，增量占比超100%，民营企业是城镇就业的最大保障。1978年城镇就业人数为9 514万人，其中国有单位和城镇集体单位分别为7 451万人和2 048万人，而个体经济仅有15万人，占比0.16%。2017年城镇就业人数达42 462万人，全部民营企业占比近80%，增量占比更是超过100%。

（5）民营企业数量占比超95%，民营企业是中国经济微观基础的最大主体。1978年，全国个体工商户只有15万户，没有私营企业；2017年，个体工商户增长至6 579.37万户，私营企业增长至2 726.28万户。2017年，全国企业法人单位数为1 809.77万个，民营控股企业占比97.0%。

材料二：

中共十八大报告明确指出，毫不动摇地鼓励、支持和引导非公有制经济发展，保证各种所有制经济依法平等使用生产要素，公平参与市场竞争，同等受到法律保护，这将有利于促进非公有制经济健康发展。

材料三：

中共十九大报告进一步指出，毫不动摇鼓励、支持、引导非公有制经济发展，使市场在资源配置中起决定性作用，更好发挥政府作用，推动新型工业化、信息化、城镇化、农业现代化同步发展，主动参与和推动经济全球化进程，发展更高层次的开放型经济，不断壮大我国经济实力和综合国力。

结合材料请回答：

（1）改革开放以来，我国所有制结构发生了哪些变化？

（2）为什么必须毫不动摇鼓励、支持和引导非公有制经济发展？

（3）如何鼓励、支持和引导非公有制经济发展？

第六章

社会主义市场经济体制和经济运行

学习目标

通过本章的学习，学生应了解社会主义市场经济体制的基本含义和基本框架；掌握市场机制在市场经济中的作用；了解各类市场的发育与运行方式；掌握以公有制为主体的现代企业制度是社会主义市场经济体制的基础；理解社会主义市场经济条件下宏观调控的必要性，明确政府进行宏观调控的目标、内容和手段；掌握社会保障体系的内容和功能。

案例导入　以制度型开放推进建设更高水平开放型经济新体制

习近平总书记在出席第二届中国国际进口博览会开幕式并发表主旨演讲时指出，“站在新的历史起点，中国开放的大门只会越开越大”，并强调“中国将继续针对制约经济发展的突出矛盾，在关键环节和重要领域加快改革步伐，以国家治理体系和治理能力现代化为高水平开放、高质量发展提供制度保障”。2019年11月19日发布的《中共中央国务院关于推进贸易高质量发展的指导意见》也明确要求，加快推动由商品和要素流动型开放向规则等制度型开放转变，建设更高水平开放型经济新体制。

制度型开放是推动全方位对外开放的重要内容，是建设更高水平开放型经济新体制的重要举措，更是推动贸易高质量发展的必然选择。改革开放40多年来，中国在货物贸易领域取得了瞩目成就。加入世界贸易组织（WTO）以来，中国秉持开放合作、开放共享的理念，不断降低进口关税水平，开放国内市场，不仅有力促进了商品和要素在国际国内两个市场的有序自由流动，优化了资源配置，也为世界经济增长扩大了空间。当前，随着我国经济发展水平的不断提高，经济由高速增长阶段转向高质量发展阶段，对外开放也相应需要向更高水平、更高层次迈进。推进制度型开放，旨在建立一个以公平、透明、规范等为根本特征的现代开放市场经济体制，是建设更高水平开放型经济新体制的重要支撑，也是国家治理体系和治理能力现代化在对外开放领域的具体体现。

推进制度型开放，建设良好的营商环境，保持国内外市场主体监管的一致性，为建设更高水平开放型经济新体制奠定制度基础。2013年上海自由贸易试验区设立之时，我国试点实行外商投资准入负面清单管理制度。随后又逐渐缩减自贸试验区外商投资准入负面清单的内容，并将负面清单管理制度逐步推广适用于自由贸易试验区以外的外商投资企业。在2020年1月1日实施的《中华人民共和国外商投资法》中，也明确规定了外商投资准入前国民待遇加负面清单管理制度。这些举措遵循国际通行规则保护市场主体、维护有序市场环境，有利于建立规范、高效和便利的政务服务体系及公开、透明、以法治为保障的监管执法体系，进而优化营商环境。2017年世界贸易组织《贸易便利化协定》正式生效后，中国通过一系列改革措施不断优化口岸营商环境。根据世界银行《营商环境报告2020》评估，近年来中国跨境贸易指标在190个世界经济体中的排名持续上升。中国通过实施"单一窗口"、增加透明度等措施，不断降低进出口贸易的成本，通过实施"提前申报"、完善口岸基础设施、优化海关监管和公开收费项目等改革，大幅提升了跨境贸易的便利化水平。

推进制度型开放，立足中国对外开放的具体实践进行自主的制度创新。在经济转型升级、实现高质量发展过程中，对外开放也必然会面临新形势、新挑战。各国的发展必须结合自身的基本国情，因此，推进制度型开放，在参照国际经验、国际标准的基础上，也需要基于国情特点和实践经验，通过自主、自觉的制度创新，形成高标准、高水平的制度规则，提升制度型开放的有效性与针对性。比如，基于我国保税区、出口加工区、综合保税区等海关特殊监管区域发展实践建立的，旨在实施更大范围、更宽领域、更深层次开放的18个自由贸易试验区，是当前我国对外开放的新高地，其建设的总体要求包括对标国际规则，以制度创新为核心，形成更多具有国际竞争力的、可复制可推广的制度创新成果，在更广领域和更高层次探索全面深化改革、扩大开放的新路径、新模式，这也是制度型开放应遵循的基本路径。创新是引领高质量发展的第一动力，制度型开放也要以制度创新为动力，构建符合中国高水平开放型经济发展需要的、与国际通行规则相衔接的制度体系，为建设更高水平开放型经济新体制积累创新经验并提供有效的制度支撑。

推进制度型开放，要以积极有为的行动参与国际经济贸易领域相关规则的制定，在全球经济治理中提供中国经验、提出中国方案、贡献中国智慧。更高水平的开放型经济新体制，不能仅着眼于商品和要素的跨境流动，互联网、物联网、大数据、区块链等新技术与传统领域结合所产生的新领域、新模式和新业态，也为开放型经济发展带来了新的机遇和挑战，这是世界各国面临的共同机遇。经济全球化的发展历程表明，一个以规则为基础的开放、共享的国际制度体系，对促进世界经济有序发展具有重要意义。以互联网、大数据和人工智能为技术支持的数字贸易的快速发展，相应地要求企业及时提升贸易数字化和智能化的管理水平，也要求政府能够不断提高外贸综合服务的数字化水平。因此，中国应积极参与全球数字经济和数字贸易规则的制定，并加强基于技术创新的知识产权保护国际合作，推动建立各方普遍接受、具有国际适用性的国际规则与制度体系。这方面中国已经有了积极的进展，比如，在世界海关组织框架下，各成员方基于中国经验和跨境电子商务的国际化属性，共同探讨形成了世界第一个《世界海关组织跨境电商标准框架》，为今后进一步补充相关技术规则和实施经验奠定了制度基础。

推进制度型开放，需要秉持合作共享、互利共赢的原则，为更高水平开放型经济体制建设拓展新空间。中国积极参与多边和区域、次区域合作，积极参与多边贸易规则谈判，维护多边贸易体制的权威性和有效性，维护以规则为基础的，以开放、包容、透明、非歧视性等为核心价值和基本原则的国际规则体系，积极为促进形成多边和区域、次区域合作机制贡献中国方案，积极促进区域有序发展，这也能够为中国更高水平开放型经济体制建设创造有利的外部环境。为此，需要加快高标准自由贸易区建设，形成立足周边、辐射"一带一路"、面向全球的高标准自由贸易区网络。中国目前已与20多个欧洲、亚洲及美洲、非洲经济体签署了自由贸易协定，在不断扩大自由贸易区网络覆盖范围的同时，积极推进已生效自贸协定的升级谈判或第二阶段谈判，进一步提高开放水平、扩大市场准入、提高自由贸易区规则标准。自由贸易区谈判即是缔约各方就贸易、投资等相关规则进行协商、协调、升级和创新的过程，自由贸易区的经济体量越大，其对全球规则治理的影响也越大。特别是在全球价值链中，中间品早已超越最终制成品成为国际贸易中的主要商品，这一贸易发展趋势对规则的兼容性和协调性提出了更高要求，同时也要求贸易便利化举措由传统的削减贸易壁垒升级为协调各国的国内规则标准。因此，多方参与的自由贸易区，能够通过自贸协定规则协调来降低交易成本、促进区域内价值链的分工深化和产业链转移、提升区域内企业的效率水平。高标准的自由贸易区是在更大范围、更深层次上的规则协调与创新，不仅提高了中国的对外开放水平、拓展了开放空间，也有利于缔约伙伴方优化资源配置、更好利用中国市场来提升其发展动能。此外，规则治理是共建"一带一路"的制度基础，这包括交通、通信、能源等基础设施标准与规则的协商与兼容，以及贸易和投资等经贸领域规则的对接与协调，中国可以基于自身的成功发展实践，在共建"一带一路"过程中与各相关国家一起优化制度环境、提升规则标准、推进建立合作共赢的对外开放体系。

资料来源　李海莲. 以制度型开放推进建设更高水平开放型经济新体制 [N]. 光明日报，2019-12-24.

第一节　社会主义市场经济体制

一、社会主义市场经济体制的确立

建立社会主义市场经济体制是理论创新的结果，更是实践发展的必然。长期以来，我们把市场经济等同于资本主义，把计划经济等同于社会主义，建立的是高度统一的计划经济体制。应该说，这样的经济体制在生产力发展水平较低、科技不太发达、经济结构比较简单、经济发展目标比较单一的情况下，曾经起过积极作用，但由于它的主要特点是以单一的公有制为基础，实行高度集中的、以行政指令为主的、排斥市场机制的经济体制，因此从总体上来说，它并不适应作为人类社会发展必经阶段的商品经济的要求，不适应我国社会主义初级阶段社会生产力发展的要求。在实践中，它的弊端也越来越显露出来。传统计划经济体制的主要弊端是：政企职责不分，条块分割，国家对企业统得过多、过死，忽视商品生产、价值规律和市场的作用，分配中平均主义严重。因此，很有必要对这种高度集中的计划经济体制进行改革。

我国对计划经济体制进行改革，最终确立社会主义市场经济体制，是随着人们认识的转变和实践的发展而不断深化的，它经历了一个长期的艰苦探索过程。

1978年12月，中共十一届三中全会提出，为实现社会主义现代化建设的任务，必须对经济管理体制进行改革。在此基础上，1982年9月，中共十二大明确提出"正确贯彻计划经济为主、市场调节为辅"的原则，认为这是经济改革中的一个根本性问题。"计划经济为主，市场调节为辅"这个提法实际上是1979—1984年期间中国经济体制改革实践的主导思想。它与原来把社会主义经济等同于完全的指令性计划经济的观念相比，无疑是一个历史性飞跃。它明确提出社会主义经济必须利用市场机制，说明我们终于开始破除把市场与社会主义对立起来的观念，这对于当时的经济体制改革具有重要的指导意义。

1984年10月20日，中共十二届三中全会通过了《中共中央关于经济体制改革的决定》，提出社会主义经济不是传统的高度集中统一的计划经济，而是建立在公有制基础上有计划的商品经济，从而明确提出了社会主义有计划商品经济的理论。这一理论突破了把社会主义和商品经济对立起来的传统观念，突破了把指令性计划当作社会主义计划经济根本特征的传统观念，同时又是我国社会主义市场问题认识上的一次重大突破，为全面改革提供了理论依据。在这一理论的指导下，从1985年开始，我国经济体制改革全面展开，大量农副产品和消费品价格由市场调节，工业生产资料实行了计划内和计划外市场价两种价格的"双轨制"，市场机制开始在国民经济中发挥重要的调节作用。

1987年10月召开的中共十三大，再次肯定了社会主义经济是有计划的商品经济，并指出"社会主义有计划商品经济的体制，应该是计划和市场内在统一的体制"。其中，"计划和市场的作用范围都是覆盖全社会的"。这种新的经济运行机制，总的来说，应当是"国家调节市场，市场引导企业"的机制，要加快建立和培育社会主义市场体系。在对计划与市场、社会主义与市场经济关系的认识和实践的发展史上，十三大确立的提法是对有计划商品经济理论的一次重大发展，它明确提出社会主义商品经济与资本主义商品经济的区别不在于市场与计划的多少，而在于所有制的不同。

1988年，经济生活中出现了失控和混乱现象，国家不得不对此进行治理整顿。1989年，国内又发生了一场严重的政治风波，有些人在计划与市场关系问题的认识上出现了怀疑和反复。针对这种情况，1989年6月9日，邓小平同志明确指出："我们要继续坚持计划经济与市场调节相结合，这个不能改。"在这一时期，为了实现经济和政治的稳定，政府加强了对经济的行政控制，直接计划调节的作用有所加强，对于市场作用的认识有所降低。

1992年春天，邓小平发表南方谈话，就中国社会主义一系列重大问题进行了深刻阐述，其中最重要的内容之一就是关于社会主义与市场经济的关系问题。他指出："计划多一点还是市场多一点，不是社会主义与资本主义的本质区别。计划经济不等于社会主义，资本主义也有计划；市场经济不等于资本主义，社会主义也有市场。计划和市场都是经济手段。"①以邓小平同志南方谈话作为标志，我国的改革开放进入了一个新时期。

1992年10月12日，江泽民代表党中央作十四大报告，第一次在党的正式文件中对于建立社会主义市场经济体制作出系统的阐述。十四大报告指出，我国经济体制改革确定什么样的目标模式，是关系整个社会主义建设全局的重大问题。这个问题的核心是正确认识和处理计划与市场的关系。他明确提出将我国经济体制改革的目标确立为建立社会主义市场经济体制。中国建立社会主义市场经济体制，发展市场经济，具有重大而深远的意义。

1993年11月，中共十四届三中全会通过的《中共中央关于建立社会主义市场经济体制若干问题的决定》进一步明确了建立社会主义市场经济体制的基本框架，其基本内容是：建立现代企业制度，培育和发展市场体系，建立健全宏观调控体系，建立合理的个人收入分配和社会保障制度。经过20世纪90年代的不断深化改革和建设，20世纪末我国已初步建立起社会主义市场经济体制。

2003年中共十六届三中全会作出的《中共中央关于完善社会主义市场经济体制若干问题的决定》，根据实践发展的要求，对进一步完善社会主义市场经济体制提出了明确的目标和任务。

2007年中共十七大根据新的历史时期要实现的经济发展目标，提出了完善社会主义市场经济要取得重大进展，要从制度上更好地发挥市场对资源配置的基础作用，形成有利于科学发展的宏观调控体系，加快形成统一开放、竞争有序的现代市场体系。

2013年中共十八届三中全会公报指出，全面深化改革的总目标是完善和发展中国特色社会主义制度，推进国家治理体系和治理能力现代化。到2020年，在重要领域和关键环节改革上取得决定性成果，形成系统完备、科学规范、运行有效的制度体系，使各方面制度更加成熟、更加定型。

2019年中央经济工作会议指出，要坚持稳中求进，保持经济运行在合理区间；扭住新发展理念，在深化供给侧结构性改革上持续用力；以创新驱动和改革开放提高经济竞争力。

二、社会主义市场经济的基本特征

1.市场经济及其发展阶段

市场经济是以市场作为配置社会经济资源主要方式的经济。市场经济是资本主义生

① 邓小平．邓小平文选：第3卷［M］．北京：人民出版社，1993：873.

产方式确立后的产物。在资本主义社会以前，社会生产中居主要地位的是自然经济，商品经济只是居于次要地位，在这样的社会发展阶段，作为社会经济资源配置主要方式的市场经济是不可能形成的。随着资本主义生产方式的确立，商品生产在社会生产中占据了主要地位，价值规律的作用涵盖了整个社会经济活动的主要部分，而作为价值规律表现形式的市场机制就成为社会经济资源配置的主要方式。

从总体上说，资本主义市场经济经历了两个大的历史阶段：第一个阶段是古典的市场经济，从18世纪下半叶开始到20世纪30年代大危机，主要特点是自由放任，主张在国内外实行自由贸易政策，并反对国家对经济生活的干预，理论依据是亚当·斯密的“看不见的手”的理论。第二个阶段是现代市场经济，从20世纪30年代开始到现在，特点是反对自由放任的政策，主张实行有国家干预的政策（包括财政政策和货币政策），理论依据是凯恩斯的经济理论。

2.社会主义市场经济内涵

社会主义市场经济就是在社会主义国家宏观调控下，市场对资源配置发挥决定作用的经济，是与社会主义基本经济制度相结合的市场经济。我国社会主义市场经济这一概念主要包括以下相互联系的三个方面内容：第一，以市场作为配置社会经济资源的主要方式。第二，它是现代的市场经济，即有国家干预的市场经济，在国家重点工程、关系国计民生的重大发展项目上都体现较强的国家干预性。第三，与社会主义初级阶段的基本制度相结合。

3.社会主义市场经济基本特征

社会主义市场经济除了具备市场经济的一般特征之外，由于它与社会主义基本制度相结合，所以又具有社会主义的特征。了解社会主义市场经济的基本特征，必须把握两个基本的方面：第一，社会主义市场经济是一种市场经济，它必须体现市场经济的一般性；第二，这种市场经济是在社会主义条件下进行的，社会主义经济制度的本质规定必然要对市场经济的形成、发展产生影响。因此，后者必然会体现中国社会主义生产关系的特色和国情特点的特殊性。

（1）社会主义市场经济的一般性，也就是市场经济的世界通则或国际规范。这种通则与规范在运行方面，同现在西方实行的市场经济并不存在根本的差别。

根据世界市场经济特别是几百年来西方市场经济发展的实践，从运行方面看，可以概括为以下几个方面：

第一，自主性。市场的主体是企业，而且必须是自主经营、自负盈亏、自我约束、自我发展的商品生产者和经营者，按照市场的价格信号，自主地作出经营决策。企业成为独立的法人实体是市场经济运行的前提。

第二，开放性。市场经济冲破了地区之间、国家之间的限制，使不同地区和国家联系日益紧密，形成一个统一开放的大市场。市场要向所有的商品生产者、经营者开放，向外地开放，向国外开放，开放是由分工和协作决定的，经营者要根据市场信号作出适时调整，取得经济效益。

第三，平等性。平等有三重意思：一是参与商品交换活动的当事人都是平等的，只凭商品交换，没有任何特权；二是商品的价格由市场决定，没有强制价格，按质论价，一律平等；三是买卖双方平等，平等协商，自愿成交。

第四，竞争性。市场是竞争的舞台，没有竞争就没有市场。有竞争才有企业的活力，有了竞争才能提高质量、降低成本。

第五，经济活动分化、组合的常变性。竞争的结果必然是优胜劣汰，企业在竞争中不断分化，又不断组合，在不断变化中优化产业结构，优化资源配置。

第六，规范性。市场经济是法制经济，市场中的一切经济行为都应该是有序的。这种有序是以法律法规为基础的。

（2）社会主义市场经济的特殊性。与资本主义市场经济相比较，我国社会主义市场经济又有其特殊性，表现在：①在所有制结构上，以公有制为主体、多种所有制经济共同发展，一切符合“三个有利于”的所有制形式都可以为社会主义服务。在公有制经济为主体的前提下，公有制企业与其他非公有制企业在市场上平等竞争，共同发展，推动社会主义经济的发展和繁荣。②在分配制度上，我国以按劳分配为主体、多种分配方式并存，运用市场在内的各种调节手段，兼顾效率与公平，既合理拉开收入差距又防止两极分化。注重社会公平，形成合理收入分配格局，逐步实现共同富裕。③在宏观调控上，能够从最广大人民的根本利益出发，把局部利益和整体利益、当前利益和长远利益有机结合，制定经济计划和各项经济政策，运用各种经济杠杆，使宏观调控更有力、更有效，更好地发挥计划和市场两种手段的长处，促进市场经济健康发展。

三、社会主义市场经济体制的基本框架

社会主义市场经济体制既要体现市场经济的一般要求，又要体现社会主义基本经济制度的特殊要求；既要吸收世界上一切有益经验、博采众长，又不能照搬某个国家或某几个国家的模式。我国是发展中的社会主义大国，必须从本国国情出发，认真研究我国市场经济的特点，探索发展中国特色社会主义市场经济道路，从而建立起社会主义市场经济的基本框架。

这些框架从总体上来说应该包括一个基石、五个支柱。以公有制为主体、多种所有制经济共同发展，是社会主义初级阶段的基本经济制度。以此为基石，由以公司制为主要组织形式的现代企业制度，商品市场和要素市场共同发展的、价格机制合理的、全国统一的、平等竞争充分展开的市场体系，以间接调控为主的、健全的宏观经济调控体系，以按劳分配为主并与按生产要素分配相结合的分配制度，以及多层次的、多形式的社会保障体系这样五个主要支柱构成。这一个基石和五个支柱共同构成社会主义市场经济的大厦。

社会主义市场经济体制的基本框架的这些内容是相互联系和相互制约的有机整体，必须配套改革，整体推进。社会主义市场经济的建立与完善是一个涉及经济、社会、政治各个领域、各个方面和社会各阶层利益的系统工程，是一项长期、复杂、艰巨的任务。

四、完善社会主义市场经济体制的主要目标和任务

完善社会主义市场经济体制的主要目标是：按照统筹城乡发展、统筹区域发展、统筹经济社会发展、统筹人与自然和谐发展、统筹国内发展和对外开放的要求，更大程度地发挥市场在资源配置中的决定性作用和更好地发挥政府作用，增强企业活力和竞争力，健全国家宏观调控，完善政府社会管理和公共服务职能，为全面建成小康社会提供强有力的体制保障。完善社会主义市场经济体制的主要任务是：完善公有制为主体、多种所有制经济共同发展的基本经济制度，建立有利于逐步改变城乡二元经济结构的体制，形成促进区域经济协调发展的机制，建设统一开放、竞争有序的现代市场体系，完善宏观调控体系、行政管理体制和经济法律制度，健全就业、收入分配和社会保障制度，建立促进经济社会可持续发展的机制。

拓展阅读6-1

让市场经济体制更加完善

党的十九届四中全会明确提出，建设高标准市场体系，并对从广度和深度上推进社会主义市场经济改革作出重要部署，为的就是给市场主体创造更大发展空间，让规则更趋完善，营造公平、开放、透明的市场环境，进而实现市场准入畅通、市场开放有序、市场竞争充分、市场秩序规范。

为进一步降低企业制度性交易成本，天津在全市范围内开展“证照分离”改革全覆盖试点工作；浙江以“最多跑一次”改革为牵引，基本实现开办企业全流程“一件事一日结”目标；宁夏以“数字政府”建设为引领，将开办企业时间压缩至3个工作日以内……各地政府不断出台的改革举措，既推动全面深化改革走深走实，更推动着社会主义市场经济体制更加完善。

党的十九届四中全会对社会主义基本经济制度作出了新概括，一个重要方面就是把“社会主义市场经济体制”作为社会主义基本经济制度的重要内容。我们坚持社会主义基本经济制度，就要加快完善社会主义市场经济体制，充分发挥市场在资源配置中的决定性作用，更好发挥政府作用，全面贯彻新发展理念，坚持以供给侧结构性改革为主线，加快建设现代化经济体系。

中国经济持续高速增长，很大程度上是因为我们把社会主义基本制度和市场经济有机结合起来，形成了社会主义市场经济体制。正是因为我们善于发挥社会主义制度优势，通过集中力量办大事在航天、高铁、大飞机等领域实现突破，同时构建起中国经济的宏观调控体系，确保中国经济不出现大的起伏而能够持续平稳增长。正是因为我们更加注重发挥市场经济的作用，充分调动广大企业家进行创新创造，充分发挥每个人的聪明才智，中国在移动支付、电子商务、5G通信等领域弯道超车。

社会主义市场经济体制是在实践摸索中不断形成并发展的。改革开放以来，从把民营经济当成一种“必要的有益的补充”，到提出“在公有制基础上的有计划的商品经济”，再到明确提出建立“社会主义市场经济体制”，我们的认识不断深化。党的十八届

三中全会把市场在资源配置中的“基础性作用”修改为“决定性作用”，就是为了更好发挥“无形之手”的力量，让一切劳动、知识、技术、管理、资本等要素的活力竞相迸发，让一切创造社会财富的源泉充分涌流。

社会主义市场经济是一个有机整体，习近平总书记深刻指出，要讲辩证法、两点论，“看不见的手”和“看得见的手”都要用好。今天，经济体制改革的核心问题仍然是处理好政府和市场关系，党的十九届四中全会要求，厘清政府和市场、政府和社会关系，深入推进简政放权、放管结合、优化服务，深化行政审批制度改革，改善营商环境，就是要加快转变政府职能，该放给市场和社会的权一定要放足、放到位，该政府管的事一定要管好、管到位。更好发挥政府作用，要在保证市场发挥决定性作用的同时，管好那些市场管不了或管不好的事情，激发各类市场主体活力。

完善社会主义市场经济体制，既让市场在资源配置中起决定性作用，又更好发挥政府作用，我们就能更好激发广大人民群众的创造性、解放和发展社会生产力、增强社会发展活力，推动中国经济发展迈向更高境界。

资料来源　佚名. 让市场经济体制更加完善［N］. 人民日报，2019-12-10.

第二节　社会主义市场经济的微观基础

一、企业的一般特征及国有企业在国民经济中的地位和作用

1.企业的一般特征

企业是从事商品或劳务的生产或流通，满足社会需要并获取盈利，自主经营、自负盈亏，具有法人资格的基本经济组织，是国民经济的基本经济单位。现代典型意义上的企业是在商品经济发展到一定阶段，尤其是资本主义机器大工业产生以后才出现的。其主要特征包括：

（1）它是从事经济活动的组织。企业是从事商品生产、服务和流通的组织，每个企业可以从事商品生产和经营中的某个方面的活动，也可以同时从事几个方面的活动。但是，只有从事商品生产和经营的单位，才能称为企业，各种社会政治组织、行政单位都不是企业。

（2）它是以实现一定的经济利益为目的的营利性组织。任何企业的所有者投资兴办企业的动机和目的，都是实现价值增值即盈利，追求价值增值是企业的基本功能，也是它的显著特征。任何经济组织只要它以营利为目的，就是企业，不管它是自然人组织还是个体所有、合伙所有、公共所有；反之，则不是企业。

（3）它是一个经济实体。企业是由有形资产和无形资产构成的一个对象性价值实体。这个价值实体就是我们所说的“企业资产”，其表现形式既包括机器、厂房、设备、原材料、库存产品等有形资产，也包括品牌、商标、专利和声誉等无形资产。

（4）它在法律面前具有法人地位。企业法人一般称为法人实体，必须具备以下条件：①依法成立；②拥有法定的资金、资产或经费；③有自己的名称、组织机构和场

所；④拥有法人财产权；⑤能独立行使民事权利和承担民事责任。

2.国有企业在国民经济中的地位和作用

国有企业作为我国社会主义市场经济的重要组成部分，在整个国民经济中发挥主导作用：①社会主义企业是社会主义生产关系得以巩固和发展的基础，尤其是国有大中型企业，拥有雄厚的经济实力和先进的技术，掌握着能源、金融、交通、通信等国民经济命脉，对整个国民经济的发展起着支柱作用，决定我国社会主义市场经济的发展方向。②为政府分忧、为社会担责是国有企业的重要属性，国有企业是维护社会稳定的坚强力量。国有企业承担着绝大部分的改革成本，在向国家交纳利税、解决劳动就业和赡养离退休人员等方面都作出了巨大的贡献，为社会稳定发挥了极为重要的作用，保证了改革开放的顺利进行。③提高国民经济素质和质量。国有企业技术装备水平高，具有规模经济效应，分布于国民经济重要产业和关键领域，能够率先实现集约化、集团化和跨国经营，以产业规模和素质优势成为我国现代化建设的领头雁。④维护市场经济秩序，促进社会和谐。国有企业遵守法纪，认真履行社会责任，在维护职工权益、社会救助、节约资源、保护环境等方面作表率，在促进科学发展、和谐发展中具有示范和引导作用。⑤实行按劳分配，促进社会公平。马克思主义告诉我们，分配形式是由所有制形式决定的。公有制经济是实行按劳分配的基础，是消除两极分化、实现共同富裕的基础。当然，在公有制经济特别是国有企业内部更要贯彻落实按劳分配原则，完善收入分配制度，防止员工之间收入差距悬殊。

二、构建以现代产权制度为基础的现代企业制度

（1）国有企业改革是整个经济体制改革的中心环节。这是因为：一方面，国有企业改革涉及整个经济体制改革深层次的问题，要使国有企业既适应市场经济的需要，又不改变公有制经济的本质，没有任何经验可以借鉴，需要在实践中不断探索，因而难度很大；另一方面，国有企业在国民经济中占有十分重要的地位，因而国有企业能不能通过改革焕发生机和活力，关系到经济体制改革能不能取得实质性的进展，关系到社会主义市场经济体制能不能真正地建立起来。

中共十一届三中全会提出改革我国经济管理体制的任务之后，国有企业改革就始终作为整个经济体制改革的重点和中心环节逐步展开，并不断深入，取得了令世人瞩目的成就。从扩大企业经营自主权试点到建立现代企业制度，其间经历了利润留成、经济责任制、两步利改税和承包经营等诸多阶段。中共十四大确定了我国经济体制改革的最终目标是建立社会主义市场经济体制之后，国有企业改革就进入了以建立现代企业制度为主要内容的制度创新阶段。十六大报告也对进一步深化国有资产管理体制改革作出总体部署，提出要建立中央政府和地方政府分别代表国家履行出资人职责，享有所有者权益，权利、义务和责任相统一，管资产和管人、管事相结合的国有资产管理体制。推进国有资产管理体制改革和国有经济布局战略性调整，是国有企业改革进程中非常关键的一步，标志着改革开始朝着更高的层次迈进。

（2）建立现代企业制度是国有企业的改革方向。所谓现代企业制度，并非指存在

于现代社会的一切企业制度，而是指以法人制度为基础的、出资者和企业法人承担有限责任的、实行法人治理结构的公司制的企业制度。公司制是现代企业制度的基本形式。

现代企业制度的基本特征是产权清晰、权责明确、政企分开、管理科学。产权清晰包括两个层面：一是出资者的所有权要清晰；二是企业法人的财产权要清晰。所谓出资者的所有权要清晰，就是企业要有明确的投资者，即出资人。这种出资人可以是自然人，也可以是法人。按照我国《公司法》的规定，有限责任公司必须有50个以下股东出资设立；设立股份有限公司，应当有2人以上200人以下为发起人，其中须有半数以上的发起人在中国境内有住所；国有独资公司作为一种特殊形式的有限责任公司，出资人只有1个，即国家，它是由国务院或者地方人民政府授权本级人民政府国有资产监督管理机构履行出资人职责的有限责任公司。

（3）建立健全现代产权制度是构建现代企业制度的重要基础。

第一，建立健全现代产权制度有利于坚持和完善基本经济制度，促进多种所有制经济在市场竞争中发挥各自的优势，相互促进，共同发展。建立健全现代产权制度，有利于维护公有财产权，巩固公有制经济的主体地位；有利于保护私有财产权，促进非公有制经济发展；有利于各类资本的流动重组、交叉持股，推动混合所有制经济发展，从而真正把各种所有制经济的发展统一于社会主义现代化建设的进程中，共同造福于社会和人民。

第二，建立健全现代产权制度有利于增强企业、经营者和劳动者创业、创新和创造性劳动的积极性，促进一切劳动、知识、技术、管理和资本的活力竞相迸发。追求产权，以其产权获得更多的经济收益从而拥有更多的产权，是市场经济条件下包括企业、经营者和劳动者在内的各类市场主体创造性地开展生产经营活动的动力所在。清晰界定产权、明确权责关系和依法严格保护产权，为追求产权、实现尽可能多的经济收益提供了制度保证。建立健全现代产权制度，将有助于全面增强企业和公众的创造力，充分调动全社会各个方面的积极性，让所有要素的活力竞相迸发，让一切创造社会财富的源泉充分涌流，推动经济的持续、快速、健康发展和社会的全面进步。

第三，建立健全现代产权制度有利于规范生产经营行为，形成良好的信用基础和市场秩序。产权是信用和秩序的基础。为追求产权，就必须诚实履行信用并遵守市场秩序，从而形成了诚实守信和谨言慎行的动力；有了产权，也就有了履行信用的能力；有了产权，不守信用和违背市场秩序就会被剥夺产权，不守信用的企业也会因谁都不愿与其打交道、经营环境恶化而无法继续经营导致破产，这也就形成了履行信用和遵守秩序的压力。因此，要树立以诚信为本、操守为重的观念意识，形成全面完善的现代社会信用体系，建立良好的市场秩序，尤其是形成各市场主体在市场行为中的自律机制，就必须加快建立健全现代产权制度。

第四，建立健全现代产权制度有利于提高资本的运行效率，实现社会资本的优化配置。在健全的法制环境下，产权的获得和扩展只能在市场运动中实现，因此产权的流动、重组和融合是市场经济发展的必然现象。从微观角度看，产权的顺畅流转是企业和创业者实现经济效益、扩展产权的重要手段；从宏观角度看，产权的顺畅流转有利于资本在全社会的优化配置。改革开放以来，随着国有经济的战略调整、国有企业的战略重组，个体、私营等非公有制经济的发展，以及现代企业制度建设的推动，各种形式的产权流动蓬勃展开，市场化产权交易的程度不断提高，但仍然面临着许多体制障碍和制度缺陷，建立健全现代产权制度，将大大加快产权交易的市场化进程，从而有效提高企业效益和大幅增加社会财富。

第五，建立健全现代产权制度有利于改善企业资本组织形式，建立规范的现代企业制度。产权清晰是建立规范的现代企业制度的首要条件，只有产权归属清晰，才能有效形成有明确的资产所有者的企业法人财产权，从而使企业成为享有民事权利、承担民事责任的法人实体，企业也才能以其全部法人财产，依法自主经营、自负盈亏，对出资者承担资产保值的责任。而产权的顺畅流转，不仅有利于企业依据自身实际和市场需要灵活开展资本运营，提高企业效益，而且有利于推动各种性质的资本间的收购、兼并、相互参股，实现投资主体多元化，形成良好的企业财产组织形式和规范的法人治理结构，真正建立起适应市场经济要求的管理体制和运行机制。因此，建立健全现代产权制度，是建立现代企业制度的基础。

《中共中央关于全面深化改革若干重大问题的决定》指出，要完善产权保护制度。产权是所有制的核心。健全归属清晰、权责明确、保护严格、流转顺畅的现代产权制度。公有制经济财产权不可侵犯，非公有制经济财产权同样不可侵犯。国家保护各种所有制经济产权和合法利益，保证各种所有制经济依法平等使用生产要素、公开公平公正参与市场竞争、同等受到法律保护，依法监管各种所有制经济。

三、进一步深化国有企业改革

进入21世纪以后，国有企业改革仍然是整个经济体制改革的中心环节。只有深化国有企业改革，才能提高国有企业的活力和市场竞争力，才能发挥国有企业在发展社会主义的社会生产力、全面实现小康社会、实现工业化和现代化中的重要作用。中共十八届三中全会通过的《中共中央关于全面深化改革若干重大问题的决定》指出，推动国有企业完善现代企业制度。国有企业属于全民所有，是推进国家现代化、保障人民共同利益的重要力量。国有企业总体上已经同市场经济相融合，必须适应市场化、国际化新形势，以规范经营决策、资产保值增值、公平参与竞争、提高企业效率、增强企业活力、承担社会责任为重点，进一步深化国有企业改革。

（1）继续调整国有经济的布局和结构。对我国国有经济进行战略调整和改组，是发挥国有经济主导作用的必然要求。在社会主义市场经济条件下，国有经济在国民经济中的主导作用主要体现在控制力上。

进入21世纪，我国国有企业基本完成转制，但国有经济布局错位的不良后果也开始显现：①有限的国有资本分布过散，严重损害了现有的国有企业的竞争能力和国民经济整体利益，使我国难以形成具有国际竞争力的大型企业；企业的技术水平低下，设备和产品老化；企业领导人的行为方式出现扭曲；建立现代企业制度的改革举步维艰。②国有经济的行业分布结构与市场经济条件下国家应有的功能严重错位，在国有资本大量分布于一般加工工业的同时，许多政府必须办的事情却因为没有资金而无力去办。③国有经济的结构性矛盾不可能通过向国有企业普遍注资的办法解决，因为国有经济的巨额资金需求依靠国有企业本身的积累和国家现有的财政力量很难满足。

战略性调整和改组的目标应该是收缩战线、集中力量、保证重点。通过流动，使国有资本向关系国家安全和国民经济命脉的重要行业和关键领域集中，优化国有经济布局，增强国有经济控制力，加强国家必保的领域建设，优化国有经济的布局和结构，推进国有资产合理流动和重组，从总体上增强国有经济的竞争力，改善国有企业股本结构，发展混合所有制经济，实现投资主体和产权多元化，建立和完善现代企业制度，形成有效的公司法人治理结构，增强企业活力，发展具有较强竞争力的大公司、大企业集团。

（2）加快国有大型企业股份制公司制改革。发展社会主义社会的生产力，实现工业化和现代化，要积极推进作为国有经济主干的国有大型企业的股份制公司制改革，按照现代企业制度的要求进行规范，使其成为面向市场、自主经营、自负盈亏、有竞争力的市场主体。

《中共中央关于全面深化改革若干重大问题的决定》指出，健全协调运转、有效制衡的公司法人治理结构。建立职业经理人制度，更好地发挥企业家的作用。深化企业内部管理人员能上能下、员工能进能出、收入能增能减的制度改革。建立长效激励约束机制，强化国有企业经营投资责任追究。探索推进国有企业财务预算等重大信息公开。

国有企业要合理增加市场化选聘比例，合理确定并严格规范国有企业管理人员薪酬水平、职务待遇、职务消费、业务消费。鼓励非公有制企业参与国有企业改革，鼓励发展非公有资本控股的混合所有制企业，鼓励有条件的私营企业建立现代企业制度。

（3）推进垄断行业改革，积极引入竞争机制。垄断行业是国有经济最集中的领域，推进垄断行业改革，是深化国有企业改革一个极其重要的方面。电信、铁路、电力、供水、供气等，都属垄断行业。《中共中央关于全面深化改革若干重大问题的决定》指出，准确界定不同国有企业功能。国有资本加大对公益性企业的投入，在提供公共服务方面作出更大贡献。国有资本继续控股经营的自然垄断行业，实行以政企分开、政资分开、特许经营、政府监管为主要内容的改革，根据不同行业特点实行网运分开、放开竞争性业务，推进公共资源配置市场化，进一步破除各种形式的行政垄断。

拓展阅读6-2　2020年我国深化经济体制改革的政策重点解读

由中国国际经济交流中心举办的“2019—2020中国经济年会”12月14日在北京召开。中央财经委员会办公室副主任韩文秀以及来自国家发展和改革委员会、中国人民银行、商务部等部门的官员权威解码中央经济工作会议精神，详解2020年我国深化经济体制改革的政策重点。

2020年是全面建成小康社会和“十三五”规划收官之年。韩文秀表示，联系全面建成小康社会的进展状况来看，“十三五”规划主要指标的进度符合预期，全面建成小康社会胜利在望。特别是预计今年农村贫困人口再减少1 000万以上，贫困县摘帽340个左右；金融风险有效防控，生态环境质量总体改善，区域收入增长与经济增长基本同步，人民群众的获得感、幸福感、安全感持续提升。韩文秀也表示，全面建成小康社会是国家整体目标，各地情况千差万别，各地要根据自身实际来完成既定的全面建成小康社会目标任务。比如到2020年实现国内生产总值比2010年翻一番，这也是针对全国而言，并不要求每一个地区都要翻番。

国家发展和改革委员会副主任宁吉喆表示，保持经济运行在合理区间，确保经济总量实现量的合理增长和质的稳步提升。他说，经济运行在合理区间，不仅包括要努力实现有质量、有效益的中高速增长，还包括就业不断扩大、物价总体稳定、居民收入同步增长、生态环境逐步改善。实现2020年的预期目标，要坚持稳字当头，积极进取，坚持问题导向、目标导向、结果导向，在深化供给侧结构性改革上持续用力，促进供求的动态平衡。不仅要确保经济总量实现量的合理增长，而且要确保经济质量稳步提升。

针对推进更高水平对外开放，商务部和中国人民银行相关负责人也阐述了下一步工作的重点。

商务部副部长俞建华表示，推进更高水平开放型经济新体制建设。一是搭建开放合作新平台。二是打造开放创新新高地。更加注重制度型开放，通过制度创新，打造具有引领和示范作用的开放高地。三是形成开放环境新优势。在构建市场化、法治化、国际化营商环境上下大功夫，加快形成国际竞争新优势，进一步缩减外资准入负面清单，深化制造业和服务业开放，抓好外商投资法及配套法规实施相关工作，落实优化营商环境条例，建立同国际贸易投资通行规则相衔接的制度体系。四是开创开放共赢新局面。五是构建开放安全新体系。

中国人民银行副行长陈雨露也表示，在继续实施稳健的货币政策，保持宏观杠杆率和金融体系整体健康稳定的同时，扎实落实好已经宣布的各项开放措施，并稳步扩大资本项目可兑换，提高人民币可自由使用的程度，努力实现金融业进一步高水平对外开放，为全面建成小康社会宏伟目标的实现，更好地服务实体经济高质量发展作出应有的贡献。

资料来源　张莫. 2020年我国深化经济体制改革的政策重点解读［N］. 经济参考报，2019-12-20.

（4）深化国有资产管理体制改革，健全国有资产监管体制。这是探索国有制有效实现形式的重要方面，是深化国有企业改革，从总体上增强国有经济的活力、控制力和竞争力迫切需要解决的重大课题，也是今后深化经济体制改革的重大任务。必须对现行国有资产管理体制进行有效改革，完善国有资产管理、监督、运营机制。

十八届三中全会通过的《中共中央关于全面深化改革若干重大问题的决定》提出：“完善国有资产管理体制，以管资本为主加强国有资产监管，改革国有资本授权经营体制，组建若干国有资本运营公司，支持有条件的国有企业改组为国有资本投资公司。”从管企业到管资本的转变，可以说是国企改革的重大突破。过去的国有资产管理，主要是建立在管人、管事、管资产基础上的“管企业”模式，现在有些国有企业如军工、垄断行业、公益领域的国有企业，仍有必要采用“管企业”模式，要防止在这类企业中出现所有者不到位、内部人控制、股东权益受损、经营失控、贯彻国家意志不到位等问题。但这类企业的范围要严格界定，应是少数。更多的企业应按照管资本的方式管理。在一段时期内，也可能是管资本与管企业两种方式并存。在一个监管机构中，要保持两种不同的管理方式，对不同功能的国有企业进行分类管理，这是监管体制的创新，也是挑战。监管主体必须处理好二者关系，既要防止监管错位，也要防止管资本被扭曲。

拓展阅读6-3　深化国有资产管理体制改革创新

10月23日，十三届全国人大常委会第十四次会议审议了国务院关于2018年度国有资产管理情况的综合报告，听取审议了财政部部长刘昆受国务院委托作的关于2018年度全国行政事业性国有资产管理情况的专项报告。审议中，部分出席人员分析了目前企业国有资产监管中存在的主要问题，并提出应深化国有资产管理体制改革创新。

部分出席人员提出，应在分类监管的基础上，进一步加强各类国有资产管理的体制改革和制度创新。目前企业国有资产监管存在的主要问题有：(1) 政府监管方式由“管企业”向“管资本”转变工作力度仍需加大，过去习惯用行政手段“管企业”的思维惯性尚未彻底扭转，在把控国有资本布局、规范资本运作、提高资本回报、维护资本安全等方面的能力和措施还有欠缺，作为出资人的行权方式有待进一步转变。(2) 授权放权与加强监管关系需进一步理顺。2019年6月国务院国资委印发了2019年版授权放权清单，但实践中出资人代表机构与出资企业之间权责边界仍不够清晰，监管越位、缺位、错位的现象仍有发生；国有资本投资、运营公司改革试点尚未取得实质性突破，授权工作需进一步加强和改进。(3) 国有资产重点领域、关键环节监督力度需要加大，特别是工程建设、购销管理、资金管理、投资并购、改组改制等方面风险防控压力仍然较大，“穿透式”监管的成效还不明显，防控措施需更加精准管用。

有的出席人员认为，行政事业性国有资产管理应进一步强化和落实“大资产”的管理理念，一方面着眼于行业资产管理，探索建立行业性国有资产管理制度和体制机制，加强行业性国有资产管理发展规划和标准体系建设；另一方面着眼于全面管理，将流动资产、无形资产、在建工程连同固定资产一起纳入资产管理范畴，建立部门间的协同工作机制，提升资产的管理水平。

资料来源　徐航．深化国有资产管理体制改革创新［EB/OL］．［2019-12-11］．http: //www.npc.gov.cn/npc/c30834/201911/1c618c9832e94e8d88f87620fb7b8b44.shtml.

第三节　社会主义市场经济的运行基础

一、市场机制

1.市场的构成要素及功能

（1）市场的构成要素。市场是市场经济最基本的概念。市场作为一个经济理论范畴，包含两层含义：一是指人们进行商品流通的机构和场所；二是指一切商品和劳务交换关系的总和。市场也是一种调节机制和运行方式。

所谓市场的构成要素，是指构成市场内容并发挥各自作用的因素，主要包括：①市场主体。它是指参与商品交换的人和机构，一般包括三种：商品生产者、消费者和为买卖服务的中介。②市场客体。它是指市场主体之间交易的对象，有四种基本形态：硬件、软件、劳动力商品、资金商品。③价值与价格。④市场的供给与需求。供给是指卖者（生产者）在某一特定时期内，在某一价格水平上，愿意而且能够出卖的商品数量，包括新提供的物品和已有的存货。需求是指消费者有支付能力的购买力，即消费者在某一特定时期内，在某一价格水平上，愿意而且能够购买的商品量。市场供求关系有三种情况，与此相联系，市场也分为三种类型：供求相等时，相应的市场是均衡市场；供小于求时，相应的市场是卖方市场；供大于求时，相应的市场是买方市场。⑤市场竞争。竞争是市场主体之间为获取经济利益而进行的各种各样的争夺，是商品生产者的利益关系、利益矛盾在市场上的表现。有商品经济、有市场就有竞争。

（2）市场的功能。

第一，信息传导功能。市场机制中信号传递是迅速和灵敏的，作为市场活动的主体——企业，以及作为调控市场的主体——政府经济主管部门，要了解和掌握市场行情及演变态势，作出扩张或收缩的决策，都离不开价格、利息率、汇率等市场信号传递这一功能。市场信号传递可以密切生产要素与经济主体的内在联系，强化众多企业的横向联系。通过市场信号的直接传递，又便于国家对企业实行间接调控和纵向调节，使企业能沿着国家经过市场信号所指明的方向发展，从而构成纵横交织的网络化经济的传导器。

第二，资源配置功能。首先，它会充分考虑社会需要和市场需求的变化，根据产业和产品的兴衰变化规律来促使那些资源多余的产业、部门或企业向那些资源不足的产业、部门或企业转移，使供求双方形成交易意愿；其次，它会使用市场交易的若干基本手段来完成资源所有者与使用者之间的权益分割和转让；再次，它通过自身的流通管道和交易场所来完成资源的时空转移和有效流动；最后，它还可以通过自身的安全保险措施，使这些资源得到合理的保护和运用，并分散交易双方的风险。

第三，经济联系功能。市场作为国民经济的纽带和桥梁，将各地区、各产业部门联结为一个有机整体，并使这种联结突破一国的界限，发展成为一种世界性的经济联系。市场的这种经济联系功能突出地表现为它的开放性和开拓性。在一国范围内，表现为突破地区封锁、打破条块分割，使国民经济联结成一个整体；在国际范围内，表现为使生产资本、商品资本、货币资本走向国际化，从而推动全球经济一体化的发展。

第四，扶优汰劣功能。市场在竞争机制作用下，对那些不符合市场需求或者不尊重市场运行规则的产品、行业或企业进行无情的筛选和淘汰，而对那些符合市场需求或顺应市场趋势的产品、行业或企业则给予优厚的回报。由于市场具有客观性，因此市场的扶优汰劣功能具有无情的天性。同时，在市场经济条件下，扶优汰劣功能的发挥，必然把市场竞争引向深入，并促使经济主体打破各种障碍，推动技术进步和提高劳动生产率。

2.市场机制的特征

市场的运行是靠市场机制的作用实现的。市场机制能否有效运行，对市场经济的发展有着至关重要的作用与意义。

“机制”一词来源于希腊文，原意是指机器的构造和运作原理。我们知道，机器是由许多零件构成的，根据机器和电器原理形成因果关系，这些零部件互相联结、互相制约，并按一定的方式运转。机制的本来意思是指机器运转过程中各个零部件之间互相制约、互为因果的联结关系及其运转方式。有人把“机制”一词引入生物学和医学等的研究中去，从而形成了生物机制、生理机制等概念。

由于社会经济活动也是由各个部分、各道环节有机地联系在一起的，因此经济学也引进了“机制”这一概念。市场机制指在市场上直接发生作用的价格、竞争、供求等市场因素互相适应、互相制约、自行协调、自行组织的有机体系，它是市场经济的内在调节机制。

一般来说，市场机制作为价格、竞争、供求等诸市场要素形成的有机制约体系，主要包括价格机制、竞争机制、供求机制等。构成市场机制的这些机制，在其相互作用过程中具有下述特征：

（1）客观性。只要有市场，就存在着市场机制，市场机制在一定的条件下发挥其作用，是不以人的主观意志为转移的。市场完善，机制健全，就会自动发挥其积极功能；人为地设置障碍或改变某种条件，市场机制就会以扭曲的形态发挥作用。

（2）内在性。市场机制的作用是自动的、自发的、内在的，而不是外部力量推动的。市场机制的运转动力来自市场主体对物质利益的追求，对市场机制不应采取直接行政控制的办法，而应实行间接的参数控制。

（3）关联性。尽管市场机制中的经济决策是由市场主体分散作出的，但市场机制中的各类因素之间却是相互联系、相互制约的。一种机制的作用会引起其他机制的连锁反应。

（4）制约性。市场机制之所以能调节市场运行，促进经济发展，是因为市场机制无时无刻不在调整着人们的经济利益，通过利益的驱动来支配人们的市场行为，通过对每个经济主体的经济利益的盈或亏来发挥作用。

（5）动态性。市场机制无时无刻不是在运动、变动之中发生作用的。当然，这并不否定其作用的结果具有某种相对的稳定性。

3.市场机制的内容

市场机制从其构成要素看，包括一系列机制，其中最基本的是价格机制、竞争机制和供求机制。

（1）价格机制。它是市场价格变动与供求关系变动的有机联系和运动，是一种价格形成和运行机制，是指在竞争过程中，受供求关系影响而形成的价格形成和运行机制。供求变动引起价格变动，价格变动引起新的供求变化。正是在这种联系和波动中，供求趋向平衡，价格同价值趋向一致，价值规律得以实现。价格机制是价值规律作用实现的基本形式，是市场机制构成的核心机制。价格机制的具体内容包括价格体系和价格形成机制。

所谓价格体系，是指市场上各种商品和服务的价格及其相互之间的比价和差价关系的总和。比价是指市场上各种不同种类商品的价格之间的比例关系，主要包括工业品比价、农产品比价、工农业产品比价等。差价是指同一种商品因为品质、款式、生产周期、季节、地区、流通环节等因素造成的差别价格，主要包括品牌差价、款式差价、地区差价、季节差价、批零差价等。判断价格体系是否合理，主要看其是否反映价值和供求。

所谓价格形成机制，是指以市场配置资源为基础，以完善有效的政府宏观调控为手段，通过建立有利于产业结构优化、行业可持续发展的价格指数、完整的成本核算框架、完备的市场交易体制，引导生产、流通和消费的价格制定与调整的制度安排。它可以划分为两类：计划价格形成机制和市场价格形成机制。计划价格形成机制是指政府运用计划手段制定价格。市场价格形成机制是指价格由市场机制形成。市场价格形成机制成立的条件是：第一，市场主体即卖者和买者有自主决策权，能根据自身利益最大化的要求来决定价格或选择购买；第二，价格的形成方式是在市场竞争中自发形成的，即由价格形成主体在市场竞争中按照竞争的结果自发决定商品价格。

（2）竞争机制。竞争是指市场主体之间为获取经济利益而进行的各种各样的争夺。竞争机制指市场竞争同供求关系、价格变动以及生产要素流动之间的有机联系和作用。竞争机制是市场机制和价格机制共同作用的结果。

通过部门内的竞争，各企业生产的同种商品形成统一的社会价值，社会价值只有通过竞争才能形成，价值规律也只有依靠竞争才能得以贯彻，竞争是社会对商品生产者的一种强制性权威，是它们互相施加的利益压力。各商品生产者所生产的商品的个别价值低于社会价值，才能在市场交易中处于有利地位，由此推动生产者努力提高生产技术，降低成本。通过部门之间的竞争，不同生产部门的商品生产形成平均利润，从而推动社会资源在部门间的流动，实现资源合理配置和使用效率的不断提高。

（3）供求机制。它是供求双方矛盾的平衡机制，是指商品供求关系与价格、竞争等因素之间相互制约、联系而发挥作用的机制。其实质是反映价格与供求关系的内在联系。

社会经济的发展和市场经济的正常运行，客观上要求社会供给和需求的总量与结构大体平衡，但在实际的市场上，供求关系是摇摆不定的，供求平衡是偶然的，供求不平衡是经常的。这种市场供求从不平衡到平衡的运动，形成一种现实力量，这种机制会促使商品生产者努力适应市场需求变化，推动社会资源向商品供不应求、预期利益较高的部门流动，提高资源配置率。这就是供求机制及其作用。

二、市场体系

1.市场体系的基本特征与构成

市场体系指各类市场及市场要素在相互联系、相互作用过程中形成的市场有机整体，它是市场机制的载体。

社会主义市场体系的基本特征在于它的统一性、开放性、竞争性和有序性。统一性是指各种商品和生产要素都能遵循价值规律等经济规律自由交换、顺畅流通，而不是条块分割、地区封锁和行业垄断。开放性是指市场体系必须具有完善的市场准入和退出机制，对内、对外都开放。竞争性是指市场体系必须允许各类市场主体平等竞争、平等使用生产要素，消除垄断性市场。有序性意味着现代市场信用体系得以建立，市场有统一的规则，这种规则维系市场活动的秩序，保证资源、商品流动和公平竞争。这种规则包括正式的和非正式的商业习惯、商业道德和信誉等，它约束市场主体的行为，从而使市场活动在有序的轨道上进行。

现代市场经济中的市场体系可以从不同角度分析其构成，但是最主要的有四种：

（1）从市场交易的对象方面可分为商品市场和生产要素市场两大类。商品市场是以生产出的产品或服务为交易对象的市场；生产要素市场是以生产要素为交易对象的市场。现代市场体系具有品类结构齐全的特征，意味着全部经济资源都通过市场流通实现其配置。

（2）从市场交易的空间范围可分为区域市场、全国市场和世界市场。区域市场是以经济活动地域专业化分工为基础，以地区作为交换的活动空间而形成的市场。全国市场是在生产专业化协作广泛发展的基础上，商品交换关系以全国范围为活动空间而形成的市场。世界市场也称国际市场，是以国际分工为基础，以国际范围作为交换的活动空间而形成的市场。

（3）从市场组织和机构设置可分为市场中介组织、批发市场和零售市场等，它们既是从生产到批发再到零售的扩散式的流通体系，又是由大宗商品的集散中心和遍布城乡的门市小店构成的市场网络。这种高度发达的市场网络体系对联结生产和消费、供给与需求、城市和乡村起着非常重要的作用，保证货畅其流，为资源的优化配置提供必要的组织条件。

（4）从市场交易的时间差异可分为现货交易市场、期货交易市场和借贷交易市场。现货交易市场是指出售商品和支付货款同时进行的市场。它虽然是一种比较简单的交易方式，但它是市场的主要形式。其交易方式是“一手交钱，一手交货”。期货交易市场是指在商品交易所内进行期货合同买卖的市场。“成交在先，交割在后”是其交易方式，体现了市场主体的权利让渡和交换客体的实际位移在时间上的分离。借贷交易市场也可称为贷款交易市场，是通过借贷形式进行的商品交换领域。这种商品交换形式具有借贷性质，包含借贷关系，如补偿贸易等。借贷交易主要有两种形式：一是预先交付商品，延期付款；二是预先付款，延期交付商品。

2.商品、金融和劳动力市场

商品市场、金融市场和劳动力市场是最基本的市场，被称为市场体系的三大支柱。

（1）商品市场。它是指进行商品交换的场所及其交换关系的总和，是国民经济中物质商品与服务交易的基本场所和主要形式。它在市场体系中居于基础地位，是社会主义市场体系的基础。按商品的用途分，商品市场分为消费品市场和生产资料市场。

消费品也称生活资料，是指消费者个人及其家庭为了满足生活消费需要而购买并直接用于最终消费的商品，如食品、服装、日用品等。消费品市场是进行消费品买卖的场所及其交换活动的总和，它是整个市场体系的基础，所有其他的市场都是由它派生出来的。消费品市场的交换活动是社会再生产中最后的市场实现过程，它体现社会最终供给与最终需求之间的矛盾关系。消费品市场具有广泛性、多样性、多变性、交易批量小而频率高等特点。

消费品市场的重要性在于，它是最终产品市场，即它是生产的最终目的，任何生产都必须为了消费，它的状况如何，直接表示社会生产与消费的关系是否协调，直接表现人民生活水平和国民经济的发展程度。

生产资料也称资本货物或投资品，是人们在物质生产过程中使用的劳动资料和劳动对象的总和。它包括各种原材料、燃料、辅助材料、机器设备、半成品和零部件、运输工具、建筑材料等，主要用于生产消费。生产资料市场是企业选购和销售生产资料的场所及其交换关系的总和，其发育程度直接反映一国社会生产力和市场经济的发展水平。

生产资料市场的特征主要表现在：生产资料市场联系着前后两个生产过程；一般交易额大，专用性强，可替代性差，选择性较小；对商品的配套性、供给时间性和交换中的技术服务有较高的要求，商品的无形损耗较大；供求关系相对稳定等。

（2）金融市场。金融是指货币资金的融通，即按照一定的方式和条件，供给方将货币资金提供给需求方使用。金融市场是进行货币资金借贷和各种有价证券买卖以融通资金的市场。

金融市场主要由参与者、金融工具和组织方式三个基本要素构成。金融市场的参与者主要有政府、中央银行、商业银行和非银行性金融机构、企业、居民个人五类。金融工具也称信用工具，是在金融市场上借以进行金融交易的工具，是证明资金交易双方债权债务关系的书面凭证，是一种具有法律效力的金融契约。金融工具种类繁多，一般分为两大类：一是债权债务凭证，如票据、债券等；二是所有权凭证，如股票等。金融市场的组织方式是指金融交易采取的方式，主要有三种：一是有固定场所、有组织、有制度、集中进行交易的方式，如交易所交易方式；二是买卖双方在金融机构柜台上进行面议式的、分散交易的方式，如柜台交易方式；三是场外交易方式，这是一种既没有固定场所，也不直接接触，而是主要借助电信手段完成交易的方式。

金融市场根据融资方式的不同，可分为直接融资市场和间接融资市场两大类。直接融资是指资金供给者与资金需求者直接进行资金的借贷或有价证券买卖的融资活动。例如，资金供给者直接向资金需求者提供贷款，或者购买资金需求者所发行的有价证券，如企业债券。直接融资所使用的证券叫直接证券。间接融资是指以金融机构为媒介进行的融资活动。在间接融资中，资金供给者将其闲置的资金存入金融机构或购买金融机构所发行的有价证券，然后由金融机构向资金需求者提供贷款或购买资金需求者所发行的有价证券。金融机构所发行的证券叫间接证券。在金融市场上，直接融资主要是筹集中长期资本，而间接融资则主要是筹集中短期周转资金。

根据融资期限的长短不同，金融市场可分为货币市场和资本市场两类。货币市场即短期资金市场，是融资期限在一年以内的短期资金的交易市场，其信用工具主要是商业票据、短期债券、可转让定期存单等。目前，我国最主要的货币市场是银行同业之间所进行的短期资金融通，即同业拆借市场。除此以外，还有企业短期融资市场、商业票据承兑市场、国库券市场和大额可转让定期存单市场等。资本市场即长期资金市场，是融资期限在一年以上的中长期资金的交易市场，因其信用工具主要为长期债券、股票等有价证券，所以又称证券市场。证券市场可以分为发行市场与流通市场两个部分。证券发行市场也称初级市场或一级市场，其基本职能是将新发行的证券从发行者手中转移到最初的证券投资者手中，一般由发行者、投资者和中介机构等构成，没有固定集中的场所。证券流通市场又称次级市场或二级市场，是已经发行的有价证券的转让交易市场，主要由证券交易所市场和场外交易市场组成。证券交易所是为证券交易双方提供交易场所和清算、信息发布、规范交易制度等服务与功能的组织机构，其场内交易市场是证券流通市场的中心和主体，在具体交易中主要有现货交易、期货交易和期权交易三种方式。场外交易市场是在证券交易所外买卖已发行证券而形成的证券流通市场，一般没有正式的组织和固定的场所。近年来，场外交易也有集中化、固定化和规范化的趋势。

金融市场与一般商品市场的不同点表现在：金融市场的交易对象不是具有各种各样使用价值的商品，而是货币形态的资本商品或有价证券；金融市场上的价格不是当时资金本身的价格，而是借贷资本到期归还时的价格，即利率；在金融市场上资金的供给方可以贷出多余资金，资金的需求方可以借入所需资金，通过市场交易，促进供求双方的资金融通。

（3）劳动力市场。它是劳动力商品的交换场所及其交换关系的总和。劳动力市场的主要特征是：①劳动力可以自由流动，不受城乡、地区、所有制、身份（工人、农民、干部等）的限制。②用人单位和劳动者在劳动关系中是平等的主体，可以互相选择。③价值规律对劳动力市场发挥调节作用。劳动报酬将主要由劳动生产率和劳动力市场供求关系来决定。

劳动力市场的作用：有利于促进人才的合理流动，实现劳动力资源的合理配置；有利于产业结构调整；有利于农村剩余劳动力转移；有利于劳动力资源开发，激发劳动者提高自身素质；有利于微观搞活；有利于形成合理的工资水平。

3.其他市场

（1）技术市场。它是指技术商品交换的场所及其交换关系的总和。技术成为一种知识形态的商品，并通过市场交换进行广泛传播，是在社会分工和商品经济比较发达的基础上产生的。

技术市场的交易形式有技术转让与引进、技术咨询与服务、技术许可证贸易等，而每种形式又可细分为若干种具体形式。

技术市场与其他市场有着不同的特点，主要表现在：技术商品所有权与使用权能够分离；技术商品的交换过程较长；技术商品的使用价值具有快速无形损耗的特点；技术商品价值不易确定。

（2）信息市场。信息是人们对外界事物的某种了解和认识，是人类认识的一种成果。在科学技术对生产的作用日益增强的现代经济中，信息对于经济发展的巨大推进作用已经显现出来。以信息为劳动对象的信息业已经逐渐成为整个社会经济的主导产业，并被称为“第四产业”。信息市场是指专门进行信息交换的场所。在现代市场经济中，信息的生产、储存、分配与交换使其日益成为一个专门的部门和行业。信息市场提供的商品是信息，信息的使用价值最终表现为：通过信息的使用，可以提高企业的经济效益，而且其效益远大于信息自身的价值。信息商品不是固定物质形态的商品，同一信息可以同时为多个部门、多个企业服务。信息产业是一种知识密集型产业，它的生产需要大量的知识和技术，要消耗大量的劳动。

信息市场按信息商品的最终用途，可分为三类：①提供商情的信息市场；②提供科学技术的信息市场；③为信息作业提供物质手段服务的信息市场。

信息市场具有以下特点：①交易对象的特殊性；②交易的多次性；③交易价格的多样性；④交易方式的多样性；⑤交易效果的可变性。

（3）房地产市场。它是指房地产交换的场所及交换关系的总和。房地产市场是由房产市场和地产市场两部分构成的。房产市场是进行房产买卖和出租的市场。在我国，土地属于国有，其所有权不转让，而是实行所有权与使用权分离，所以地产市场是土地使用权有偿转让的市场。

《中共中央关于全面深化改革若干重大问题的决定》提出，建设统一开放、竞争有序的市场体系，是使市场在资源配置中起决定性作用的基础。必须加快形成企业自主经营、公平竞争，消费者自由选择、自主消费，商品和要素自由流动、平等交换的现代市场体系，着力清除市场壁垒，提高资源配置效率和公平性。

建立公平开放透明的市场规则。实行统一的市场准入制度，在制定负面清单基础上，各类市场主体可依法平等进入清单之外领域。探索对外商投资实行准入前国民待遇加负面清单的管理模式。推进企业注册制度便利化，削减资质认定项目，由先证后照改为先照后证，把注册资本实缴登记制逐步改为认缴登记制。推进国内贸易流通体制改革，建设法治化营商环境。

改革市场监管体系，实行统一的市场监管，清理和废除妨碍全国统一市场和公平竞争的各种规定和做法，严禁和惩处各类违法实行优惠政策行为，反对地方保护，反对垄断和不正当竞争。建立健全社会征信体系，褒扬诚信，惩戒失信。健全优胜劣汰市场化退出机制，完善企业破产制度。

完善主要由市场决定价格的机制。凡是能由市场形成价格的都交给市场，政府不进行不当干预。推进水、石油、天然气、电力、交通、电信等领域价格改革，放开竞争性环节价格。政府定价范围主要限定在重要公用事业、公益性服务、网络型自然垄断环节，提高透明度，接受社会监督。完善农产品价格形成机制，注重发挥市场形成价格作用。

建立城乡统一的建设用地市场。在符合规划和用途管制前提下，允许农村集体经营性建设用地出让、租赁、入股，与国有土地同等入市、同权同价。缩小征地范围，规范征地程序，完善对被征地农民合理、规范、多元保障机制。扩大国有土地有偿使用范围，减少非公益性用地划拨。建立兼顾国家、集体、个人的土地增值收益分配机制，合理提高个人收益。完善土地租赁、转让、抵押二级市场。

完善金融市场体系。扩大金融业对内对外开放，在加强监管前提下，允许具备条件的民间资本依法发起设立中小型银行等金融机构。推进政策性金融机构改革。健全多层次资本市场体系，推进股票发行注册制改革，多渠道推动股权融资，发展并规范债券市场，提高直接融资比重。完善保险经济补偿机制，建立巨灾保险制度。发展普惠金融。鼓励金融创新，丰富金融市场层次和产品。

三、市场规则

1.市场规则的特征和作用

市场经济的运行是建立在一定的秩序及其规则基础上的。所谓市场秩序，是指市场主体活动的制度框架，具体表现为有关的市场法律和各种约定俗成的传统。所谓市场规则，就是以法律、契约等形式确定下来的，市场主体共同遵守的行为准则和规范。如果说市场秩序是一个制度框架，市场规则就是这个大框架内的具体的规定条例，二者是一个统一的、不可分割的整体。

市场规则作为市场运行过程中的准则和规范，必须具备5个最基本的特征：①科学化，就是最科学和最有效地反映市场运行的内在要求，不能同市场运行的内在要求相违背，要客观地把市场内在要求法制化，使每个市场主体都严格按市场运行的内在要求办事。②系统化和统一化，就是市场规则内部的各规则之间坚持统一性原则，不能相互矛盾，并且所有规则都要相互协调，分别规范市场运行过程中的各个方面，形成有机统一的体系化市场规则。③强制性和严肃性，就是市场规则不能建立在可商议的基础上，而要建立在法制的基础上，任何人都不能拒绝接受和违反市场规则，否则，将受到严厉的制裁，以确保市场规则的严肃性和法制性。④公平性，就是给市场主体以平等的权利和机会，任何市场主体都不能以各种超市场的力量来寻求优惠，更不能摆脱公平原则对自己的约束，而是要求任何市场主体都只能通过公平竞争来获取自身利益。⑤开放性，就是市场规则要有类似国际商品流通的行为规范，符合国际惯例，使一国的市场主体能有序地进入世界市场之中。

在建立社会主义市场经济的过程中，建立完善的市场秩序及其规则有十分重要的作用：①完善的市场秩序及其规则是保证市场运行有序化的最基本条件，是建立社会主义市场经济体制的基础工程，是保证有序的市场竞争、实行资源配置的基础和前提。②完善的市场秩序及其规则，不仅能规范市场主体的条件和市场行为，调整市场主体之间的相互关系，而且能调整竞争过程中可能导致的社会后果，保证社会的持续稳定和协调发展，减少市场经济运行过程中的摩擦，从而提高整个社会的经济效益。③在建立社会主义市场经济的过程中，传统的计划经济体制的秩序、规则不断被冲破，必须代之以相应的市场经济体制的秩序和规则，否则，就会形成"真空"，导致经济主体行为不规范，经济摩擦增大。如果在整个经济建设中不重视市场秩序及其规则的建设，就会陷入"一放就乱，一乱就收，一收就死"的恶性循环。

2.市场规则的内容

市场规则是一个包括市场运行过程各个方面的行为准则的规则体系，其内容构成是极为复杂的。一般来说，市场规则的主要构成部分包括市场进出规则、市场竞争规则、市场交易规则。

（1）市场进出规则。它就是市场主体和市场客体（商品）进入或退出市场的法律规章和行为准则。因此，市场进出规则实际上是对某个市场主体或某种商品能否进入或退出市场进行评判。也就是说，哪些市场主体可以进入或退出市场，哪些商品可以进入或退出市场，都要在市场规则上反映出来，由市场进出规则确定。凡是不符合进入市场条件的市场主体和商品，或者不符合退出市场条件的市场主体和商品，都不能任意进入或退出市场。

市场进出规则从规范市场主体行为上来保证市场的有序运行，包括：规范市场主体进入市场的资格，防止非正规的市场主体进入市场；规范市场主体的经营功能，确定其经营范围、对象；规范市场主体退出市场的行为，包括对退出市场的商品和劳务作出相应的规定，诸如商品标志、质量、支付条件、服务标准等，以防止假冒伪劣产品进入市场，保护消费者利益。

（2）市场竞争规则。它是指为保护和促进公正的效率竞争而制定的法律规章和行为准则。市场竞争规则都要反映公平竞争的内在要求，其中主要是：①使市场主体都能够机会均等地按照统一市场价格取得生产要素；②使市场主体都能够机会均等地制定价格和确定销售地区；③使市场主体都能够平等地承担税负及其他方面的负担，没有任何不公平的负担；④维护所有方面平等竞争，如劳动者之间的就职机会均等和经营机会均等。也就是说，市场竞争规则必须充分反映公平竞争的全部内在要求，以保证市场的公平竞争。

根据公平竞争的内在要求，竞争规则必须从三个方面来规范竞争，使竞争贯彻公平原则：①要保证各市场主体有公平的竞争环境，禁止垄断及各种非公平因素；②规范各市场主体的竞争行为，禁止各市场主体的非法竞争行为；③规范竞争商品，防止竞争者使用假冒伪劣商品进行竞争，损害竞争的公平性。

（3）市场交易规则。它是指市场主体进行市场经营活动的准则与规范，它确定了市场主体在市场交易中应遵守的原则和行为规范。因此，市场交易规则是确保市场秩序的重要市场规则。如果没有市场交易规则，市场主体的市场交易行为就会无章可循，其结果只能是市场秩序紊乱。

市场交易规则主要功能是：①规范市场交易方式，主要包括交易公开化、交易货币化、信用票据化以及交易规则化；②规范交易行为，禁止各种非正当的交易活动；③规范交易价格的标准，包括定价原则、标准和申报监察制度等。

拓展阅读6-4　充分发挥社会主义市场经济制度优势

基本经济制度是经济制度体系中具有长期性和稳定性的部分，对经济制度属性和经济发展方式具有决定性影响。党的十九届四中全会审议通过的《中共中央关于坚持和完善中国特色社会主义制度、推进国家治理体系和治理能力现代化若干重大问题的决定》(以下简称《决定》)，首次把公有制为主体、多种所有制经济共同发展，按劳分配为主体、多种分配方式并存，社会主义市场经济体制三项制度并列，都作为社会主义基本经济制度，这是我们党对社会主义基本经济制度作出的新概括，必须深入学习领会，全面准确理解。其中，深入认识和准确理解将社会主义市场经济体制作为基本经济制度的内在逻辑，对于坚持和完善社会主义基本经济制度，充分发挥社会主义制度的优越性，解放和发展生产力，推进经济实现高质量发展，无疑具有重大意义。

1.社会主义市场经济体制把社会主义制度和市场经济有机结合起来，在改革开放实践中彰显巨大优势

社会主义市场经济是前无古人的伟大创举。社会主义能否搞市场经济？这是一个世界性的课题，马克思主义经典作家没有讲过，西方经济学家认为二者互不兼容。我们党立足中国国情和发展阶段，创造性地提出在社会主义条件下发展市场经济，创造性地建立起富有活力的社会主义市场经济体制。这是对社会主义建设规律新的认识和升华。

过去我们对市场经济规律缺乏科学认识，总是将市场经济与资本主义制度画等号，认为社会主义不能搞市场经济，只能搞计划经济。改革开放以来，我们党在深刻总结国内外正反两方面发展经验的基础上，从我国社会主义初级阶段的基本国情出发，冲破传统思想和体制的桎梏，实现了从高度集中的计划经济体制向社会主义市场经济体制的转变，用改革开放40多年的时间走过了发达资本主义国家几百年的工业化历程，创造了经济快速发展的奇迹。实践证明，在社会主义条件下搞市场经济，符合中国国情，更有利于资源的合理配置、更有利于解放和发展生产力、更有利于人民生活水平的提高，极大地推进了我国的社会主义现代化建设。社会主义市场经济比传统的单一计划经济模式更有效，也比资本主义市场经济更具优越性。我们党把社会主义市场经济体制一并纳入社会主义基本经济制度的范畴，有助于完善社会主义的基本经济制度体系，强化社会主义市场经济体制的稳定性、基础性作用。

总之，社会主义基本经济制度把社会主义制度和市场经济有机结合起来，是在革命、建设特别是改革开放伟大实践中形成和确立的，是被实践检验、拥有巨大优越性的制度，既有利于解放和发展社会生产力、改善人民生活，又有利于维护社会公平正义、实现共同富裕。必须坚定不移地推进社会主义市场经济的发展，在实践中不断发挥社会主义市场经济的强大活力。

2.把社会主义市场经济纳入社会主义基本经济制度的范畴，本质上是由社会主义的制度属性决定的

市场经济作为一个一般性概念，是对各种具体形态的市场经济的抽象。这种抽象具有重要的方法论意义，但在实践中它总是与一个国家的基本国情、社会制度紧密联系在一起的。国情不同决定了各国市场经济模式的多样性，社会制度的不同则决定了市场经济模式的制度属性。市场经济与资本主义结合在一起就是资本主义的市场经济，与社会主义结合在一起就是社会主义的市场经济。市场经济与社会制度结合在一起，就不仅具有经济体制的意义，不再是一个单纯的资源配置方式，同时也具有了基本经济制度的属性，对经济发展的方向、制度属性有着重要影响。

与市场经济相联系的所有制性质和分配方式一旦发生了变化，市场经济的性质也就会发生相应变化。我国在发展市场经济的过程中之所以坚持和强调社会主义的制度性质，就在于我们党对于市场经济的这种制度属性始终保持着清醒的认识。比如，在经济体制改革之初，邓小平同志就指出，在社会主义条件下搞市场经济，“归根到底是社会主义的，是社会主义社会的”。发展市场经济必须坚持社会主义基本原则，明确要求“一条是公有制经济始终占主导地位，一条是发展经济要走共同富裕的道路，始终避免两极分化”。江泽民同志也强调：“我们搞的是社会主义市场经济，‘社会主义’这几个字是不能没有的，这并非多余，并非画蛇添足，而恰恰相反，这是画龙点睛。所谓‘点睛’，就是点明我们的市场经济的性质。”

我国在建立和完善社会主义市场经济体制的过程中，正是由于始终把握了社会主义的制度性质，并从现实国情出发，在坚持“四项基本原则”的基础上，在所有制方面实行了公有制为主体、多种所有制形式并存，在分配制度方面实行了按劳分配为主体、多种分配方式并存，在资源配置方面，强调既要充分发挥市场在资源配置方面的积极作用，又要发挥好政府的作用，才最终走出了一条中国特色的社会主义经济发展道路。实践证明，社会主义市场经济从来都是与社会主义制度融为一体的，它既是社会主义社会资源配置的基本方式，也是社会主义的基本经济制度。《决定》把社会主义市场经济作为我国的基本经济制度，这是对改革开放40多年特别是党的十八大以来经济发展成就和经验的一个科学总结，是习近平新时代中国特色社会主义经济思想的重要创新和发展。

3.坚持党的领导是充分发挥社会主义市场经济制度优势的根本保证

中国特色社会主义制度是党的领导和经济、政治、文化、社会、生态文明等各方面制度的总和，是一整套紧密联系、内在协调、相互支撑的制度体系。坚持党对经济工作的集中统一领导，是中国特色社会主义制度的一大优势。发挥党总揽全局、协调各方的领导核心作用，是我国社会主义市场经济体制的一个重要特征。在社会主义条件下搞市场经济是我们党的伟大创举。我国经济发展获得巨大成功的一个关键原因，就是我们既发挥了市场机制的长处，又发挥了社会主义制度的优越性。我们党为什么能够提出社会主义市场经济体制并发挥出这一制度的显著优势呢？追本溯源，这是由党的先进性所决定的。

中国共产党是按照马克思主义理论建立的，以实现全人类的解放为最终目标，以为中国人民谋幸福为初心，以为中华民族谋复兴为使命，始终把全心全意为人民服务作为党的宗旨。因此，我们党始终强调党的一切工作都是为了人民、都要依靠人民，不能有任何私利，必须坚持以人民为中心，始终坚定地站在人民的立场上。

正是这样的崇高追求和坚定的人民立场，才使我们党能够以非凡的勇气和能力，一旦认识到市场经济更有利于推进生产力发展，改善人民生活，便大胆尝试，推动实现了经济体制的变革。因为坚持以人民为中心，中国共产党在领导经济建设、发展市场经济的过程中，始终强调防止“两极分化”，强调走共同富裕的道路。针对市场失灵带来的负面影响，我们党大力加强社会主义精神文明建设，坚持开展反腐败斗争，在推进经济发展的进程中，坚定地把握住了社会主义的正确方向，并通过政府制定经济规划、开展重大工程、提升公共服务、应对重大风险挑战等举措，发挥了社会主义制度集中力量办大事的突出优势，创造了比资本主义市场经济更高的生产效率，创造了举世公认的经济奇迹和社会治理奇迹。因为坚持以人民为中心，我们党在探索推进社会主义市场经济的过程中，能够立足实际、统筹兼顾，充分调动了各方面的积极性，并通过不断深化对外开放，为发展社会主义市场经济拓展了更为广阔的空间。也正是这种崇高追求和人民立场，我们党才能够集聚一批又一批一心为民、无私奉献的优秀干部队伍和人才队伍，以广大人民群众获得更多的幸福感、获得感、安全感为目标，不断推进改革开放，不断提升经济治理能力，为实现中华民族伟大复兴奠定坚实的经济基础。

资料来源　蔡常青. 充分发挥社会主义市场经济制度优势［N］. 光明日报，2019-12-25.

第四节　社会主义市场经济的调控体系

一、宏观经济调控的必要性

宏观经济调控是指一个国家的中央政府遵循自然规律和经济规律，运用经济、法律和必要的行政手段，从系统、综合和全局的角度，对经济运行状况和发展趋势进行总体指导与调节，以保持经济总量平衡，促进经济结构优化，提高宏观经济效益，实现可持续发展，推动社会全面进步。它是市场经济中一只“看得见的手”，就其本质和基本内容而言，它是对市场经济运行过程及其结果的干预和引导，它以市场机制自身的存在及其充分发挥对社会资源配置的调节功能为前提。

社会主义国家对市场经济运行进行宏观经济调控的必要性表现在以下几个方面：

（1）这是社会化大生产的客观要求。现代市场经济是建立在社会化大生产基础上的经济。社会化大生产使国民经济各部门、各单位在分工协作的基础上，形成了一个相互制约、相互依存的有机整体。要使整个国民经济协调有序而又有效地运行，使社会的有限资源得到充分有效的利用，就需要在经济运行和宏观经济管理上有一套基本规则和明确的目标，对宏观经济运行及时协调和控制。

（2）这是市场经济的内在要求，反映了现代市场经济运行的一般规律。市场经济是从自由放任发展到国家宏观调控的，现代市场经济都有宏观调控，这是因为：

第一，市场经济自身发展的盲目性需要宏观经济调控加以限制。市场经济是社会化大生产最有效的组织形式，是最有效的资源配置方式。但是，在市场经济条件下，每个经济主体都以自身利益最大化为目标，进行独立的经营决策，这就必然带来盲目性，在社会范围内造成资源的浪费。这就需要政府对经济活动进行宏观调控，给经济主体以明确的经济发展信息和市场信息，通过各种手段调节各经济主体的行为，促使整个社会范围内资源的合理利用。

第二，市场机制自发调节的局限性需要国家的宏观调控来弥补。市场机制对经济活动的调节是一只“看不见的手”，它通过利益诱导和竞争机制来调节各经济主体的经济活动，这就使它在激发微观经济活力的同时，存在着某些自身难以克服的缺陷，如难以有效防治环境污染（外部效应）、难以在非营利性部门的发展中起调节作用（公共品生产和公共资源的有效利用）、难以解决收入分配不公平问题等。这就需要政府通过宏观经济调控加以解决。

第三，微观经济主体的短期行为需要通过国家的宏观经济调控加以有效克服。微观经济主体的经济活动以市场需求为导向，而市场需求经常发生变化，由此决定了微观经济主体的短期化行为。经济主体在追踪市场需求信息时，一般仅能考虑其自身的行为和产品在市场上的正效应，而很少顾及其自身的行为和产品在市场以外的负效应。这就需要通过宏观经济调控把经济利益与社会利益很好地统一起来。

第四，市场经济的正常运行需要国家宏观调控为其创造必要的条件，如克服垄断和不正当竞争，维持市场秩序，制定适当的宏观经济政策，提供有关信息等。

(3) 这是社会利益多元化的客观要求。现代经济是一种多元化结构的经济，人们之间的利益关系错综复杂，经济运行中存在着许多靠市场经济自身无法解决的矛盾。这些矛盾主要有：生产社会化、一体化与经济主体多元化的矛盾；按比例分配社会劳动和优化资源配置与经济主体自主决策和经济活动盲目性的矛盾；实现社会共同利益和社会公平同经济利益狭隘性的矛盾。这些矛盾只有依靠国家以社会利益总代表的身份去干预、协调，才能在一定程度上得到解决。

(4) 这是我国经济发展的特殊要求。我国是发展中的大国，又处在经济快速增长和经济体制转轨时期，政府对经济的宏观调控和管理更具有十分重要的意义。第一，宏观调控是深化改革、顺利实现体制转变的重要条件。第二，宏观调控是实现经济发展方式转变的重要手段。第三，宏观调控是实现共同富裕的重要保证。

总之，现代市场经济都是有政府调节的市场经济，完全自由的市场经济是不存在的。这里要强调的是，承认国家宏观调控对市场经济正常运转具有不可缺少的指导性作用，并不意味着要否定市场机制在社会资源配置中所具有的决定性作用。

二、宏观经济调控的主要目标

目前，世界普遍把促进经济增长、增加就业、稳定物价、保持国际收支平衡作为四大宏观调控目标。我国十六大以来也以此作为宏观调控目标，但也会随着经济社会发展情况对每个时期的调控目标有所侧重，也会有具体的短期调整目标。宏观调控的任务就是通过各种政策手段，加强需求管理，将这四个目标控制在一定范围内，保持经济总量平衡和国际收支平衡，使国民经济既不出现萧条，失业率和通货膨胀率又在可承受的范围内。

（1）促进经济增长。经济增长是经济全面发展的主要指标，既体现经济总量的增加，也体现人均收入的增长和生活质量的改善；同时，总量的增加是建立在比例协调、结构优化和效率提升的基础之上的。国内生产总值是衡量经济增长的主要指标。

（2）增加就业。增加就业不但能更加充分地利用劳动力资源，而且能促进居民收入的普遍增长。因此，增加就业既是经济健康发展的标志，也是社会公平和稳定的体现。经济中总供给大于总需求会造成失业，经济发展中的经济结构变化和技术进步也会带来失业。失业会增加社会福利支出，加重财政负担，失业率过高还会引起社会的不安定。在我国，存在着劳动者充分就业的需求与劳动力供给总量过大但素质不相适应之间的矛盾，这是一个长期存在的问题。要慎重掌握宏观经济的总量平衡，并通过促进投资、促进中小企业发展、开发落后地区、加大基础设施建设等手段来增加就业。

（3）稳定物价。保持物价总水平的大体稳定是经济健康、平衡发展的保证，企业和个人可以在较为稳定的价格预期下安排生产和消费，促使经济平稳增长，避免大幅度波动。无论是通货膨胀还是通货紧缩，都会使人们对价格的预期产生混乱，影响各类经济行为主体的判断和信心，扭曲资源配置，对社会稳定和经济发展产生负面影响。因此，应特别注意通过货币政策调节货币供应量，使之与经济增长速度相匹配。

（4）保持国际收支平衡。国际收支是在一定时期内，一个国家或地区与其他国家或地区进行的全部经济交易的系统记录。国际收支在经常项目和资本项目中出现顺差和逆差都需引起高度重视和警觉。长期的经常项目逆差会影响币值稳定，增加通货膨胀压力，同时会大量消耗国际储备并降低国内、国际对本国经济的信心，出现资本外逃、投资环境恶化的现象，削弱国家抵抗经济风险的能力，甚至可能会出现经济危机。因此，政府必须采取有效的汇率政策和资本流动管理等手段，保持国际收支的健康和平衡。

经济增长率、就业率、通货膨胀率和国际收支这四个经济总量指标往往相互联系而又此消彼长。例如，在经济萧条阶段，经济增长速度放慢、停滞甚至负增长，同时伴随着物价下降、失业率上升；而在经济繁荣阶段，经济增长速度加快，通货膨胀率上升，失业率逐步下降。四个经济总量指标可能一致也可能互相背离，往往呈现周期性波动。因此，宏观经济调控可以运用财政、货币政策等多种手段进行“反周期调节”，恰当处理这四个方面的关系，寻求一个平衡点。宏观经济调控目标就是要求保持四个经济总量指标之间的平衡，在物价稳定、国际收支平衡的情况下，促进经济增长和扩大就业，保持国民经济的持续、快速、健康发展。

三、宏观经济调控的政策体系和手段

要实现政府的调控目标，必须有相应的政策体系和手段相匹配。这些政策体系和手段主要有经济的、计划的、法律的和行政的，它们共同构成宏观经济调控的体系。

1.宏观经济调控的政策体系

（1）财政政策。财政政策是指一国政府为实现一定目标而制定的财政工作基本方针、准则和措施的总和。它是国家主要的宏观经济政策之一，包括财政收入政策和财政支出政策。在经济周期的不同阶段，国家采取不同的财政政策。当总供给大于总需求时，实行扩张性财政政策，如增加财政投资、发行国债、扩大公共财政支出、降低税率等。在总供给小于总需求时，采取紧缩性财政政策，如缩小投资规模、减少公共财政开支、提高税率等。

财政政策是一种经济手段，制定财政政策必须经过一定的立法程序；财政政策对经济运行主要发挥间接调控作用，但有些政策措施如政府投资，又是由政策主体直接操作的。这种集经济、法律于一体，间接性与直接性相结合的特点，决定了财政政策既要有相对的稳定性，又要保持必要的灵活性。财政政策工具主要有税收、购买性支出、转移性支出、国债、预算等。

（2）货币政策。它是中央银行采取各种政策工具调节货币供求以实现宏观经济调控目标的方针和策略的总称。它是国家宏观经济政策的重要组成部分，包括货币政策目标和货币政策调节手段两部分。

货币政策包括均衡的货币政策、扩张性的货币政策和紧缩性的货币政策三种类型。当总供给大于总需求时，实行扩张性的货币政策，即降低利率，增加货币发行量；当总供给小于总需求时，实行紧缩性的货币政策，即提高利率，控制货币发行量。货币政策目标主要包括：控制通货膨胀，降低失业率，促进经济增长和努力实现国际收支平衡。货币政策的调控主要运用法定准备金率、再贴现率、公开市场业务三大工具。

法定准备金率是国家以法律形式规定商业银行提留存款准备金的比率。中央银行通过调整法定准备金率，可以控制派生存款，调节货币供应量。

再贴现率是中央银行对商业银行放款的一种形式。商业银行以贴现收入的票据向中央银行再贴现以筹措资金，再贴现的利率为再贴现率。中央银行通过变动再贴现率控制商业银行放款规模，并影响整个金融市场。

公开市场业务是中央银行通过在市场上买卖有价证券以调节货币供应量的一种宏观调控措施。当总供给大于总需求时，中央银行买进有价证券，放出资金，就会扩大市场货币供应量，降低利率，增加需求；反之，中央银行卖出有价证券，就会减少市场货币供应量，提高利率，减少需求。

（3）产业政策。它是根据国民经济发展的内在要求，为提高产业素质，调整产业结构，从而调整供给结构和总量所采取的政策与措施的总和。

产业政策一般由产业结构政策、产业组织政策、产业技术政策、产业布局政策四个方面的政策所组成，其中产业结构政策处于核心地位。产业结构政策是指政府按照产业结构合理化和高级化的演变规律，规定各产业部门在国民经济中的地位、比例、作用，提出协调产业结构内部的比例关系及保证产业结构顺利发展的政策措施。产业政策主要侧重于调整产业结构，通过对产业结构的调整来调节供给结构，促使供给结构较好地适应需求结构的变化，协调需求结构与供给结构的关系。产业组织政策的主要目的是解决企业在市场上的行为规范问题，也就是维护正常的市场秩序问题。组织合理和适度的竞争秩序是产业组织政策的重要内容。它本身可以分成促进竞争、抑制垄断和抑制竞争的政策。一国的产业政策是促进竞争、抑制垄断还是抑制竞争要看市场经济发展水平和阶段，以及政治、经济因素。产业技术政策是指政府制定的用以引导、促进产业技术进步的政策措施。产业技术政策的内容一般包括引进新技术、开发新技术的方法、积极推进技术进步等政策和相关的奖惩措施。产业布局政策是指政府从全局出发，针对各个地区的综合条件，结合产业经济技术条件特点，对产业进行地区或空间的布局而制定的政策措施。产业的空间布局是否合理直接影响国民经济的整体协调发展。

（4）收入政策。它是宏观调控政策之一，主要包括国民收入分配总量政策、国民收入分配结构政策和个人收入分配政策。

国民收入分配总量政策有两种类型，即扩张性国民收入分配政策和紧缩性国民收入分配政策。其主要功能是通过扩张或抵制社会总需求，来达到社会总供给和总需求的平衡。

国民收入分配结构政策是国家调节国民收入的使用方向的原则和措施的总和。国民收入分配结构发挥对需求结构的调节作用，主要是通过调节各经济主体收入在国民收入中的比重来影响需求结构。所以调节国民收入分配结构能有效调节需求结构。

个人收入分配政策是国家调节人们收入数量和结构以提高效率与社会公平而制定的各项原则和措施的总和。分配政策和个人收入调节政策的实施使个人收入分配领域实现效率与公平的辩证统一。

上述经济政策体系中的各种经济政策不是相互孤立的，其作用是交织在一起的。要充分发挥各种经济政策的有效性，就应注意它们的搭配使用。财政政策和货币政策是西方发达国家最主要和最经常使用的宏观经济政策。根据宏观调节的需要，各国政府在不同时期，需采取不同类型的财政政策和货币政策，在目标的选择、调节的重点等方面也存在差异。财政政策和货币政策在运用中可以是松松搭配，即扩张性财政政策和扩张性货币政策相结合；也可以是紧紧搭配，即紧缩性财政政策和紧缩性货币政策相搭配；还可以是松紧搭配，即扩张性财政政策与紧缩性货币政策相搭配；还可以是紧松搭配，也就是紧缩性财政政策与扩张性货币政策相搭配。选择何种搭配，需要政府根据社会经济发展的实际情况以及宏观调控的目标加以正确把握。

2.宏观经济调控的手段

政府对经济运行进行宏观调控是运用多种手段进行的，主要有经济手段、计划手段、法律手段和必要的行政手段。

（1）经济手段。它是指政府运用各种经济杠杆和经济政策来对国民经济进行调控的总称，它侧重的是经济利益关系协调。经济杠杆是指政府利用经济利益来引导各经济主体的经济行为，使之符合国民经济运行目标的调节工具。经济杠杆主要有税率、利率、价格、汇率等。通过调整这些杠杆使社会资源进行重新配置，起到牵一发而动全身的作用。

经济杠杆是同社会各方面的经济利益密切相关的，它们的变动会引起各经济主体利益的变化，从而引导、调节和控制各经济主体的经济活动，并将其纳入宏观调节的预定轨道。由于各项经济政策和各种经济杠杆各有自己适用的领域和作用特点，又有各自的局限性，政府必须注意综合运用，协调配套。

（2）计划手段。它是通过国家制订的长期、中期和短期经济计划，通过提出国民经济和社会发展的宏观调节目标及相应的经济政策，发挥总体指导和综合协调作用的手段。计划手段的正确运用可以减轻生产的无政府状态，促进经济均衡增长，弥补“市场失灵”的不足，促进资源的优化配置。

将计划与市场两种资源配置方式相结合，优势互补，提高资源配置使用效率，有利于促进可持续发展目标的实现，兼顾经济与环境、生态平衡的协调发展。

（3）法律手段。它是指国家依靠立法和执法机构，通过各种法规、条例来调节经济的手段。它包括三个内容：①经济立法，即制定各种经济法规，建立比较完善的经济法规体系，使合理的经济活动有法可依。②经济司法，即做到有法必依、违法必究、执法必严，以保证经济法规的贯彻执行。③经济仲裁，即经济纠纷仲裁。这是指双方当事人在经济活动中发生争执，自己不能协商解决，由仲裁机关根据法律作出判断和裁决。它有保护合法权益和惩罚违法犯罪两方面的作用，具有权威性和强制性。

（4）必要的行政手段。行政手段是指政府凭借国家政权的力量，依靠行政机构，采取强制性的命令、指示、规定等行政方式，来直接调节国民经济活动的手段。行政手段具有权威性、直接性、强制性、速效性、无偿性等特点。必要的行政手段可以保证经济手段、计划手段、法律手段的正确实施，在一定时期内它有存在的必要性。当其他手段的调节难以奏效时，行政手段的运用就显得非常必要。利用行政手段，一是要科学，要建立科学化、民主化的决策程序和严格的责任制；二是不能随意扩大范围，不能经常使用。

上述四种调控手段，各有优点和局限性，必须取长补短，综合运用。在市场经济中，应尽可能地运用经济手段和法律手段，减少行政手段的使用，严禁用行政手段替代经济手段。计划手段为经济手段调控指明了方向和目标，法律手段为保证经济手段有效地发挥调控作用起到了监督、规范作用。

拓展阅读6-5　提高宏观调控的前瞻性、针对性、有效性

提高宏观调控的前瞻性，就要使年度调控措施与长期结构调整目标保持一致。提高宏观调控的针对性，就要找准制约经济持续稳定发展的症结所在，抓住释放国内需求潜力和优化结构的着力点，综合运用各种调控手段精准发力。提高宏观调控的有效性，就要科学稳健把握宏观政策逆周期调节力度，把供给侧结构性改革主线贯穿于宏观调控全过程。在宏观调控中要确保经济实现量的合理增长和质的稳步提升，继续把改善民生作为宏观调控的出发点，按照供给侧结构性改革要求鼓励投资，切实把党领导经济工作的制度优势转化为治理效能。

2019年以来，我国经济运行保持稳中向好、长期向好基本趋势，全面建成小康社会取得新的重大进展。我们要深入贯彻落实中央经济工作会议精神，坚持稳字当头，坚

持宏观政策要稳、微观政策要活、社会政策要托底的政策框架，提高宏观调控的前瞻性、针对性、有效性，推动高质量发展，确保全面建成小康社会和“十三五”规划圆满收官。

（1）确保经济实现量的合理增长和质的稳步提升。当前，我国正处在转变发展方式、优化经济结构、转换增长动力的攻关期，结构性、体制性、周期性问题相互交织，“三期叠加”影响持续深化，经济下行压力加大。针对经济运行中存在的突出问题，中央经济工作会议提出要坚持稳字当头，坚持宏观政策要稳、微观政策要活、社会政策要托底的政策框架；坚决打赢三大攻坚战，全面做好“六稳”工作，统筹推进稳增长、促改革、调结构、惠民生、防风险、保稳定，保持经济运行在合理区间。这对明年的宏观调控提出了很高要求。必须围绕经济实现量的合理增长和质的稳步提升，提高宏观调控的前瞻性、针对性、有效性。

宏观调控的一项重要任务是保持总需求与总供给大体平衡，从而为经济增长提供均衡、持续、适度的拉动力，实现经济平稳增长。经济总量的增长和质量的提升，是紧密结合、不可分离的。总量的增长要靠需求来拉动，质量的提升需要结构的调整优化来拉动。要通过增量调节，实现质量提升；通过质量提升，促进经济增长。特别是解决发展不平衡、不充分问题，补上发展短板，既是质的提升，又能带来量的增长。当前强调提高宏观调控的前瞻性，就要对供给侧结构性改革的近期、中期和远期目标有明晰的规划，对实现目标的手段有效运用，使年度调控措施与长期结构调整目标保持一致，按照供给侧结构性改革的方向扩大有效需求。同时，对经济运行中可能出现的问题和外部冲击要有应对预案。提高宏观调控的针对性，就要找准制约经济持续稳定发展的症结所在，抓住释放国内需求潜力和优化结构的着力点，综合运用各种调控手段精准发力。提高宏观调控的有效性，就要科学稳健把握宏观政策逆周期调节力度，把供给侧结构性改革主线贯穿于宏观调控全过程。要根据对调控成效的动态评估，及时调整政策工具、政策组合和调控力度，进行适时适度调控，确保实现预期目标。宏观调控不是代替和削弱市场的作用，而是要运用市场机制，通过宏观政策引导市场主体行为，实现预期目标。把政府的宏观调控同市场机制有机结合起来，可以达到事半功倍的效果。

（2）继续把改善民生作为宏观调控的出发点。在近几年的宏观调控中，我们把改善民生、扩大居民消费作为重点，改变了投资与消费严重失衡的局面，既提高了人民消费水平、增强了人民获得感，又提高了消费对经济增长的拉动作用，取得明显成效。2018年最终消费支出对GDP增长的贡献率达到76.2%，与2010年相比提高了31.3个百分点；资本形成总额的贡献率为32.4%，比2010年降低了33.9个百分点。这一升一降，相当于每年有1/3左右的GDP由过去用于投资转变为用于消费，使人民群众从经济增长中更多受益，宏观经济效益大幅度提高。

应当看到，我国目前正处于从生存型消费向发展型消费、享受型消费升级的阶段，人们对医疗、健康、教育、休闲、旅游、信息、文化、社会保障、公共服务等的消费需求日益增长，扩大消费仍有较大空间。农村居民的购买力亟待提高，农村的基本公共服务水平落后于城市，农村消费市场潜在需求巨大，需要通过实施乡村振兴战略把潜在需求转变为有效需求。2019年4月15日《中共中央 国务院关于建立健全城乡融合发展体制机制和政策体系的意见》提出，坚决破除妨碍城乡要素自由流动和平等交换的体制机制壁垒；建立集体经营性建设用地入市制度。如果村庄整治节约的建设用地指标能够入市，可以收到一举多得之效：一是有利于为建设美丽宜居的新农村筹集资金；二是有利于满足城市建设用地需求并稳定城市房地产价格；三是有利于释放农村市场的巨大需求。唤醒沉睡的土地资本，推进新农村建设、农民工市民化、农业现代化、特色小镇建设，激活蛰伏的发展潜能，释放出我国经济增长新动能，将对保持经济运行在合理区间发挥重要作用。城市里一些老城区，房屋破旧，道路狭窄，地下管线老化，缺少停车场。加大老城区改造力度，提高老城区居民生活质量，对释放国内市场需求潜力将起到立竿见影的效果。全国现有失能半失能老人4 000多万人，如能建立社会化照护保障体系，把居家、社区、机构养老照护结合起来，既能减轻数千万家庭的负担，又能增加就业岗位。为旧楼房加装电梯，既能为老年人提供便利，又能拉动需求，也是一件很值得干的善举。扩大职业教育规模，增加技能人才数量，也是扩大内需的重要举措。应建立大学与职业学校之间的联系，鼓励本科毕业生学一门专业技能，为职业学校毕业生深造创造条件。近年来，我国公民出境游发展迅速，境外消费额不断增长。可以通过降低奢侈品进口关税、增设免税店等措施，把我国公民的境外消费吸引到境内。

（3）按照供给侧结构性改革要求鼓励投资。我国经济发展空间大，可干的事情很多。按照供给侧结构性改革的要求鼓励投资，推动产业结构优化升级，增强经济发展后劲，是宏观调控的一项重要任务。当前，以下一些领域仍有较大投资空间和增长潜力。一是高新技术产业和新基础设施建设。对芯片等关键零部件、新材料等卡脖子技术和产品，应采取新型举国体制，组织产业联盟，充分满足资金需求，实行协同攻关。加快5G网络建设，形成泛在、安全、高效的移动网络，为发展人工智能、工业互联网、物联网、区块链和数字经济提供条件。二是推广清洁、可再生能源。应发展风能、太阳能等可再生能源，推广煤炭清洁利用技术。改性甲醇消除了普通甲醇腐蚀性、溶胀性、低温启动难三大弊病，以改性甲醇替代汽柴油和燃煤，有利于治理大气污染。充分利用国内低阶煤资源，减少石油进口，经济效益、社会效益、生态效益明显。这方面的研发和技术推广有较大市场前景。三是发展环保产业。把环保产业作为支柱产业，打好蓝天、碧水、净土保卫战。将固废资源化、市场化，既可减少土地占用，又可减少碳排放。四是发展集约化、现代化农业。鼓励农户以耕地承包权入股，吸引社会资本进入，兴办合作社、农业公司，发展规模化、设施化、精准化种植养殖业，提高农业科技水平和劳动生产率。这将拉动农用工业的发展，并提高农业的国际竞争力。五是发展通用航空业。我国高铁网、高速公路网规模已居全球首位，但与发达国家相比，通用航空业还比较落后。应把发展通用航空业作为军民两用产业的重点，解决相关管理体制问题，使之尽快发展成为一个万亿元级的大产业。此外，城市群内的轨道交通、城市地下管廊、海绵城市、水利设施、冷链物流等，也蕴藏着投资增长点。

（4）切实把党领导经济工作的制度优势转化为治理效能。改革开放以来，我们不断改进宏观调控手段，有效克服了经济大起大落，实现了平稳持续发展。其中一条重要经验，就是在党中央集中统一领导下，各部门密切配合、形成合力。宏观调控主要是围绕经济增长速度、货币发行量、财政收支、居民收入、投资规模、物价、就业、国际收支等指标搞好综合平衡。各项调控指标由国务院协调各部门反复讨论确定，经过全国人大会议批准，具有法律效力，各部门分工负责，保证目标的实现。

2019年中央经济工作会议要求，各地区各部门要全面贯彻党的十九届四中全会精神，在推进国家治理体系和治理能力现代化上多下功夫，切实把党领导经济工作的制度优势转化为治理效能。首先，应根据各项经济工作任务的轻重缓急统筹部署，并分别放在五年规划或年度调控中实现。其次，应确保各项经济政策同向发力，形成宏观调控的政策合力。继续实施积极的财政政策和稳健的货币政策。积极的财政政策要大力提质增效，更加注重结构调整，坚决压缩一般性支出，做好重点领域保障，支持基层保工资、保运转、保基本民生。稳健的货币政策要灵活适度，保持流动性合理充裕，货币信贷、社会融资规模增长应同经济发展相适应，降低社会融资成本。科学稳健把握宏观政策逆周期调节力度，经济偏冷时，踩一下油门；经济偏热时，踩一下刹车，以熨平周期。采取积极措施推动产业升级，在自主创新上坚持不懈、舍得投入。财政政策、货币政策要同消费、投资、就业、产业、区域等政策形成合力，引导资金投向带动力强的先进制造、民生建设、基础设施短板等领域，促进产业和消费“双升级”。再次，应把提高宏观调控的前瞻性、针对性、有效性作为推进国家治理体系和治理能力现代化的一项重要内容。按照党的十九届四中全会部署，健全以国家发展规划为战略导向，以财政政策和货币政策为主要手段，就业、产业、投资、消费、区域等政策协同发力的宏观调控制度体系；完善国家重大发展战略和中长期经济社会发展规划制度，不断把制度优势转化为治理效能。

资料来源　郑新立. 提高宏观调控的前瞻性、针对性、有效性［N］. 人民日报，2019-12-24.

第五节　社会主义市场经济的社会保障体系

一、社会保障体系概述

1.社会保障体系的内涵

社会保障体系是国家通过立法和国民收入再分配，对社会成员由于年老、疾病、伤残、失业、贫困、低收入等多种原因出现生存困难时提供基本生活需要的一系列政策制度。社会保障分配的目的是满足社会成员对生存资料的需要，其分配主体是国家（社会）、企业、个人。

社会保障体系是社会化大生产的产物，是经济发展与社会进步的重要标志，也是保证社会稳定、创造有利于经济发展的环境的重要措施。建立健全社会保障体系，是社会主义市场经济的本质要求。

2.社会保障体系的基本内容

社会保障体系主要包括社会救助、社会保险、社会福利和社会优抚四个方面的内容。

(1) 社会救助。它指国家对无生活收入来源的寡残孤幼、遭受天灾人祸而使生活一时变得困难的家庭和个人、生活在国家最低生活标准以下的社会成员提供的生存保障。社会救助的目的是帮助接受救助的人获得最起码的生活条件，所以社会救助是社会保障体系的最低纲领。社会救助是国家和社会必须始终认真履行的最起码的社会保障职责。

(2) 社会保险。它指根据立法，由劳动者、劳动者所在单位或社区及政府多方共同筹资，帮助劳动者及其亲属或遗属，在遭遇工伤、死亡、疾病、年老、失业、生育等风险时，防止收入中断、减少和丧失，以保障其基本生活需求的制度。社会保险由国家举办，带有普遍性、强制性、互济性、储蓄性及补偿性等特征。社会保险的目标是保障劳动者在暂时或永久失去工资收入后仍能维持和在业期间差别不大的基本生活水平，其对象是所有劳动者。因此，它是一种最重要的社会保障方式，需由立法强制推行。社会保险是社会保障体系中最基本、最核心的内容，是社会保障体系中的基本纲领，主要包括养老保险、失业保险、工伤保险和医疗保险四个方面。

(3) 社会福利。它指国家或社会在法律和政策范围内，在居民住宅、公共卫生、环保、基础教育等领域，向全体公民普遍提供资金帮助和优质服务的社会性制度。社会福利表现为国家及各种社会团体举办的多种福利设施、提供的社会服务以及举办的各种社会福利事业，目的是改善人民生活、提高公民的生活质量。一国的社会福利水平基本上是由国民经济发展水平决定的。社会福利是社会保障体系中的最高纲领。因为社会福利旨在改善受惠者的生活，是工资外的另一份收入，所以有“社会工资”的美称。如果把社会救助称为“雪中送炭”，那么社会福利则可称为“锦上添花”。

(4) 社会优抚。它指国家和社会按照规定，对法定的优抚对象，如现役军人、伤残军人、烈士、复退军人及其家属等，为保证其一定生活水平而提供的资助和服务，是一种带有褒扬、优待和抚恤性质的特殊保障。这部分公民具有特殊身份，因而可把社会优抚当成社会保障体系中的特殊纲领。

我国社会经济发展不平衡，居民收入差距较大的现实情况决定了我国社会保障方式也是多样化的，既要有国家法定的基本保障，也要有补充保险和商业保险，以满足各方面的需要。国家法定的保障解决的是人们的基本保障，而较高水平的保障需要通过发展补充保险和商业保险来解决。随着经济的发展和国家与个人财富的增加，保障范围和标准也应适当调整，使更多的城乡居民分享改革和发展的成果。

3.社会保障制度的基本特征

社会保障制度是市场经济的伴生物，是分配体系的一个有机组成部分。随着社会主义市场经济的不断发展和完善，社会生产力水平不断提高，社会保障制度将日趋完善，逐渐实现社会化和法制化。完善的社会保障制度应具有如下特征：

(1) 覆盖层面的社会广泛性。完善的社会保障制度的受益范围是广泛的，保障的辐射角度也是全方位的，它犹如一张安全网，覆盖了社会经济生活的各个层次和方面，任何一个社会成员都不应该被排斥或遗漏在这张安全网之外。

(2) 参与上的强制性。社会保障是以国家为主要主体，按照法律规定，强制实施的一种社会保障制度。任何一位公民，只要符合社会保障的有关法律规定，都必须参加社会保障并受其保障。社会保障的强制性还突出地表现在其资金的筹集上。从世界各国社会保障的实践来看，社会保障的资金筹集以法律规定强制性的方式加以保证。

（3）制度上的立法性。相应的立法是社会保障得以实施的依据，它规定了人们在社会保障活动中可以做什么，不可以做什么，违反了社会保障规范应承担什么责任等内容。这可以使社会保障的具体实施过程更加制度化、明晰化，避免主观随意性。

（4）受益制度的约束性。社会保障以人道主义为本色，它直接带来的不是享受，而是一种有限度的受益。无限度和无约束的受益不仅违背了社会保障质的规定性，而且也有悖于"效率优先，兼顾公平"的原则。

4.社会保障的功能

从总体上看，社会保障的功能可以概括为以下四点：

（1）社会稳定功能。这一点集中表现为"安全网"和"减震器"的作用。比如，通过调节社会成员的收入差距，保障公民的基本生活需求，缓解分配不公的矛盾，从而调节社会成员间的物质利益关系，达到社会稳定的目的；失业保险能够使失业者得到基本生活保障，从而减轻失业给社会带来的压力。建立比较完善的社会保障体系，有助于消除不稳定因素，保障社会稳定，促进经济发展。

（2）经济调节功能。在现代经济中，社会保障对经济的调节作用越来越大。第一，调节社会总供给和总需求。当经济增长时，劳动者收入增加，失业率降低，社会保障开支也随之下降，从而起到缓解社会总需求增加的作用，抑制了经济过热；反之，在经济发展缓慢或处于低潮时，劳动者收入难以正常提高，就业率降低，此时社会保障开支增加，刺激社会有效需求相应增加，有利于经济正常发展。第二，为经济增长筹集资金。基金式社会保障制度是目前许多国家都重视并实行的一种方式，能够经常保持一定规模的资金盈余，构成可供政府支配的储蓄。政府可根据需要运用这笔余额资金调节积累和消费的比例关系，促进经济结构的优化。因此，社会保障完全可以用来为实现特定时期的经济政策服务。

（3）分配功能。这一点主要体现在国民收入的再分配中。财政预算是国民收入再分配的主渠道，国家把通过各种形式收集起来的税金、上缴利润、收费等集中起来形成国家预算收入，然后通过预算支出形成积累基金和消费基金，而相当一部分消费基金是社会保障基金，属于国家预算中的专项收入，由国家按一定方式和要求再进行分配使用，便形成了所谓的社会保障支出、社会救助支出、社会福利支出、社会优抚支出等。此外，在实际运作中，并非所有的社会保障基金都是通过财政进行分配的。完善的社会保障体系下的社会保障费用通常由国家、单位和社会成员个人三方面共同承担，社会保障预算大部分要纳入国家预算加以集中管理。

（4）保障劳动力再生产的功能。社会保障通过多方面的作用为劳动力的再生产提供物质保障。通过劳动者收入的保障和健康保险，劳动者的劳动能力得到恢复和进行再生产；通过向失业者和生活困难者提供基本生活保障，他们的劳动力得到保护，为其再就业创造条件；通过对劳动家属及后代的保障，为培养新一代劳动力提供物质保障；通过向暂时或永久丧失劳动能力的劳动者提供基本生活保障，并与过去的劳动贡献挂钩，能够鼓励在职劳动者积极工作，为社会多做贡献。

二、建立健全同社会经济发展相适应的社会保障体系

中共十六大以来，党和国家不断推进社会保障体系建设，制度建设取得突破性进展，先后建立了城镇居民基本医疗保险、新型农村社会养老保险和城镇居民社会养老保险等重要制度，颁布实施社会保险法，社会保障体系框架基本形成，社会保障覆盖人群迅速扩大，社会保障水平大幅提高，广大人民通过享受社会保障得到更多实惠。十八届五中全会通过的《中共中央关于制定国民经济和社会发展第十三个五年规划的建议》指出，要建立更加公平更可持续的社会保障制度。中共十九大突出强调“必须坚持以人民为中心的发展思想，不断促进人的全面发展、全体人民共同富裕”“永远把人民对美好生活的向往作为奋斗目标”“坚持在发展中保障和改善民生。增进民生福祉是发展的根本目的”“用制度体系保证人民当家作主”“必须始终把人民利益摆在至高无上的地位，让改革发展成果更多更公平惠及全体人民，朝着实现全体人民共同富裕不断迈进”等。

1.现有社会保障体系存在的主要问题

社会保障是人民群众的“安全网”、社会运行的“稳定器”和收入分配的“调节器”，具有优化资源配置、促进社会公平和保障国家长治久安的作用。经过长期努力，特别是“十二五”时期的攻坚克难，我国社会保障体系有了长足发展，基本形成社会保险、社会救助、社会福利和慈善事业相衔接的总体框架。但也应看到，目前社会保障制度设计和运行还存在一些深层次矛盾和问题。在经济进入新常态以及人口老龄化、新型城镇化加快推进的背景下，这些矛盾和问题会成为我国经济社会发展的制约因素。

（1）制度分割导致了地区利益与群体利益的失衡。以法定的基本养老保险为例，迄今仍然停留在地区分割状态，导致了不同地区筹资负担畸轻畸重和基金余缺两极分化现象。医疗保险在一些地区仍然是按照职工、城镇居民、农村居民三大群体的分割状态，同一地区不同身份的人口享受的是不同的医疗保障待遇，更造成了医疗保险基金的分割化，进而影响到基金的使用效率，降低了医疗保险制度的风险分散与保障能力。

（2）权责不清导致了主体各方责任边界模糊，进而造成责任失衡和受益主体权益失衡。对社会保障的责任分担在政府、用人单位、个人及家庭之间并不清晰，中央政府与地方政府的责任分担亦处于模糊状态。10多年的发展证明，这种权责边界不清带来的是政府责任日益加重，个人分担的责任比率不断下降；中央政府的责任日益加重，地方政府分担的责任比率不断下降。由此带来了不同地区、不同用人单位、不同群体的社会保障权益的失衡。以城乡居民医疗保险为例，2003年出台农村新型合作医疗试点方案时，政府补贴与个人缴费之比是2∶1，现在普遍演变为3∶1、4∶1，甚至个别地区达到8∶1或更高，这种情形改变了制度变革追求责任均衡或相对均衡的初衷，追求共享的权益高涨，而承担共建责任的积极性在下降。照此发展下去，必然会因社会保障制度的刚性发展而致可持续性不足。

（3）政府主导的法定基本保障独大，市场与社会提供的补充保障并未得到应有的

发展。我国社会保障覆盖面特别是养老保险与医疗保险覆盖面的持续提高，在很大程度上取决于国家财政补贴的增长，政府负担基础性养老金使这一制度迅速覆盖到所有老年人身上；同样也是政府补贴的提高使全民医保目标得以快速实现。但市场主体与社会力量参与社会保障体系建设的积极性并未得到有效调动。比如，多层次养老保险体系是我国养老保险改革的既定目标，也是当今世界养老金制度改革与发展的共同趋势，但在我国只有约5%的人享有第二层次即企业年金，商业性的养老保险更是几乎可以忽略不计，法定基本养老保险一层独大的局面既使这一层次承担了所有的压力，也使第二三层次养老金丧失了存在与发展的空间；慈善事业发展不够充分，对法定社会保障制度的补充严重不足。市场主体与社会力量参与的缺失，结果必然导致整个社会保障体系建设的物质基础无法持续壮大，亦使城乡居民的福利需求得不到有效满足。

（4）养老、育幼、助残等方面的基本公共服务发展不足。在过去30多年间，整个社会保障体系所表现出的特征是经济保障受到高度重视并确实取得了巨大成效，但服务保障供给严重不足，养老服务、托幼服务、残疾人服务等社会福利事业因政府投入有限性与市场、社会投入积极性没有得到有效调动，一直处于发展不充分的状态，直接影响了城乡居民后顾之忧的解除，也制约了城乡居民生活质量的持续提高。

2.建立和健全完善的社会保障体系

中共十九大报告指出，要按照兜底线、织密网、建机制的要求，全面建成覆盖全民、城乡统筹、权责清晰、保障适度、可持续的多层次社会保障体系。全面实施全民参保计划。完善城镇职工基本养老保险和城乡居民基本养老保险制度，尽快实现养老保险全国统筹。完善统一的城乡居民基本医疗保险制度和大病保险制度。完善失业、工伤保险制度。建立全国统一的社会保险公共服务平台。统筹城乡社会救助体系，完善最低生活保障制度。坚持男女平等基本国策，保障妇女儿童合法权益。完善社会救助、社会福利、慈善事业、优抚安置等制度，健全农村留守儿童和妇女、老年人关爱服务体系。发展残疾人事业，加强残疾康复服务。坚持房子是用来住的、不是用来炒的定位，加快建立多主体供给、多渠道保障、租购并举的住房制度，让全体人民住有所居。

（1）全面建成多层次社会保障体系，就是要坚持全覆盖、保基本、多层次、可持续的基本方针，按照兜底线、织密网、建机制的基本要求，实现覆盖全民、城乡统筹、权责清晰、保障适度、可持续的奋斗目标，更好体现社会公平正义，努力满足人民群众差异化需求。这是社会保障体系自身发展完善的必然要求，与全面建成小康社会目标相契合。

（2）全面建成多层次社会保障体系，就是要在保障项目上，坚持以社会保险为主体，社会救助保底层，积极完善社会福利、慈善事业、优抚安置等制度；在组织方式上，坚持以政府为主体，积极发挥市场作用，促进社会保险与补充保险、商业保险相衔接。要积极构建基本养老保险、职业（企业）年金与个人储蓄性养老保险、商业保险相衔接的养老保险体系，协同推进基本医疗保险、大病保险、补充医疗保险、商业健康保险发展，在保基本基础上满足人民群众多样化、多层次的保障需求。

（3）全面建成多层次社会保障体系。“兜底线、织密网、建机制”是基本要求。兜底线，就是要发挥社会政策的托底功能，切实保障群众基本生活需求，兜住民生保障底线，坚守社会稳定底线；织密网，就是要实现制度最广泛的覆盖，让人人都能享受基本社会保障；建机制，就是要持续深化改革，建立健全体制机制，不断提高社会保障法治化、制度化水平。“覆盖全民、城乡统筹、权责清晰、保障适度、可持续”是奋斗目标。覆盖全民，就是要不断扩大社会保障覆盖面，基本实现法定人员全覆盖；城乡统筹，就是要统筹推进城乡居民社会保障体系建设，合理缩小社会保障领域的城乡差异；权责清晰，就是要明确各级政府和用人单位、个人、社会的社会保障权利、义务和责任；保障适度，就是要根据经济发展确定保障待遇水平，合理引导群众的保障预期；可持续，就是要确保各项社会保险基金收支平衡，制度长期稳定运行。

拓展阅读6-6

坚持和完善统筹城乡的民生保障制度

增进人民福祉、促进人的全面发展是中国共产党立党为公、执政为民的本质要求。党的十九届四中全会（以下简称全会）提出要坚持和完善统筹城乡的民生保障制度，满足人民日益增长的美好生活需要。

坚持和完善统筹城乡的民生保障制度，体现了中国共产党坚持以人民为中心的价值旨归。新时代，人民幸福感的获得以及对美好生活的期待，与就业、教育、社会保障等密切相关。为回应人民群众的这些关切，中国共产党提出了一系列有效增进人民福祉的长效机制和制度安排。

（1）以就业增进百姓幸福感。就业是民生之本、财富之源。就业既是经济政策靶向，也是政府安邦之策。习近平总书记强调，要坚持就业优先，做好当地百姓就业这篇文章。“政府搭台促就业、市场需求引就业、民众自主来创业”精准反映了中国的就业状况。

中华人民共和国成立70年以来，尤其是近10年，我国就业工作取得了巨大成就，同时也存在一些问题。我国依然是世界上人口和劳动力供给最多的发展中国家，解决就业问题具有长期性、艰巨性、迫切性和复杂性的特点。

“治国之道，富民为始。”要实现人民安居乐业、社会富足安康，离不开稳就业的兜底保障。面对经济下行压力加大和外部环境影响，党中央、国务院把稳就业放在更加突出位置，实施了一系列稳就业、促就业的政策措施，保持就业形势总体稳定。

全会公报提出“要健全有利于更充分更高质量就业的促进机制”这一目标，释放制度活力。综合近些年就业情况，就业政策的顺利实施与经济增长不断趋稳向好、改革红利不断释放休戚相关。正是在持续不断的经济政策调整下，相关配套就业政策才能源源不断地激发出巨大的经济活力，培育出多元化的就业“蓄水池”，从而实现充分就业。

(2) 终身学习铸就强国根基。“无人不当学，无时不当学。”终身教育是我国转入高质量发展的现实需要，也是新时代贯彻终身学习理念的必然要求。增强我国综合国力、实现人才强国战略、建设创新型国家，要求形成面向每个人、适合每个人的更加开放灵活的终身教育体系，构建起人人皆学、处处能学、时时可学的学习型社会。

构建终身教育体系、建设学习型社会是当前社会的共识，也是建设创新型国家的必由之路。党的十九大报告指出，“加快建设学习型社会，大力提高国民素质”。全会提出“构建服务全民终身学习的教育体系”。上述内容充分表明了党和国家对终身教育的重视力度。

当前我国终身教育体系还处于破冰阶段，教育系统内部、教育行业与其他行业之间存在不融通、不衔接等问题。因此，构建终身教育体系、建设学习型社会，需要从以下方面发力：全面贯彻党的教育方针，完善立德树人体制机制；实施国家资历框架，加快建设“学分银行”，完善多种教育统筹协调发展机制；支持和规范民办教育；发挥网络教育和人工智能优势，创新教育和学习方式。终身教育是实现学习强国的重要途径，也是实现人才强国战略的必由之路。

(3) 社会保障彰显中国特色。社会保障是一种制度设计，更是一套复杂体系。十九大报告明确要加强社会保障体系建设，全面建成覆盖全民、城乡统筹、权责清晰、保障适度、可持续的多层次社会保障体系。目前我国基本形成了涵盖社会保险、社会福利、社会救助、慈善事业、社会优抚、住房保障在内的社会保障体系框架。

我国社会保障体系建设发展迅速，切实保障和改善了民生，有力促进了经济发展，实现了国民收入的再分配，降低并防控了风险，维护了社会稳定和谐，促进了社会公平正义。

当前，我国社会保障体系还有一些问题亟待解决，如人口老龄化影响了养老保险、医疗保险、养老服务制度的有序推进，同时也对养老保险和医疗保险体系提出了更高要求；农村老年人的社会保障体系相对比较脆弱。

全会提出“完善覆盖全民的社会保障体系”。一方面，我国社会保障体系需始终坚持以习近平新时代中国特色社会主义思想为指导，努力实现制度体系、保障能力的提升发展，努力做到人人有保障，促进社会公平公正和人的全面发展；另一方面，我国社会保障体系的目标和任务已经确定，那就是要建成完善、覆盖全民的社会保障体系。

(4) 全民健康事关全面小康。健康不是一切，但是没有健康就没有一切。健康是促进人全面发展的内在要求，不仅关乎个人的生活质量，也关乎亿万家庭的幸福和整个社会的和谐稳定。

经过中华人民共和国70年的建设和发展，我国医疗卫生事业取得了巨大成就，然而当前群众看病就医还存在不少难题。党的十八大以来，以习近平同志为核心的党中央高度重视全民健康。近几年，党和国家作出一系列重大决策：从十八届五中全会作出“推进健康中国建设”的战略决策，到召开21世纪第一次全国卫生与健康大会；从印发建设健康中国的行动纲领——《“健康中国2030”规划纲要》，到国务院制定和实施

《“十三五”卫生与健康规划》《“十三五”深化医药卫生体制改革规划》；从党的十九大提出“实施健康中国战略”到十九届四中全会提出“强化提高人民健康水平的制度保障”，这些都体现了党和国家在保障和改善国民健康方面的顶层设计和制度安排，使精准对接和满足群众多层次、多样化、个性化的健康需求得以实现。

全会提出强化提高人民健康水平的制度保障的任务和要求，充分彰显了“人民至上”的价值取向，体现了中国共产党为人民谋幸福的初心和使命。

资料来源　邹文开. 坚持和完善统筹城乡的民生保障制度［EB/OL］.（2019-12-09）. http://www.china.com.cn/opinion/theory/2019-12/09/content_75493511.htm.

本章小结

社会主义市场经济体制是社会主义基本经济制度与市场经济的结合。建立社会主义市场经济体制是理论创新的结果，更是实践发展的必然。社会主义市场经济体制既有市场经济的共性，又有反映社会主义经济制度和具体国情的特性。

企业是国民经济的细胞，是社会主义市场经济体制的微观基础。国有企业改革是整个经济体制改革的中心环节。国有企业是国民经济的支柱，建立现代企业制度是国有企业改革的方向。对国有经济进行战略性调整，对国有企业进行战略性改组，建立中央政府和地方政府分别代表国家履行出资人职责，权利、义务和责任相统一，管资产和管人、管事相结合的国有资产管理体制，是经济体制改革的重大任务。要理顺国家与国有企业的产权关系，确立企业法人财产权制度，明确企业法人与出资者的权利和义务。要理顺企业中出资者、经营者与劳动者之间的关系。

要充分发挥市场机制在资源配置中的决定性作用，健全统一、开放、竞争、有序的现代市场体系。要进一步发展和完善生产要素市场，建立主要由市场形成价格的机制。要整顿和规范市场秩序，健全现代市场经济的社会信用体系，促进商品和生产要素在全国市场自由流动。

宏观调控是现代市场经济的基本特征之一，必须建立和健全宏观调控体系，加强和完善宏观调控。宏观调控的主要目标是：促进经济增长、增加就业、稳定物价、保持国际收支平衡。要进一步健全宏观调控手段，完善国家财政政策、货币政策等相互配合的宏观调控体系。社会保障体系是社会稳定和国家长治久安的重要保证，要建立健全同经济发展水平相适应的社会保障体系。社会保障体系的主要内容有社会保险、社会救济、社会福利、社会优抚。中共十九大报告提出要按照兜底线、织密网、建机制的要求，全面建成覆盖全民、城乡统筹、权责清晰、保障适度、可持续的多层次社会保障体系。

课后练习

▲简答题

1. 为什么说社会主义市场经济体制是与社会主义基本经济制度结合在一起的？

2. 现代企业制度的基本特征和内容有哪些？国有企业应该如何建立和完善现代企业

制度？

3.市场机制包含哪些内容？

4.如何认识我国市场体系的现状及前景？

5.宏观经济调控的目标及手段有哪些？

6.如何有效地运用各种宏观经济调控政策和手段来实现经济调控目标？

7.社会保障体系的内容和功能有哪些？

8.我国现行社会保障体系还存在哪些问题？应如何进一步完善我国的社会保障体系？

▲材料分析题

2019年9月4日，银保监会、农业农村部联合发布了《关于支持做好稳定生猪生产保障市场供应有关工作的通知》（以下简称《通知》），部署支持稳定生猪生产、保障市场供应相关工作。

在资金补助方面，《通知》要求，在继续执行因非洲猪瘟疫情强制扑杀生猪（含人工饲养野猪）补助工作的基础上，加快经费发放，结算周期从一年调整为半年，且各县市需要在补助资金下达后3个月内给付到位。同时，对生猪良种实施补贴措施。补贴对象为使用良种猪精液开展人工授精的母猪养殖场（户），补贴标准为每头能繁母猪年补贴额不超过40元。

在猪场贷款方面，《通知》要求将针对种猪场和规模猪场的流动资金贷款贴息政策延长至2020年年底，并在延长期内适当扩大贴息范围，将新建、改扩建这两类猪场的建设资金纳入支持范围。

在奖励措施方面，《通知》要求2019年中央财政适当增加生猪调出大县的奖励资金规模，以此调动地方尽快将增产潜力转化为实际生产能力。

此外，《通知》还要求暂时提高能繁母猪、育肥猪保险保额，将能繁母猪保险保额从1 000～1 200元增加至1 500元、育肥猪保额从500～600元增加至800元。值得注意的是，这项政策的实施期限从2019年5月1日开始计算。

9月2日，交通运输部、农业农村部联合印发了《关于对仔猪及冷鲜猪肉恢复执行鲜活农产品运输“绿色通道”政策的通知》，该通知对猪肉、生猪运输给出了两项优惠政策。

一是自2019年9月1日起，对整车合法运输仔猪及冷鲜猪肉的车辆，恢复执行鲜活农产品运输“绿色通道”政策；

二是在2019年9月1日至2020年6月30日期间，对整车合法运输种猪及冷冻猪肉的车辆，免收车辆通行费。

按照此前中国政府网披露的信息，在8月22日的国务院常务会议确定的稳定猪肉生产政策包中，即包括“将仔猪及冷鲜猪肉运输纳入‘绿色通道’政策范围，降低物流成本”，此次交通运输部落地的政策则更进一步，在未来超过3个季度的时间内，对整车合法运输种猪及冷冻猪肉的车辆，免收车辆通行费。

由于猪肉价格的变动以及生猪养殖行业的变化，在最近一段时间中，各级地方政府和相关部委的鼓励养殖、稳定市场的政策在不断释出。

资料来源　佚名. 2019年国家养猪补贴政策，最新养猪贷款政策以及养猪政策养猪用地［EB/OL］.［2019-09-03］. https：//www.sohu.com/a/340694015_120118186.有删减.

结合材料请回答：

（1）宏观调控的作用。

（2）宏观调控的目标和手段。

（3）我国应如何加强宏观调控？

第七章

经济全球化与国际经济关系

学习目标

通过本章的学习，学生应了解跨国公司在经济全球化发展过程中的作用，以及经济全球化对发达国家和发展中国家经济发展产生的不同影响，明确经济全球化给中国经济发展带来的机遇和挑战，科学认识社会主义发展的历史进程。

案例导入

在2018年首届中国国际进口博览会上，100多家美国企业参展，以3.6万多平方米的参展面积位列前3名。2019年，美国企业更加踊跃，报名参展的数量超过190家，参展面积达到4.75万平方米，居各参展国首位，由此可以看出美国企业对中国市场的重视和热情。这也从一个侧面表明，合作共赢始终是世界发展的主旋律，经济全球化始终是不可阻挡的大趋势。

“长江、尼罗河、亚马孙河、多瑙河昼夜不息、奔腾向前，尽管会出现一些回头浪，尽管会遇到很多险滩暗礁，但大江大河奔腾向前的势头是谁也阻挡不了的。”在第二届中国国际进口博览会开幕式主旨演讲中，习近平主席以气势磅礴的江河为喻，深刻揭示了经济全球化的不可逆转。在贸易保护主义和逆全球化思潮泛起的背景下，这一登高望远的判断，更加深邃厚重，更显责任担当。

经济全球化是人类社会科技进步和生产力发展的必然结果。回看历史，第一次工业革命催生国际分工，英国棉纺厂加工来自世界各地的棉花，棉布成为最早的全球化商品。20世纪70年代以来，信息技术革命席卷全球，以互联网为代表的数字经济使得人们生活在一个互为邻里的“地球村”中。面向未来，人工智能、大数据、量子通信、区块链等新一轮科技革命和产业变革正在积聚力量，它们本身所具有的开放、共享等特征，将进一步推动经济全球化深入发展。这是历史规律，也是时代潮流，不可能以人的意志为转移。

在生产要素自由流动的全球市场中，不同国家能够充分发挥自身优势，开展良性竞争，在互通有无中积累财富，改善国民生活。中国的进博会就是典型的例子。

以进博会为平台，来自孟加拉国贫困地区的手工黄麻工艺品摆进上海商场的橱窗，美国夏威夷的新鲜水果现身中国的茶饮店，意大利企业的“网红”小家电牵手中国电商……自由贸易创造了真正的双赢、多赢局面，经济全球化进程极大地促进了财富增长和社会发展。“智者建桥梁，愚者筑高墙”，倘若以邻为壑、固步自封，甚至把一己之利凌驾于人类利益之上，最终只能是损人不利己。

经济全球化不可阻挡，各个国家渴望和平与发展的心愿也不可阻挡。中华人民共和国成立70年来特别是改革开放40多年来，积极融入全球市场、参与国际分工，逐渐发展成为全球第二大经济体。如今，更多发展中国家希望汲取中国成功的经验，期待在公平有序的国际环境中扩大对外开放，深度参与经济全球化进程，进而在国际贸易中创造更多财富、改变国家命运。没有谁能够阻挡世界各国人民迈向美好生活的脚步，也没有谁能抑制世界各国人民对和平、发展、进步的渴望。

曾担任国际货币基金组织总裁的拉加德这样评价进博会：“今天的中国正在搭建三座桥：通往世界之桥，通往繁荣之桥，通往未来之桥。”中国是经济全球化的坚定维护者，是自由贸易的坚定捍卫者，更是人类社会美好未来的忠诚守望者。中国开放的大门只会越开越大，并将以更多务实行动和举措，助力经济全球化的时代浪潮长河浩荡、奔腾不息。

资料来源　佚名．经济全球化始终是不可阻挡的大趋势［N］．人民日报，2019-11-06.

第一节　经济全球化发展的客观趋势

一、经济全球化

从商业资本、借贷资本到产业资本的国际化，表明资本国际化的发展促使国际经济关系逐步向深度和广度拓展，在此基础上，经济出现了全球化的趋势。国际货币基金组织对经济全球化的定义为：经济全球化是指跨国商品与服务贸易及国际资本流动规模和形式的增加，以及技术的广泛、迅速传播，使世界各国经济的相互依赖性增强。其中最重要的标志是国际贸易的迅速增长。

经济全球化是市场竞争发展到一定阶段的必然要求，是生产社会化和经济关系国际化发展的客观趋势。经济生活国际化的历史可追溯到18世纪，它是工业革命的直接结果。工业革命不仅奠定了资本主义制度的物质基础，确定了资本主义制度在全球的统治，导致世界市场的形成，同时也开始了经济全球化的过程。正如马克思、恩格斯所说：“资产阶级，由于开拓了世界市场，使一切国家的生产和消费都成为世界性的了……过去那种地方的和民族的自给自足和闭关自守状态，被各民族的各方面的互相往来和各方面的互相依赖所代替了。物质的生产是如此，精神的生产也是如此。”①

① 马克思，恩格斯．马克思恩格斯选集：第1卷［M］．北京：人民出版社，1972：255.

20世纪90年代以后，随着两极“冷战”格局的结束，经济全球化的进程明显加快了，已经进入一个新的发展阶段。这其中的原因在于：国际局势的相对缓和使各国都把发展经济作为国家战略的重点，积极参与国际竞争与合作；新科技革命的发展使生产效率提高，发展速度加快，交流与合作更广；国际经济组织日益发展和完善并发挥重要作用，促进世界多边贸易体制的建立；市场经济体制在全球范围内建立，各国政府把扩大对外开放，积极参与国际竞争，充分利用外资、技术及其他资源等作为基本国策，对经济全球化进程的推动作用逐步加强等。

经济全球化本质上是资源配置的国际化，其内容主要包括：①生产全球化。在生产力高度发展的基础上，生产的社会化超出一国界限扩展到世界范围，各国的生产紧密相连，互相依存，国际分工深化。国际分工从以自然资源为基础的分工逐步发展成为以现代工艺和科技为基础的分工，生产关联型的国际分工从垂直型分工发展成为水平型分工。国际分工的导向正在由市场机制转向跨国公司和区域集团。②贸易全球化。新技术革命释放出来的巨大生产能力使国内市场变得相对狭小，开辟广阔的世界市场势不可当，而世界市场的形成又使各国市场逐渐融为一体，并极大地促进了全球贸易的发展。国际贸易范围不断扩大，世界市场容量越来越大，各国对世界市场的依赖程度也日益增大。③金融全球化。随着国际资本大量迅速流动，各国相互开放金融领域，多数国家的金融机构和金融业务跨国发展，各国经济增长对国际资本市场的依赖程度增强。科技革命又加速了国际金融的信息化和时效性。这也提高了全球化金融风险，对各国政府的宏观调控能力提出了挑战。④投资全球化。在国际投资中，资本流动规模持续增长，国际投资进入空前活跃时期。国际投资的主体和投资方式日益多元化，既有发达国家对外投资，也有经济实力明显增强的发展中国家加入到对外投资的行列。投资方式由股权投资到非股权投资、从设立新企业到收购兼并，形成了多种投资方式并存的局面。⑤区域性经济合作日益加强。区域性经济组织遍及全世界，大力倡导贸易投资自由化、降低关税、减少非关税壁垒、改善投资环境，从而促进了区域性经济组织内部商品、资本、技术和劳务的自由流动，使得区域范围内能够合理配置资源，优化资源组合，加快和增强区域内的经济实力，实现规模经济，提高经济效益。随着加入区域性经济组织的国家越来越多，贸易自由化的范围也进一步扩大。

经济全球化是一种运动，是一个不以人的意志为转移的客观过程，这一过程和运动远未结束，它对各国经济及世界经济带来的影响难以估量。目前的经济全球化是在资本主义世界经济体系内所进行的经济全球化，资本积累的内在冲动和扩张欲望是经济全球化的内在动力，经济全球化是资本无限增值和扩张本性的外在表现。新科技革命和生产的高度社会化为经济全球化提供了物质条件，国际贸易的高度发展为经济全球化提供了现实基础，国际金融的迅速发展成为经济全球化的重要推动力，国家间相互投资的发展加速了经济全球化的进程。

推动经济全球化的主要因素包括：第一，科技的飞速发展是经济全球化的根本推动力。随着“冷战”的结束，新科技革命再掀高潮，许多“冷战”时期的高、精、尖的军工技术逐渐从军事领域向民用领域转化，使国际科技合作进入繁荣阶段。信息技术日新月异，互联网的迅速延伸，为经济全球化加速发展提供了基本手段和物质条件。第二，全球性世界市场的形成为经济全球化加速发展提供了基本条件。“冷战”结束后，市场经济体制在全球范围内逐渐取代了高度集权的计划经济体制，“冷战”时期人为分开的两大对立集团已经不存在，全球真正形成一个大市场，不同国家间的交往增强，相互的融合和开放也大大加强，单个国家的发展和世界经济的变动日益相互影响与制约。第三，日益严重的全球性问题制约和威胁着人类的生存与发展，这要求各国政府和人民的共同努力，客观上强化了经济全球化的趋势。

二、跨国公司的作用

跨国公司是垄断资本对外直接投资的主体。跨国公司又称多国公司、国际公司，是指资本主义国家中那些通过对外直接投资，在国外设立子公司和分支机构，从事跨国界的生产、销售和其他业务活动，以获取高额利润的大型垄断企业。跨国公司的基本特征包括：在不同的国家内和不同的国家之间，能够协调并控制某个生产链条的不同阶段；拥有跨国、跨地区分配生产要素的潜在能力；拥有在区域内甚至在全球范围内转移资源和生产经营的潜在能力。跨国公司作为国际垄断的一种主要组织形式和实现形式，是社会生产力发展到国际化阶段的产物，国家垄断资本主义的形成则为跨国公司的快速发展创造了必要的条件。

第二次世界大战前，主要资本主义国家就有一些大公司在国外设立子公司，对外投资以间接投资为主要方式，但是跨国公司大发展并对国际经济产生重大影响，则是第二次世界大战后出现的新现象。据联合国有关资料统计，1968年，全球跨国公司仅有7 000多家，子公司2.7万多家；到2019年，全球共有8万多家跨国公司，拥有海外分支机构近80万家，遍及世界160多个国家和地区，形成了一个庞大的全球生产网络和销售体系；截至2018年年底，全球对外直接投资累计额高达1.3万亿美元，比上年下降13%。从投资领域看，20世纪50年代，跨国公司的直接投资集中于农业、矿业；60年代至70年代，投资主要集中于制造业；80年代以来，投资集中于服务业和高新技术产业。

跨国公司的发展不仅改变了各国经济联系的内容，使国际分工进一步深化，推动了国际贸易的地区结构和商品结构的变化，而且也有力推动了科技进步、资源流动和生产力的较快发展。知识型投资成为主流，西方发达国家500家最大的跨国公司控制和集中了这些国家90%的生产技术和75%的技术贸易，美国全部专利的75%～85%为美国跨国公司所拥有。跨国公司的生产经营不是从一国一地的局部市场和需要出发，而是用全球战略的眼光制定发展战略，考虑生产布局、营销渠道、长远发展等问题，它们通过“全球化的思考，本土化的行动”，极大地巩固着其母国的经济竞争力。

跨国公司大多采用内部交易的方法，这样既可以为剩余资本找到出路，加深生产全球化的程度，左右国际金融市场，又可以成为影响世界资源配置的重要力量，使生产最接近原材料、能源和销售市场，以世界为工厂，以各国为车间，利用工资的国民差异在低工资国家安排劳动密集型产品或零件生产，转移经营风险，获取高额垄断利润。21

世纪之初，跨国公司的新发展使强强联合式的跨国企业购并浪潮风起云涌，涉及的重点领域为制造业、服务业及其相关行业，如日本三菱银行和东京银行合并成当时世界最大的银行，总资产高达万亿美元以上；戴姆勒-奔驰公司收购克莱斯勒汽车公司，交易额达920亿美元；美国波音公司与麦道公司合并，主导了世界民航市场。在这场方兴未艾的兼并浪潮中，政府的默许、鼓励或支持对跨国购并起了推波助澜的作用，当然获益最多的是西方发达国家的大型跨国公司，发展中国家的经济将经受挑战。

第二次世界大战后产业资本国际化的根本原因在于现代科技革命推动下的生产力和国际分工的大发展，这是世界经济发展的必然产物。作为产业资本国际化的组织形式和载体——跨国公司的日益兴起是经济全球化的必然要求，这表明资本国际化不仅在国际流通领域而且在国际生产领域获得了巨大发展，标志着国际垄断已提升到一个新的高度，从而不仅为资本主义世界体系的形成创造了更为有利的外部环境，而且为资本主义世界体系的发展和完善奠定了坚实的基础。

三、经济全球化对世界经济产生的影响

经济全球化必将进一步加强各国经济相互依存的局面，为世界经济的发展带来新的历史机遇。经济全球化对世界经济产生的积极作用，主要表现在以下方面：①促进了经济增长。经济全球化进一步加强了各国经济的依存度，有利于各国生产资源的优化配置，跨国公司在其中发挥了很大的推动作用。经济全球化使贸易与投资自由化得到较快发展，各国对商品、服务、资本、技术与人员流动的政策限制相对减少，这种环境变化与以信息和通信技术为代表的技术变革结合在一起，又反过来推动经济全球化的发展。②经济全球化加快了技术转让和产业结构调整的进程，发展中国家可以抓住机遇，引进技术和资金，促进本国经济的进一步发展。③经济全球化推动了国际关系的调整，使得谈判、对话等国际协调与合作机制代替对抗和战争，解决国际争端的可能性大为增强，有望更好地解决环境、资源、人口等人类面临的共同性问题。

经济全球化是一把“双刃剑”，经济全球化加大了发展中国家的竞争压力和经济风险，总体上，发展中国家在与发达国家的竞争中处于不利的地位。尤其是强权政治和霸权主义仍然以各种形式作祟，对发展中国家的主权和安全造成新的冲击和挑战，影响经济全球化进程的平稳发展。经济全球化已经将世界各国联系在了一起，世界经济的持续健康和共同发展客观上需要各国都成为经济全球化的受益者。发展中国家如果不能在经济全球化进程中获得充分发展，发达国家的经济繁荣也将受到影响。为此，世界各国应加强经济技术的交流与合作，努力改变不公正、不合理的国际经济旧秩序，重视并帮助发展中国家形成和提高自我发展的能力，为发展中国家创造良好的外部环境，使经济全球化达到共赢和共存的目的。

2008年全球金融危机延缓了经济全球化进程，不仅国际贸易和对外投资萎缩严重，而且各国经济政策中保护主义倾向加强，增加了全球多边贸易谈判的难度。近年来，在世界经济复苏乏力的过程中，贸易保护主义有所抬头，经济全球化进程一定程度上受阻。2019年6月28日，在二十国集团领导人峰会上，习近平指出：“坚持与时俱进，完

善全球治理。当前，经济全球化遇到一些曲折，向我们提出了如何完善全球治理的时代命题。二十国集团应该继续发挥引领作用，确保世界经济开放、包容、平衡、普惠发展。我们要加强多边贸易体制，对世界贸易组织进行必要改革。改革的目的是与时俱进，使得世界贸易组织能够更加有效地践行其开放市场、促进发展的宗旨。改革的结果应当有利于维护自由贸易和多边主义，收窄发展鸿沟。同时，面对未来全球系统性金融风险挑战，我们不但要确保金融安全网资源充足，也要让国际金融架构的代表性更加合理，更好反映世界经济现实格局。这不仅事关公平，也直接影响到应对挑战和危机的针对性和有效性。我们还要落实应对气候变化的《巴黎协定》，完善能源治理、环境治理、数字治理。”

拓展阅读7-1

经济全球化的中国方案深得人心

虽然经济全球化的概念是20世纪后期才提出并流行的，但其进程早在16世纪就开始了。在经济全球化进程中，赞成和反对的声音一直都有。今天，逆全球化之所以特别引人注目，是因为个别西方国家政府和精英阶层把世界乱象和自身内部矛盾归咎于经济全球化，民粹主义、单边主义、贸易保护主义在一些国家大行其道，对自由贸易、多边主义和经济全球化进程构成严重干扰。在亟须借深化经济全球化以摆脱世界经济增长困境的关键时刻，美国却逆向操作，致使经济全球化与逆全球化之间的矛盾急剧激化，引起国际社会普遍担忧。

如何看待经济全球化进程中出现的矛盾和问题，经济全球化向何处去？我们看问题，不能被乱花迷眼，也不能被浮云遮眼，而应端起历史规律的“望远镜”去细心观察。首先，既要看到经济全球化会出现波折甚至反复，更要认清经济全球化是不以人的意志为转移的历史大趋势。经济全球化是人类社会生产力发展到一定阶段的产物，是社会化大生产发展的必然结果，具有不可逆转性，谁也回避不了、改变不了。让世界经济的大海退回到一个一个孤立的小湖泊、小河流，是不可能的，也是不符合历史潮流的。马克思的世界历史思想作为历史唯物主义的重要组成部分，揭示了全球历史形成与生产力发展及经济全球化的趋势，即“各民族的原始封闭状态由于日益完善的生产方式、交往以及因交往而自然形成的不同民族之间的分工消灭得越是彻底，历史也就越是成为世界历史”。马克思充分肯定了经济全球化的历史进步性：它使人类历史突破了此前孤立的、民族的、狭隘地域性的历史，转变为世界历史，使“过去那种地方的和民族的自给自足和闭关自守状态，被各民族的各方面的互相往来和各方面的互相依赖所代替了”。经济全球化是难以阻挡的历史趋势，其进程中的波折或回潮是暂时的，从来不是主流。

从根本上说，当前出现的逆全球化是少数资本主义国家企图借助民粹主义向外转嫁国内矛盾、继续维护其全球垄断利益的表现。病急乱投医而不是对症下药的逆全球化之举，不仅不能解决国内问题，还会使世界经济陷入更深危机。当前，美国放弃自由贸易原则，四处挥舞贸易保护主义大棒，结果只能是害人害己。历史上贸易保护主义给国际社会带来的恶果，令人记忆犹新。

甘瓜抱苦蒂，美枣生荆棘。经济全球化是历史大势，也是一把“双刃剑”。经济全球化为世界经济发展提供了强劲动力，也给一些国家的发展带来新的问题。例如，各国在经济全球化中发展不平衡，南北差距依然巨大；经济全球化不可能自动促进各国内部平衡发展，一些国家出现了贫富差距扩大等问题。面对发展中的矛盾和问题应该怎么办？是把经济全球化一棍子打死，退回到贸易保护主义和封闭孤立，还是适应和引导好经济全球化，让经济全球化的正面效应更多释放出来？在经济全球化走到新的十字路口的关键时刻，中国登高望远，积极回应和推动解决经济全球化进程中出现的问题，主动提出新理念、新倡议和新行动方案，努力以开放、包容、普惠、平衡、共赢的新型经济全球化理念引领经济全球化走出困境，成为经济全球化健康发展的坚定推动者。

有一种说法：中国从经济全球化中受益最大却没有承担责任，从世界体系“边缘”跃升到“中心”的中国必然挑战现有世界秩序。这不符合事实，是十分错误的，是单边主义和零和思维的反映。美国试图以贸易战围堵打压中国的发展，也是单边主义和零和思维的产物。对于中国以开放姿态融入全球经济体系，不能戴着有色眼镜看，而应实事求是地看。中国是经济全球化的受益者，更是贡献者和经济全球化健康发展的推动者。中国改革开放持续推进，为开放型世界经济发展提供了重要动力。2008年国际金融危机爆发以来，中国对世界经济增长的贡献率年均在30%以上。改革开放40年来，中国不断释放发展红利，积极同世界各国开展多层次、多领域的发展合作。中国还提出共建“一带一路”倡议，受到相关国家普遍欢迎。这一倡议是经济合作倡议，而不是搞地缘政治联盟或军事同盟；是推动开放包容发展，而不是关起门来搞小圈子或者“中国俱乐部”；是促进合作共赢，而不是以意识形态划界、搞零和游戏，各国只要有意愿参与进来、共同发展，中国都欢迎。中国积极同相关国家和地区开展合作，欢迎各国搭乘中国经济发展的“快车”“顺风车”。正如习近平同志所指出的，共建“一带一路”倡议源于中国，但机会和成果属于世界。

中国倡导的开放、包容、普惠、平衡、共赢的经济全球化，是各国共商共建共享的经济全球化，受到国际社会广泛欢迎。经济全球化的中国方案是对21世纪世界历史进程的有力推动，是对经济全球化健康发展的积极贡献。

资料来源　孙代尧. 经济全球化的中国方案深得人心［EB/OL］.（2018-10-22）. http：//www.xinhuanet.com/world/2018-10/22/c_129976884.htm.

第二节　经济全球化与资本主义经济关系

一、经济全球化对资本主义经济发展的影响

由于资本主义经济规律的作用，以及发达资本主义国家之间的地理位置、自然条件、经济发展水平及综合国力等的不同，它们之间的矛盾和冲突始终存在；但由于经济全球化的发展，它们之间的相互依存、相互联系却在不断增强，国际协调和合作也在不断发展。发达资本主义国家之间经济关系的实质，就是以维护本国垄断资本利益为主的

既有协调与合作也有矛盾和冲突的关系。

经济全球化是不可逆转的历史潮流，虽然在经济全球化进程中各国之间的相互依存不断增强，但不可否认的是，在当今的世界经济体系中，发达国家作为经济全球化的发起者、推动者和规则的制定者，自然是经济全球化的最大受益者。发达国家利用在国际贸易、国际金融、国际生产和投资以及高新技术产业上的优势和垄断地位，利用在制定国际经济规则方面的主导权，在贸易、投资、科研、市场、产业结构等各个领域展开了激烈竞争，在经济全球化中逐步建立起有利于自己的国际经济秩序，获得了极大的经济利益。社会制度相同、意识形态相似、经济发展水平大体一致的发达国家，在不同历史时期获取竞争优势的主要因素在于，围绕提高经济发展水平，加强结构调整和社会经济关系协调。

经济全球化的实质决定了它的发展必然有利于发达资本主义国家。发达资本主义国家在世界资本主义体系中占主导地位和起支配作用，决定着经济全球化具有不平等的性质，即在全球范围内实际存在的资源配置上的不平等和“红利”分配上的不合理。

经济全球化的发展首先有利于发达资本主义国家的利益，主要表现在：

第一，经济全球化进程中的多数规则都是由发达国家制定的，这些规则的实施推行过程必然使发达国家首先受益。经济全球化是建立在发达的市场经济基础之上的，而发达国家的市场经济一般都处于较为发达的阶段。制定世界经济运行制度和规则，并监督经济运行制度的是以维护和调节国际经济活动为基本职能的三大经济组织，即国际货币基金组织、世界银行和世界贸易组织，而目前这三大国际经济组织在很大程度上被美国等发达国家操纵和控制。它们竭力垄断世界市场经济运行制度和规则的制定权和修改权，竭力排斥和压制其他国家参与决策，使其制度规则的制定过程缺乏民主、平等、公正和透明。例如，目前美国等国就企图通过世界贸易组织制定新的规则，以美国劳工标准作为尺度制定最低工资标准，要把发展中国家所具有的劳动力成本低的优势压下去，以减少经济全球化对发达国家产生的失业威胁，并缓解由于发达国家工人工资降低、收入水平下降而产生的各种矛盾。

第二，在经济全球化进程中，发达国家的经济得到迅速增长。由于发达国家在资金、技术和管理等方面具有较大优势，它们不只具有丰富的资本、先进的技术设备和操作水平，还有完善的市场经济体制和健全的法律制度以及高效的产业组织制度和产业制度，有建立在此基础上的发达的社会劳动生产率和国际竞争力，因此发达国家通过自由贸易，可以使其资源优势迅速转化为竞争优势和利益优势，从而从世界各地获得大量的利润。极少数发达国家，尤其是美国，依靠其在经济全球化进程中的霸主地位，享有极大利益，从而使发展中国家在不对等的国际经济关系中蒙受了巨大的权益损失。

第三，发达国家通过跨国公司及跨国公司之间的联盟，可以使其投资和生产遍布世界各地，既降低了生产成本，又控制着跨国公司所在国的经济；通过金融自由化，其可以利用手中掌握的闲置资本，加强对国际金融市场的控制，并为在国际金融领域的投机活动大开方便之门。

二、经济全球化条件下的资本主义国际经济关系呈现新的特点

第二次世界大战后，随着生产国际化的发展，资本主义各国经济相互渗透、相互影响，区域经济一体化趋势逐步加强，使得资本主义国际经济关系呈现出新的特点，并且发达国家之间的经济关系及发达国家与发展中国家之间的经济关系进一步复杂化。

所谓经济一体化，是指在客观的国际经济联系基础上，两个以上国家或地区为谋求共同利益或解决矛盾，通过条约、协议、会谈等实现的经济联合、调节机制和进程。全球一体化要在全世界200多个发展水平各异、利益有分歧的国家和地区之间建立谋求制度性的一体化是一个非常漫长的过程。迄今为止的经济一体化还只是在局部地域范围和有限的国家之间实现的。

所谓经济区域集团化，是指在经济全球化进程中，地域上邻近的一些国家或地区根据自身发展需要和生产国际化的客观要求，为维护共同的经济利益，通过签订协议而在体制框架下结成的经济联合组织以至国家集团。其组织形式有多种，有优惠贸易协定、自由贸易区、关税同盟、共同市场、货币同盟、经济同盟；按其规模分，既有涉及地域广阔、经济规模巨大的组织，又有经济规模较小的区域性组织；按国家类型分，既有发达国家组成的或以发达国家为主建立的地区经济组织，又有发展中国家组建的地区经济组织。其存在的动因有两个：一是对内可以使区域组织的成员享有区域一体化的好处，如组织内部的某些优惠待遇，使得区域内的资源流动更为方便、自由；二是对外可以增强区域集团及其成员的实力地位，在国际舞台上以单独一个国家的面目出现，毕竟不如以一个国家集团或集团成员的面目出现更有分量。

经济区域集团化组织早在20世纪50年代就已出现，最初产生于同一社会经济类型的国家之间，因为它们彼此之间的经济发展水平和政治利害关系比较接近，相互交往方便，经济互补性较强，结为一体能增强对外竞争力，从而推动本国、本地区经济的发展。如从20世纪50年代到70年代，发达资本主义国家和发展中国家由于社会经济发展水平的差异，分别形成了两类性质不同的组织。70年代中后期，才开始成立按地区合作的经济发展水平不同的国家的经济一体化组织。进入21世纪，跨区域、洲际间的区域经济组织得到进一步发展，区域经济合作的空间不断扩大。

在当代资本主义世界经济体系中，最具世界影响的区域集团化组织为欧洲联盟。欧洲联盟（EU，简称欧盟）的前身是第二次世界大战以后建立的欧洲煤钢联营，1958年正式成立欧洲经济共同体（EC），也称欧洲共同市场，当时由法国、联邦德国、意大利、荷兰、比利时、卢森堡6国组成；20世纪70年代，英国、丹麦、爱尔兰加入；80年代，希腊、西班牙、葡萄牙加入；1995年，奥地利、芬兰、瑞典加入。这样，欧洲联盟共有15个成员，总人口超过3.7亿，总面积达342万平方千米，经济实力进一步增大。2004年5月，中欧、东欧和地中海的10国加入欧盟。2013年7月1日，克罗地亚正式成为欧盟第28个成员国。2018年6月26日，英国女王伊丽莎白二世批准“脱欧”法案成为法律，允许英国退出欧盟。2020年1月31日，英国正式“脱欧”。目前，欧盟总人口接近5亿，成为世界上经济实力最强、一体化程度最高的国家联合体。它在实现经济

一体化方面的措施包括：建立关税同盟，成员国之间逐步取消关税，对外实行统一关税；实行共同的农业政策，协调成员国农业生产，对外实行统一的农产品进口税；建立欧洲货币体系，增强欧洲国家的金融实力，摆脱美元的影响和控制。在此基础上，政治一体化也取得了较大进展，陆续建立起一系列超国家的权力机构，如最高决策机构欧盟部长理事会，执行机构欧盟委员会，监督、咨询和立法机构欧洲议会，最高仲裁机构欧洲法院，以及成员国首脑定期会晤，对重大问题进行磋商，采取共同立场和对策等。对欧洲联盟各国来说，一体化在一定程度上缓解了资本主义的基本矛盾，扩大了市场容量，加快了经济发展，增强了一体化组织的经济实力。但从本质上说，作为国家垄断资本主义的国际经济政治同盟，只是在资本主义范围内对生产关系的部分调整，不可能从根本上消除资本主义的基本矛盾及其对经济发展的消极阻碍作用，加之内部各国经济发展不平衡和对外的排他性（对内自由，对外保护），也不可能克服各国垄断资本之间的矛盾。

北美自由贸易区（NAFTA）是由美国、加拿大、墨西哥3国组成的区域经济集团。1988年2月，美、加签署自由贸易协定，决定逐步消除两国之间商品与劳务的贸易壁垒，妥善处理两国争端，改善投资环境，扩大贸易和投资机会，促进贸易自由化。1992年8月，墨西哥与美、加签约，加入自由贸易区。1994年1月1日，《北美自由贸易协定》正式生效，该协定提出在15年内取消3国之间的关税、非关税壁垒，实行商品、劳务、资本的自由流通和更高等级的知识产权保护。它只是美国实现其“美洲倡议”新战略的第一步，美国的终极目的是将北美洲和南美洲连在一起，在2005年12月建成世界上最大的自由贸易区——美洲自由贸易区。然而，北美与南美之间存在巨大差异，在敏感领域还存在激烈纷争，美洲自由贸易区未能在2005年如期启动。

亚太经合组织（APEC），全称是亚洲及太平洋经济合作组织，成立于1989年11月，当时有12个成员：澳大利亚、文莱、加拿大、印度尼西亚、日本、马来西亚、新西兰、菲律宾、新加坡、韩国、泰国和美国，总部在新加坡。后来又有中国、中国台湾、中国香港、中国澳门、墨西哥、巴布亚新几内亚、智利、俄罗斯、秘鲁、越南等加入，现由21个国家和地区组成，人口超过24亿，覆盖面积6 000多万平方千米，外贸额占世界贸易总额的50%，为亚太地区的一个重要经济合作组织。该组织的宗旨和目标是：相互依存、共同受益，坚持开放性多边贸易体制和减少区域内贸易壁垒，倡导贸易、投资自由化，经济和技术合作以及贸易、投资活动便利化，并明确提出工业化成员2010年之前实行自由和开放的贸易与投资政策，发展中国家和地区2020年之前实现这一目标。亚太经合组织每年举行一次由各成员方外交部长和主管经济、贸易的部长参加的年会，并召开三四次高级官员会议，还可就某一专题举行部长级特别会议。

除此之外，其他的经济区域集团近年来的发展也很快，非洲经济共同体（由非洲51国组成）、东南亚国家联盟（由10个国家组成）、南方共同市场（由阿根廷、巴西、乌拉圭、巴拉圭4个成员国组成，后又接纳智利等为其联系国）、安第斯共同体组织等已存在多年并取得较好效果，有些已准备向更高层次、更广泛的区域发展，如欧洲联盟正在向东欧扩展，北美自由贸易区准备向中南美洲扩大，东南亚国家联盟正在形成自由贸易区等。据报道，在世界贸易组织登记的区域性经济组织已达144个，其中约70%是20世纪90年代以后建立的。在众多的区域经济组织中，欧洲联盟、北美自由贸易区、亚太经合组织三大组织的贸易额占世界贸易总额的85%，GNP约占世界总值的80%。

生产国际化和资本国际化是生产力发展的必然趋势，它决定着经济全球化的总趋势。当今世界经济全球化已取得相当程度的进展，而经济一体化主要表现为经济区域集团化的迅猛发展，从长远来看，经济区域集团化是走向世界经济一体化的阶梯。经济全球化和经济区域集团化二者并不矛盾，而是相互促进、并行不悖的，二者都致力于消除妨碍生产要素在国家间自由流动和合理配置的障碍，但要真正实现经济全球化，还有待于世界各国生产力的高度发展和发展水平的相互接近。尽管经济区域集团化多少具有排他性，不利于全球化的发展，但所有的区域组织都实行对外开放的政策，都在努力把地区经济和全球经济衔接起来。经济区域集团化既是经济全球化发展到一定程度的产物和组成部分，又会反过来推动经济全球化的深化。区域经济一体化进程加快，势必加速经济全球化进程。可以说，区域经济一体化是经济全球化进程中的一个必经阶段，正因为如此，各国在积极参与经济全球化的同时，也致力于参加区域经济一体化。

三、发展中国家为争取建立国际经济新秩序而斗争

发达资本主义国家对发展中国家的剥削、掠夺和控制，导致发达国家越来越富，发展中国家越来越穷，世界经济发展中的不平衡更趋严重。从根本上说，这是由国际经济旧秩序所造成的，是西方国家推行新殖民主义政策的结果。国际经济旧秩序是西方发达资本主义国家为维护其垄断资本的利益，利用其在经济上的强大实力建立起来的。第二次世界大战后，发展中国家同国际经济旧秩序进行了不懈的斗争，但是以不合理国际分工为基础的国际生产体系、以不等价交换为特征的国际贸易体系和以国际垄断资本占支配地位的国际货币金融体系，以及受少数发达国家控制的一些国际经济和货币机构所构成的国际经济旧秩序依然存在，发展中国家没有应有的发言权和决定权，从而严重影响了其民族经济的发展。同时，这也不利于世界的稳定与和平，以及世界经济与社会的发展。

20世纪80年代以来，随着经济全球化和新科技革命的发展，发展中国家的经济面临着新的挑战：初级产品贸易条件继续恶化，发展中国家争取贸易市场的竞争加剧；发达国家经济集团化发展的步伐加快，贸易保护主义抬头，在同发展中国家的贸易往来中附加了种种额外条件；国际金融市场风险加大，20世纪90年代，拉美和亚洲先后发生了金融危机，暴露出发展中国家经济结构的不合理性和易受国际资本打击的脆弱性；人力资源开发落后于发达国家的水平；人类宝贵文化遗产的流失、自然和生态环境破坏严重以及人口持续增长，不仅在当前抵消了经济增长所带来的成果，而且成为经济发展中长期的不利因素。对此，任何一个国家都很难单独应对经济全球化的挑战，必须经过国际社会的共同努力，在合理的国际政治经济秩序下予以解决。如果对经济全球化问题处理得当，就会极大地改善人类发展的前景，提高世界人民的福利水平；如果处理不当，同样的经济全球化的力量也能使世界经济产生极大的不稳定，对人类造成巨大的破坏。

世界各国经济发展的相互依存、相互依赖是导致经济全球化的基本因素，因此必须把经济全球化放在一个无论是发达国家还是发展中国家，都能够得到公正、公平、合理对待的新的国际经济新秩序的基础之上，否则发展中国家的权益就不能得到有效保障。变革现存国际经济秩序的要求，并非单纯是一种政治口号或政治理念。它在实践中也推动了国际经济秩序和国际经济法走上吐故纳新的道路，使广大发展中国家在一定程度上逐步改变完全无权、听凭强权国家任意摆布的处境。

20世纪50年代以来，发展中国家为摆脱发达资本主义国家的经济控制，打破旧的国际经济关系，发展民族经济，建立公正、合理的国际经济新秩序进行了长期斗争。国际经济新秩序是相对于国际经济旧秩序而言的，是指在国际经济交往中消灭剥削和控制，建立起真正体现平等互利、互助合作的世界经济关系。

早在20世纪50年代中期，万隆会议就曾提出各国之间和平共处、友好合作的10项原则。20世纪60年代兴起的不结盟运动和发展中国家“七十七国集团”（现已发展为100多个国家）的形成，为发展中国家团结起来，争取建立新的国际经济新秩序作了思想上和组织上的准备。1974年4月的第六届特别联大通过了发展中国家提出的《关于建立新的国际经济秩序宣言》和《建立新的国际经济秩序的行动纲领》两个重要文件。同年11月，联合国第29届大会又通过了发展中国家起草的《各国经济权利和义务宪章》，为改变现存的不公正、不合理的国际经济旧秩序确定了原则和方向，这表明，争取建立国际经济新秩序的斗争提上了世界日程。

发展中国家关于建立国际经济新秩序的主要内容包括：各国有权选择符合本国国情的社会制度、经济模式和发展道路；在联合国的框架体系内提出经济全球化的优先发展领域和工作重点，使发展中国家有机会逐步参与经济全球化和自由化的管理；各国有权在平等的基础上参与处理国际经济事务，对本国的资源拥有永久主权；对损害本国经济权益的外国跨国公司，发展中国家有权实行控制、监督和管理，直至采取国有化措施；确保原料和初级产品价格合理，进行等价交换；取消发达国家的贸易保护主义，对发展中国家实行“普惠制”；改革国际货币制度，对发展中国家提供积极援助，促进技术转让，减轻债务负担，完善金融监管，提高金融监管效率，建立一个健全、公平、有效的国际金融体制；加强发展中国家之间的经济技术合作和原料生产国组织的作用，促进集体自力更生和经济一体化等。

20世纪70年代，为争取建立国际经济新秩序，发展中国家建立了由100多个国家参加的30多个区域性合作组织和有90多个成员方参加的27个原料生产国或输出国组织，促进了发展中国家在贸易、金融、资金、技术、粮农、能源、工业等领域的合作，经济成就显著。20世纪80年代，发展中国家经济面临严重困难，南北对话陷入僵局。20世纪90年代以来，情况有所好转，主要表现为发展中国家吸引国际资金的能力有较大提高，世界银行对发展中国家的援助有所增加，南北贸易规模不断扩大，发展中国家纷纷通过集团化加强了与发达国家谈判的实力，并在资源主权、贸易条件和债务减免等方面取得了一些成果，提高了发展中国家在世界经济中的地位。

全球治理体系变革源于国际力量对比变化，全球治理的新格局取决于国际力量的新对比。在中国积极引领下，众多发展中国家变革全球治理体系的合理要求、呐喊和努力，其强度和力度都有较大的提升。从二十国集团（G20）杭州峰会到气候变化《巴黎协定》，从国际货币基金组织份额改革到落实2030年可持续发展议程……全球治理的中国方案、中国主张和中国贡献，正为世界凝聚新的力量，催生新的变革。

发展中国家争取建立国际经济新秩序的历程表明，这是一项异常艰巨的任务，将经历一个曲折、复杂和长期的斗争过程，原因在于国际关系重新分化组合需要一个较长的时期，"冷战情绪"不可能随着"冷战"结束立即消失，美国的超级大国地位还将维持一段时间，高科技的发展也带来不少新问题，存在许多不可预测的因素等。企图用较短时间建立国际经济新秩序只能是一种不切实际的幻想。应该看到，国际经济新秩序的建立，在很大程度上取决于国际各种力量的消长变化及其相互间的分化组合，而并不取决于各自的主观愿望、主张和构想。发展中国家目前的经济实力在总体上还远不如西方发达国家，这就决定了发展中国家争取建立国际经济新秩序的长期性和曲折性。但是，我们相信，历史终将不断向前发展，只要发展中国家加强团结，采取正确的政策和策略，正义的事业必将取得最后的胜利。

拓展阅读7-2　四大阴影笼罩下，2020年全球经济何去何从？

落幕即序曲，2020年作为21世纪10年代和20年代的转承之年至关重要，全球经济究竟何去何从？20世纪20年代的繁荣至今让人憧憬，而行至21世纪同期，繁荣还能再现吗？然而，历史绝不会简单重复，更何况我们已经看到四大阴影正笼罩着全球经济。

阴影一：中美经济关系调整进程的不确定性对于全球总供需的冲击

自2018年以来，困扰全球经济运行程度最深、时间最长、不确定性最大的因素，无疑就是中美经济关系的调整进程。双方已进行了多轮磋商谈判（包括两次元首会晤和十三轮高级别经贸磋商），期间历经多次反复，双方也取得较多共识，但鉴于特朗普在美韩、美日、美墨加以及美欧经贸谈判中反复的表现，即便阶段性协议能够签订，也无法有效约束美方不再对中方进行单方干预。

另外，自2008年全球金融危机以来，全球经济处于持续调整之中，但至今全球经济新的增长点尚未确立，内生增长动力也未完全恢复，各国均不同程度地推进自身的结构调整，而中美经贸关系的调整则是内嵌于全球经济结构的调整进程之中，必然对全球经济运行产生正负反馈影响。

目前，美国从中国的进口规模占全球进口总额的3%左右，中美经济占全球经济总量的比重也接近40%，加之中美双边贸易规模占中美各自贸易总量的比重保持在20%左右，因此仅从贸易层面，就可显见中美经济关系调整对于全球经济运行的影响程度和广度。

在金融危机前，美国的消费和中国的投资分别是各自经济增长的第一引擎，而且中美还分别是全球经济供需两端的重要因子，客观讲危机前全球经济之所以能够实现大缓和（高增长、低通胀），与中美供需之间全球产业链的延伸密切相关。在金融危机的影响下，中美内部均发生巨大的结构性变化，例如，美国人已经改变了过度消费习惯，美国家庭净储蓄率已由危机前的2.5%升至7%～9%的水平，而中国人消费需求开始提升，同时中国居民的杠杆率开始快速上升，已由危机前的17%升至50%以上。因此，从中长期而言，依照各自内部经济结构的变化需要，中美之间经济关系的调整也将是必然的。

因此，对2020年的全球经济而言，第一只灰犀牛就是中美经济关系调整进程的不确定性，若该进程再次出现间歇式反复，并且短期的不调和向更广的范围蔓延，那么必然对全球经济造成深度和中期负面冲击。

阴影二：以德国为首的欧洲制造业衰退对于全球经济增长的冲击

本次全球金融危机不仅中断了全球经济持续增长的趋势，而且还诱发全球化逆潮的出现，逆潮的标志性事件之一就是英国脱欧公投的意外通过，之后英欧就陷入异常复杂的磋商谈判困境之中，给刚经历过债务危机的欧洲经济蒙上了巨大的阴影。2018年以来，德国制造业开始出现趋势性下行，2019年德国制造业PMI更是始终处于50%的荣枯线下方，且加速下行，德国经济已在2019年二季度出现了负增长，显示其正在接近衰退，受此影响欧洲制造业PMI已落至42%以下，为10年来的最低水平。

目前，全球制造业正处于工业化3.0的尾部，作为该阶段工业化强国的德国虽已于2013年提出了工业化4.0的概念，但工业化3.0的红利衰减还将对德国持续产生不利影响。例如，德国出口的高科技产品占其出口的制成品比重已经连续两年下降，至16%，平均降幅是一年一个百分点；再例如，德国对华的进出口增速自2018年就持续处于下降趋势，2019年则已连续数月为负增长。

2018年，全球经济总量约85万亿美元，其中欧盟约19万亿美元，占比为22%。在欧盟中，英国经济占比为1/6，德国经济占比为1/5，相应地，英国脱欧意味着欧洲一体化的经济中将有1/6分离出去，如果德国真的陷入衰退，那必将给欧洲经济带来双重打击。

更为严重的是，因2008年全球金融危机和2012年欧债危机，欧洲央行政策取向一直处于非常规宽松状态，并未像美国与中国等国那样进行过一定程度的货币政策回归常态，因此，欧洲央行的政策空间已经十分有限，加之负利率政策的有效性尚有待确认，换而言之，欧洲央行应对衰退的政策空间几乎殆尽，相应地，欧洲经济政策将更依赖于德国财政政策的刺激力度以及与其他国家的政策协调，但由于财政政策至今依然是欧洲经济一体化的短板，所以对财政刺激政策的期盼要想真正落地，难度十分巨大。

因此，对2020年的全球经济而言，第二只灰犀牛就是以德国为首的欧洲制造业衰退的程度和持续时间的长短，一旦其衰退程度和持续期远超其自身的承受力范围，那负面冲击必将蔓延至全球。

阴影三：民粹主义的蔓延对全球社会秩序的冲击

伴随经济增长内生动力的衰减，加之全球化红利的消失，之前掩藏在持续增长背后的社会福利分配不公平的矛盾相继水落石出，尤其是年轻人就业机会迟迟未见明显改善，更是助推了全球范围内民粹主义的蔓延和激化。以法国、意大利和西班牙的就业情况为例，目前3国25岁以下年轻人的失业率分别为19%、29%和33%，虽较欧债危机时期的峰值有所回落，但依然高于危机前的水平。

与此同时，互联网覆盖度的大幅提升，使得民粹主义下的很多局部负面情绪通过网络瞬间蔓延为全局矛盾，而且在情绪传染过程中，还被很多噪声信息所强化，例如包括西班牙加区独立公投、法国“黄马甲”运动、智利地铁票涨价引发民众抗议等社会骚乱事件中，互联网传播起到了推波助澜的作用；而在因上调油价引起的伊朗社会民众抗议事件中，伊朗政府采取的应对措施首先就是切断境内互联网，但鉴于互联网已经成为人们生活的必需品，简单地断网只会激发更广范围社会民众的不安和不满。

因此，面对范围快速扩大、频率逐渐提高的民粹主义社会骚乱，借助互联网传播的速度也越来越快，但目前各国政府的有效治理手段其实十分有限，在全球化逆潮的大背景下，各国市场和投资环境对于其经济状况又至关重要，而民粹主义的蔓延必将对此产生负面冲击，从而进一步削弱全球资本的配置效率。

阴影四：持续加重的经济担忧对全球金融市场乐观情绪的冲击

本次危机的复苏很大程度上得益于金融市场持续乐观的情绪，例如，自2009年2月全球股市触底回升以来，MSCI全球指数累计上涨了190%、MSCI发达市场指数累计上涨了200%、MSCI新兴市场指数累计上涨了154%；与此同时，全球利率水平持续走低（债券利率走低意味着债券价格上涨），平均累计下降幅度超过了200BP，尤其欧洲和日本等地区已形成了负利率趋势，全球负利率债券规模一度接近18万亿美元。由此，本次危机复苏之后，在低利率环境的乐观情绪推动下，全球金融市场始终处于上涨态势。

2019年以来，由于制造业下滑、贸易纷争继续、收入分配矛盾激化以及地缘政治风险凸显等多因素叠加影响，包括美国和中国在内的全球经济增长主要贡献者均不同程度地面临经济下行压力，所以自3月份之后，全球货币政策再次同步宽松，截至2019年11月全球已有近60%的央行采取了降息等宽松政策，而在2008年金融危机爆发后，全球最多有近80%的央行实施了宽松政策。但与当年不同的是，各国在应对本次全球金融危机的过程中，已耗用了很多政策空间，由此严重制约了各国再次实行宽松的政策的实际空间，从而会削弱市场对于央行的信仰，再考虑到单边主义、民粹主义和全球化逆潮在短期内只会强化、不会弱化，因而当前全球经济的下行趋势能否被遏制，存在很大不确定性。

虽然，目前金融市场仍然对央行充满信仰，也还保持着乐观情绪，金融市场依然对全球经济提供着支撑，但市场信仰一旦被经济下行担忧击垮，尤其是持续10余年的股票牛市被终结，那么很有可能金融市场预期的逆转就会成为压垮全球经济的最后一根稻草。

资料来源　张涛．四大阴影笼罩下，2020年全球经济何去何从？［EB/OL］．［2019-11-24］．https：//baijiahao.baidu.com/s?id=1651092326922284743&wfr=spider&for=pc.

第三节　经济全球化与中国经济的发展

一、经济全球化带来的机遇和挑战

经济全球化是当代世界经济发展的大趋势，在经济全球化进程中，各国经济无论是在生产方面还是在流通方面，无论是在商品方面还是在其他生产要素的流动方面的联系都大为加强，世界经济日益融为一体。经济全球化孕育着无限的机会和巨大的发展潜力，不管人们赞成与否，它业已成为每一个国家必须面对和正视的事实。作为世界经济大家庭中的一员，在经济全球化这一大背景下，中国的经济必须融入世界经济的发展中，实行对外开放，参与国际分工，减少生产要素国际流动的障碍，提高经济效益。经济全球化对中国的经济发展来说，既是机遇，又是挑战，从生产、交换、分配到消费各环节，从宏观经济到微观企业经营，从国内经济到涉外经济各领域，经济全球化都会产生多方面的影响。

1.经济全球化给中国带来的机遇

（1）有利于促进资本、技术、知识等生产要素在全球范围内的优化配置，发挥后发优势，获得比较利益。参与国际分工的过程就是在更广阔的领域运用和交换比较优势的过程、合理配置经济资源的过程，我国对外开放的比较优势主要集中于市场优势、劳动力优势和资源优势等方面。随着经济全球化的发展，发达国家的产业结构逐步升级，优势丧失或减弱的产业将逐步转向发展中国家。适应这一发展趋势，我国完全有可能利用发达国家产业转移的契机，优化国内的产业结构和贸易结构，利用后发优势实现产业演进、技术进步、制度创新乃至整个经济的可持续发展。而市场的扩大会使比较优势拥有更多的实现机会，要素的流入使闲置资源得以利用，直接投资有利于加速国内先进产业的形成，有利于国内消费者在开放市场中得到更多的实惠，有利于国内企业利用稳定、透明、可预见的多边贸易体制更好地保护和壮大自己，从而提升我国的国际地位。

（2）通过对外开放，加入到更广泛的国际竞争中去，有利于刺激企业提高产品质量，积累财富，提高企业生产效率和国民经济整体素质。研究表明，积极参与国际分工、发展国际贸易、引进资本的开放经济会取得较高的经济增长率和更高的资本回报，也能较快地提高国内人民的生活水平。正因为如此，许多国家都鼓励本国企业参与到国际分工体系中，积极在国际市场上进行竞争，占有自己的一席之地。目前的国际竞争不仅是自然资源多寡的竞争，更是科技的竞争及人才数量和素质的较量，这对各国的科技发展提出了新的、更高的要求，为科技的推广和传播提供了机会。在此过程中，我国通过借鉴发达国家的科技和教育经验，能够比较快和比较好地发展自己。同时，经济全球化也为我国实施科教兴国战略提出了新内容。我国目前正处于工业化发展阶段，高新技术产业的迅速发展已经打破了传统的工业化秩序，我们必须坚持以信息化带动工业化，以工业化促进信息化，走出一条科技含量高、经济效益好、资源消耗低、环境污染少、人力资源优势得到充分发挥的新型工业化路子，用高新技术改造传统产业，提升企业的总体技术水平。

（3）有利于促进世界的和平与稳定，为国内经济发展营造一个相对宽松的外部环境。经济全球化使整个世界“你中有我，我中有你”，各国的经济发展紧密相连。通过这种日益密切的经济联系，中国在影响着世界，世界也在影响着中国，这有利于克服封闭、保守、狭隘的观念，促进各国、各民族之间物质、文化和人员的交流，增进彼此之间的理解、沟通和合作。社会主义的发展离不开世界，特别是在经济全球化时代，关起门来搞建设是不可能成功的，要通过开放，对一切人类文明的进步成果，包括资本主义发展科学技术、管理现代化大生产的经验进行学习、吸收和借鉴，用以发展自己。

2.经济全球化带来的严峻挑战

（1）随着经济全球化的发展，各国特别是发展中国家经济运行的风险增大了。由于历史和生产力发展水平的原因，发展中国家金融体系不健全、资本缺乏，导致其在国际竞争中处于不利地位，在国际经济风险面前具有明显的脆弱性，更容易受到冲击。一旦某些国家和地区发生经济波动，其他国家都将受到波及。2008年由美国引发的世界金融危机不仅给发达国家造成了严重后果，使其短时间内难以恢复，也给广大发展中国家带来了不同程度的破坏，其损害也是不容低估的。

（2）经济全球化加大了发达国家与发展中国家之间的不平衡。第二次世界大战后不断发展的国际贸易是在多边贸易框架体系下进行的，贸易区域化是其明显特征。发展中国家在进入国际产品市场和金融市场方面遇到很大阻力，在宏观经济开放的背景下，如对跨国公司控制过严，则可能失去投资机会；如对本国重要产业保护不当，跨国公司的规模、技术、研发等综合优势就可能冲垮当地经济，经济命脉会面临被跨国公司与国际经济组织控制的危险；当一国实行贸易自由化时，可能会恶化其经常项目。此外，人才的跨国流动也呈现出南北不平衡的状况。西方发达国家千方百计地通过吸引移民、重金收买、资助扶持、当地聘用等手段挖掘发展中国家人才，本来发展中国家就缺人才，却在经济全球化进程中成为发达国家的人才储备基地。长此以往，世界经济发展“强者恒强，弱者恒弱”的分化局面将难以扭转。

（3）经济全球化对国家经济安全产生影响。资本国际化和经济全球化在促成各国之间生产要素合理流动、形成优势互补的同时，弱化了国家和民族的界限，对国家经济安全产生极大冲击。经济全球化中危害国家经济安全的因素有：①国家支付危机。国家支付危机是当前世界各国特别是发展中国家在经济全球化进程中时常遇到的一个问题。发达国家出于自身利益考虑，在对发展中国家提供援助的同时附带了一系列的条件。发展中国家为获得经济全球化给各国带来的好处，有时还被迫对经济惯例权限作出某些让步，结果使发展中国家的经济活动受制于发达国家。②金融风险。在国际金融无序状态下，金融市场动荡，金融风暴四起，金融投资猖獗，国际游资涌动，国际货币合作的风险加大，而发展中国家内部在一定程度上放松了对本国金融市场的监管。③产业风险。产业风险是指产业安全受到威胁和产品市场受他国控制。在国际分工体系中处于边缘地带的发展中国家由于历史和现实的原因，容易接受发达国家扩散的低层次产业，形成同发达国家高层次产业并存的垂直分工格局。随着发达国家的大举入侵，发展中国家的国内市场越来越多地被外资占有，发展中国家市场份额在减少，一些本土品牌受到冲击。

二、全面提高对外开放水平

1.对外开放是我国的基本国策

现在的世界是开放的世界，任何一个国家要发展，孤立起来、闭关自守是不可能的。发达国家如此，发展中国家也如此。实行对外开放是我们党坚持实事求是的思想路线，是依据马克思主义关于国际经济关系发展的原理和国内外历史经验，顺应世界发展潮流而采取的重大战略决策。对外开放的基本含义就是在平等互利、大力发展和不断加强对外经济交往的基础上，积极参与国际分工和国际竞争，以生产和交换的国际化取代闭关自守、自给自足，促进经济的变革，由封闭型经济转变为开放型经济。它是一项涉及面十分广泛的政策，包括经济、政治、文化和其他领域，其中发展对外经济关系是整个对外开放政策的基本点。

对外开放作为我国必须长期坚持的一项基本国策，不仅是经济全球化发展趋势的客观要求，还是加快我国经济发展、早日实现社会主义现代化的必要条件。我国处于社会主义初级阶段，发展经济是中心，实行对外开放，可以充分利用国际和国内两个市场、两种资源，节约社会劳动，取得较好的经济效益；可以互通有无，调剂余缺，实现资源的优化配置，保证社会主义市场经济的顺利进行；可以吸收和引进当代世界所创造的先进科学技术成果，学习外国特别是西方各国先进的经济管理经验，加快我国现代化建设的步伐；可以为我国经济的发展提供强大的动力；可以密切同世界各国人民的友好往来，增进相互了解与友谊，从而为我国的现代化建设创造一个良好的外部国际环境。

对外开放，发展外向型经济，目的是加快我国民族经济的发展，发展社会主义生产力，增强社会主义国家的综合国力，提高人民的生活水平。在对外开放中，必须坚持以下原则：

（1）独立自主、自力更生的原则。独立自主是指拥有处理本国事务，包括经济事务的权利，不受任何外来干涉；自力更生是指依靠本国人民的智慧和力量，努力奋斗，艰苦创业，充分利用本国资源发展本国经济。在社会主义现代化建设过程中，必须把立足点放在独立自主、自力更生的基础之上。独立自主、自力更生是实行对外开放的基础，只有增强独立自主、自力更生能力，才能在国际上获得较高的信誉，吸引更多的合作者，才能不断扩大对外开放的深度和广度。同时，对外开放也是为了增强独立自主、自力更生能力，在对外开放的过程中积极利用国外的资金，学习先进管理经验，加快本国经济发展。在这个问题上，要注意防止两种倾向：一是把自力更生绝对化，故步自封，关起门来搞建设的倾向；二是不顾条件、不加选择、不讲任何原则地盲目对外开放的倾向。

（2）平等互利和经济效益最大化原则。平等互利就是在国际经济交往中相互尊重对方的主权，等价交换，互惠互利，不把任何不平等的条件强加于人。既要坚决维护我国应有的经济权利，也要切实保护对方的一切合法权益，这样才能保证对外经济关系的长期健康发展。经济效益最大化就是以最少的投资、最低的成本获取最大的经济效益。如果长时期内对外经济活动的效益不高，必然会造成国际收支状况恶化，进而影响整个国家对外经济活动的信誉，不利于引进外资和技术工作的开展。

（3）统一与分散相结合的原则。为维护社会主义国家的经济利益，增强社会主义经济在世界市场上的整体竞争力，有必要将我国的对外经济活动纳入国家的统一领导之下，统一政策，联合对外，在防范金融风险、避免产业损害和开放步骤的政策设计方面，要注意维护和保障国家的经济安全。同时要注意发挥各地区、各部门和各企业的积极性，把企业推向国际市场，使其在激烈的市场竞争中，不断提高自主经营、自负盈亏、自我完善、自我发展的竞争力和活力。还要避免出现政出多门、各行其是、有令不行、有禁不止的现象。

（4）全方位开放的原则。全方位开放包括三个方面的内容：一是在开放的对象上，对世界所有国家开放，不论大国小国，不管社会制度及意识形态如何，都要本着平等互利、共同发展的精神，同其建立包括经济、政治、文化、科学等方面在内的广泛联系。二是在开放的范围上，国内的所有地区和行业，包括沿海和内陆、边境和腹地、城市和乡村以及各行各业都实行全面的对外开放。三是在开放的形式上，要灵活多样。

（5）学习借鉴各国先进科学文化与抵制外国干涉和思想腐蚀并重的原则。世界上的一切文明成果都是全人类的共同财富。每一个民族、每一个国家，都为创造世界文明作出过并正在作出贡献，都有值得别的民族、别的国家学习的长处，因此要把吸收、借鉴人类社会的一切文明成果作为我们发展的起点。同时，在与西方发达国家发展各种形式的经济关系时，必须时刻保持清醒的头脑，不能被表面现象所迷惑。一方面，努力扩大对外开放，与所有国家发展友好合作关系，推进我国的现代化建设；另一方面，要始终不渝地坚决抵制任何外来干涉与颠覆图谋，防止资产阶级腐朽思想的侵蚀，加强社会主义精神文明建设和法治建设，反对盲目崇拜资本主义。

2.对外开放的基本途径和方式

（1）对外贸易。它是指一个国家或地区同其他国家或地区之间的商品交换关系，包括出口和进口，是国内商品流通的延伸和补充。

对外经济贸易的发展，在我国社会主义现代化建设中发挥了重要作用：一是通过利用国内外两个市场和两种资源，有力地促进了我国工农业生产的发展和经济结构的调整，弥补了我国经济建设资金的不足，增加了劳动就业，加强了能源、交通、通信和基础原材料工业的建设。二是增加了国家财政收入，积累了资金。同外贸直接有关的进口关税、生产出口商品企业上缴的所得税和进口商品投入生产所产生的利税，更是国家和地方财政一笔可观的收入。三是丰富、活跃了国内市场供应，有助于缓解供求矛盾。同时，对外经贸活动开阔了人们的视野，增长了知识，积累了经验，推动了整个对外经济关系的发展，有力地配合和支持了我国的外交工作，我国的贸易伙伴已发展到220多个国家和地区，为创造我国社会主义现代化建设所需要的良好国际环境作出了贡献。

中华人民共和国成立以来，特别是十一届三中全会以后，我国的对外贸易发展非常迅速。2012年，中国货物进出口总额为38 669.8亿美元，同比增长6.2%。其中出口总额为20 487.8亿美元，增长7.9%，进口总额为18 182.0亿美元，增长4.3%。2012年在全球货物贸易额仅增长0.2%的情况下，中国货物贸易额仍居全球第二位，占全球份额进一步提升。其中出口占全球比重为11.2%，比上年提高0.8个百分点，连续4年居全球首位；进口占全球比重为9.8%，比上年提高0.3个百分点，连续4年居全球第二。

2019年，中美贸易谈判在曲折中推进，国内经济在结构调整中稳步提质，国际局势风起云涌，各种意想不到的冲突与矛盾在全球各地相继涌现。在这样的背景下，1—11月，我国进出口总额为28.5万亿元人民币，增长2.4%。其中，出口额为15.55万亿元人民币，增长4.5%；进口额为12.95万亿元人民币，与上年同期基本持平；贸易顺差2.6万亿元人民币，扩大34.9%。从月度规模看，11月当月进出口总额2.86万亿元人民币，为当年单月最高水平。从国际比较看，根据WTO相关数据，2019年前三季度，我出口增速高于全球主要经济体平均增速。

对外贸易结构持续优化。国际市场布局更加合理均衡，对新兴市场进出口增长5.3%，占比较上年同期提高1.7个百分点至59.5%。其中，与“一带一路”沿线国家进出口增长9.9%，占比提高2个百分点至29.3%。对东盟、拉丁美洲和非洲进出口分别增长12.7%、6.8%和5.7%。国内区域布局更加均衡，中西部地区出口增长13.3%，占比较上年同期提高1.4个百分点至18.3%。商品结构持续优化，机电产品出口增长4%，占比达58.4%。服装、纺织品、家具、鞋、塑料、玩具、箱包七大类劳动密集型产品档次和附加值提高，出口增长5.7%，拉动出口增长1.1个百分点。民营企业主体活力不断增强，出口增长12.4%，占比提高3.6个百分点至51.4%。一般贸易韧性十足，出口增长7.8%，占比提高1.8个百分点至58%。

（2）对外资金交流。其包括引进外资和对外投资两个方面。利用外资是指进行各种国际信贷和直接利用外国投资的形式。国际经验证明，合理利用外资是促进经济发展的有效手段。当今世界上经济发达的国家在经济发展过程中，几乎没有一个不曾利用过国外资金。根据国际条件和我国经济建设的需要，我们也要尽可能多地利用外资，加快社会主义现代化建设的进程。

引进和利用外资的形式大体上可以分为两大类：一是借贷形式，包括利用外国政府和国际金融组织提供的中长期中低利率贷款、出口信贷、带援助性的无息贷款、发行国际债券、商业贷款以及各种名目的开发基金。二是外商的直接投资，即通过合资经营、合作经营和外国单独投资经营吸引国外直接投资，多数用于中小型企业的扩建和改造，也有些用于新建企业。商务部数据显示，2019年1—9月，全国新设立外商投资企业30 871家，实际使用外资6 832.1亿元人民币，同比增长6.5%（折合1 007.8亿美元，同比增长2.9%，未含银行、证券、保险领域数据）。

利用外资必须坚持以下原则：一是外债总额要量力而行，适度控制，外债结构要合理，要同自己的偿还能力和消化能力相适应；二是利用外资要重点用于出口创汇企业、进口替代企业和技术先进企业；三是利用外资要讲求经济效益，在实践中要切实加强规划和指导，进一步健全涉外经贸法规，改善投资环境，确保双方的经济权益。

社会主义国家开展对外投资，有利于带动和促进本国外贸出口，增加外汇收入；有利于开发国外自然资源，缓解国内资源短缺的矛盾；有利于培养外经贸人才及扩大利用外资的范围和规模。对外投资的规模要根据国内经济发展的现实可能，统筹规划，过量的对外投资势必影响国内经济建设的发展。我国的对外投资目前主要采用独资经营和合资经营两种形式。投资的方向集中在林业、渔业、矿业等开发方面，集中在中小型企业和农业生产性合营企业以及技、工、贸相结合的企业中。商务部数据显示，2019年1—9月，中国境内投资者共对全球164个国家和地区的5 016家境外企业进行了非金融类直接投资，累计实现投资5 551.1亿元人民币，同比增长3.8%；9月当月对外直接投资620.1亿元人民币，同比增长14.2%。其中，对“一带一路”沿线国家的投资合作积极推进。1—9月，中国企业对“一带一路”沿线的56个国家和地区有新增投资，合计100.4亿美元，占同期投资总额的12.4%。

（3）对外技术贸易。它是指技术供求双方按照一定的商业条件买卖技术的商业行为。如果交易是在一国之内进行的，称为国内技术贸易；如果这种交易跨越国界，则称为国际技术贸易。国际技术贸易在第二次世界大战后的国际贸易中具有不可忽视的地位，它包括技术引进（进口）和技术输出（出口）两个方面。技术贸易可分为两类：一是知识形态的技术贸易，在国际上主要通过“许可证贸易”的方式进行；二是物化形态的技术贸易，即技术设备、器材的交易，是随技术一起转让的形式，不是单纯的设备买卖。

技术引进是指通过外贸途径和各种合作方式，从国外获取发展国民经济和提高本国科技水平所需的先进技术和设备。即使是发达国家，为保持其技术领先地位和竞争能力，也在不断引进国外的新技术。引进技术的内容大致包括：先进设备和部件，新型和优质材料，新的原理、数据和配方，新的工艺和科学的操作规程，先进的经营管理方法等。

十一届三中全会以前，我国技术引进工作一直以引进设备特别是成套设备为主，之后以引进先进技术为主，严格控制大型成套设备的进口。技术引进的作用在于：可以加速我国经济的发展，增强自力更生的能力；提高我国的科学技术水平，为国家节约建设资金，提高我国出口商品的竞争能力。

技术引进的原则包括：一是最新技术、尖端技术和适用技术相结合，硬件与软件相结合，重点是引进先进技术和关键设备，并以引进软件为主。二是必须量力而行，讲求经济效益。在确定引进项目时，要考虑国内的配套能力、利用能力和偿还能力。三是引进技术与消化吸收、改进创新相结合。在引进的基础上与改造、改进创新相结合。四是搞好综合平衡，防止盲目引进和重复引进。

技术输出就是通过贸易方式向国外出口技术。随着改革开放的深入发展，我国在积极引进先进技术的同时，也十分重视技术输出工作。技术输出的范围涉及电子、化工、冶金、计算机、杂交水稻、卫星发射等行业。

根据商务部的数据，2017年我国高新技术产品贸易总量止跌回升，较上年增长11.5%。高新技术产品出口的技术领域仍以计算机与通信技术为主，占高新技术产品出口总额的68.7%。高新技术产品出口的主要目标市场为香港地区和美国，两者占比达到

43.7%；进口的来源地主要集中在东亚和东南亚地区。一般贸易出口占我国高新技术产品出口贸易的比重小幅回落，为25.7%。外商独资企业在我国高新技术产品出口额中的份额仍然最大，达到53.2%。"一带一路"沿线国家实现了高新技术产品进出口贸易的双增长。

与此同时，技术贸易也成为中国经济调结构的重要推手，2019年前三个季度中国高新技术产品出口金额，增长14.89%。2019年10月中国高新技术产品出口金额为695.7亿美元。中国以电子及通信设备制造业为代表的高新技术产业实现了跨越式发展，为经济调结构作出重要贡献。

（4）对外承包工程和劳务合作。它是指一国的企业通过签订合同，承包工程或派出劳务人员，向另一国的企业提供技术和劳动服务，以获取盈利的一种经济合作方式。二者同属劳务输出的范畴。实践证明，开展对外承包工程和劳务合作，可以为我国的现代化建设创造更多的外汇收入，推动我国机械设备、建筑材料和其他物资的出口，缓和国内劳动力就业不足的压力，充分发挥我国劳动力资源丰富的优势，同时也可以使我们学到国外一些施工方面的管理经验和技术，开阔视野。

我国对外承包工程的主要形式有：独立承包、承包一个项目的部分工程、同国外公司合作承包工程、只承包工程的劳务部分（其内容包括勘测设计、工程施工、安装测试等）。对外劳务合作包括向国外承包工程公司提供劳务人员，向国外工厂、机构提供生产技术工人、管理人员、服务人员，向国外提供海员、厨师等其他劳务人员。我国开展对外承包工程和劳务合作的指导方针是平等互利、讲求实效、形式多样、共同发展；经营原则是守约、保质、薄利、重义。2019年1—9月，我国对外承包工程完成营业额6 998亿元人民币，同比下降2.8%，新签合同额10 052.9亿元人民币，与上年同期基本持平；对外劳务合作派出各类劳务人员35.6万人，9月末在外各类劳务人员101万人，比上年同期增加1.4万人。其中，与"一带一路"沿线国家新签对外承包工程合同额868亿美元，占同期总额的59.2%；完成营业额558.9亿美元，占同期总额的54.7%。

（5）国际旅游业。国际旅游业是世界各国、各地区通过建立旅游设施和提供旅游服务，满足旅游者精神上的各种需要，以获取盈利的一种业务活动。旅游业是一项综合性极强的行业，在国际上有"无烟工业"之称，主要由旅馆企业、饮食企业、交通运输企业、旅行社与游览娱乐单位组成。国际旅游区按旅游资源的不同可分为自然资源旅游区和人文资源旅游区两种，前者为自然界中由地理环境和生态环境所构成的游览区域，主要包括地貌、水文、气候、生物等；后者指古代人类社会遗迹和现代人类社会活动的成果所构成的游览区域，主要包括人文景观、文化传统、体育娱乐、饮食购物等。

我国的旅游资源得天独厚、丰富多样，是世界上旅游资源最丰富的国家之一，既有数不尽的名山大川、秀丽多姿的湖光山色，又有遍布华夏大地、体现中华民族五千年辉煌文明的历史古迹。实行对外开放政策以来，我国旅游业在友谊为上、经济受益的方针指引下，得到了快速发展。

2019年11月27日，中国旅游研究院在北京发布《中国入境旅游发展报告2019》。报告指出，我国入境旅游进入稳步增长通道，入境旅游市场规模保持稳步增长，市场结构继续走向优化，入境旅游服务品质得到游客认可。报告提出，我国入境旅游市场规模保持小幅上升。2018年，中国接待入境游客1.41亿人次，同比增长1.2%。与此同时，入境过夜市场和外国人入境市场规模同样保持稳步扩大，2018年，中国接待入境过夜游客6 290万人次，其中外国入境游客3 054万人次，分别增长3.6%和4.7%，明显高于入境旅游总人次的增速。2018年，中国入境旅游收入达1 271亿美元，同比增长3.0%。目前，中国主要的入境游客源国包括缅甸、越南、韩国、日本、美国、俄罗斯、蒙古国、马来西亚、菲律宾、新加坡、印度、加拿大、泰国和澳大利亚。

3.我国对外开放的基本格局

（1）经济特区。它是指主权国家和地区为了吸引外资、引进先进技术和扩展对外贸易而设置的实行特殊经济管理体制和优惠政策的区域。世界上最早的经济特区创建于16世纪中叶的意大利。经济特区从形式上划分包括：自由港和自由贸易区、出口加工区、科学工业园区、综合性经济特区。1979年7月，国务院确定在深圳、珠海、汕头、厦门试办经济特区。1988年4月，成立海南省，并建立海南经济特区。至此，我国共建有5个经济特区。

经济特区的经济活动与其他地区相比，有如下特点：一是特区的经济主要依靠吸收和利用外资，产品主要出口外销；二是特区的经济活动主要由市场调节；三是对前来投资的外商给予税收、土地使用、外汇管理等方面的优惠和便利，管理体制方面具有更大的经济决策权。我国创办经济特区的时间虽短，但成就显著，尤其是特区建设的高速发展，已引起国际社会的普遍重视。它们作为我国“技术的窗口，管理的窗口，知识的窗口，对外政策的窗口”的作用正日益明显地发挥出来。

（2）沿海开放城市。在认真总结对外开放实践经验的基础上，1984年5月，我国政府决定进一步开放大连、秦皇岛、天津、烟台、青岛、连云港、南通、上海、宁波、温州、福州、广州、湛江、北海14个沿海港口城市，后又增加了营口市、威海市。

沿海港口城市所在地是我国经济比较发达的地区，交通便利，工业基础好，技术水平和管理水平较高，科学文化事业发达，既有对外经济贸易的经验，又有对内进行技术协作的网络，它们的开放将在全国对外开放中起到重要作用。开放的内容包括：扩大这些城市对外开展经贸活动的权限，对前来投资办厂的外商给予优惠待遇。为更好地吸引外资，创造有利于外商投资的小气候，经批准可以开办经济技术开发区。在经济技术开发区内，可以享受经济特区规定的外商投资优惠待遇。

（3）沿海经济开放区。1985年2月，国务院决定将长江三角洲、珠江三角洲和闽南厦（门）、漳（州）、泉（州）三角地区设为沿海经济开放区。1988年3月，国务院又决定扩大沿海经济开放区的范围，包括辽宁、河北、天津、山东、浙江、江苏、福建、广西等省、市、自治区的若干沿海市县。至此，我国东部由北到南的沿海地区形成了由“点”到“线”和“片”的对外开放格局。

沿海经济开放区在利用外资、引进技术、老企业技术改造等方面，享受沿海开放城市的某些优惠政策，对外商在农业、加工业等行业的投资给予政策优惠，着力发展外向型经济。外向型经济是以国际分工和国际市场需求为导向的经济，是通过对外贸易等活动带动国民经济增长和发展所建立的经济结构、经济运行机制和经济运行体系。开辟沿海经济开放区，是我国在新形势下加速沿海经济发展、带动内地经济开发的重要战略部署，不仅可以缓解沿海和内地争资金、争原料的矛盾，而且可以采取各种方式帮助内地建设原料、能源基地，发展现代产业，促进内地企业的技术改造。

（4）沿江、沿边和内陆省会城市的开放。沿江开放是指开放长江沿岸的城市和地区。1990年4月，国务院决定开发、开放上海浦东，并制定了若干具体规定，要求把浦东的开发与开放同上海的优势结合起来，把浦东建设成为国际经济、金融、贸易中心。为配合浦东的对外开放，1992年6月，中央决定将安徽的芜湖、江西的九江、湖南的岳阳、湖北的武汉、四川的重庆划为对外开放城市，把以上海为龙头的长江经济巨龙全面放开、放活。

沿边开放是指开放我国与邻国接壤的边境线附近的一些城市。1992年，国务院决定首批开放满洲里、黑河、绥芬河、珲春4个沿边城市，之后又相继开放了广西的凭祥、东兴，云南的河口、畹町、瑞丽，新疆的伊宁、塔城、博乐，内蒙古的二连浩特等城市。沿边开放城市和这些城市所在的省（自治区）省会城市均享受沿海开放区的优惠政策。我国已逐步形成了三大对外开放区：以俄罗斯、蒙古国、东欧诸国为对象的北部开放区；以巴基斯坦、西亚诸国为对象的西部开放区；以印度、尼泊尔、缅甸、老挝、越南及孟加拉国为对象的南部开放区。这些地区内共设置了32个国家重点口岸和约200个地方口岸。

为加快内陆省份对外开放的步伐，1992年8月，国务院决定将哈尔滨、长春、呼和浩特、石家庄、太原、合肥、南昌、郑州、长沙、成都、贵阳、西安、兰州、西宁、银川15个省会（首府）城市，进一步对外开放，实行沿海开放城市的有关政策。

随着我国内陆省份对外开放步伐的加快，我国的对外开放已由过去的点、线、片发展到面，一个从南到北、从东到西，以经济特区—沿海开放城市—沿海经济开放区—铁路、公路交通沿线、沿江、沿边开放—内陆省会开放城市为特点的梯度推进的全方位、多层次、宽领域的对外开放格局已经形成，并且在我国的对外经济关系中发挥着越来越重要的作用。1999年年底，国家决定实施西部大开发战略；2001年12月，我国正式成为WTO成员，对外开放进入了一个崭新的阶段。

（5）自由贸易试验区。与国际上传统自由贸易区（FTA）不同的是，自由贸易试验区（FTZ）是根据本国（地区）法律法规在本国（地区）境内设立的区域性经济特区。这种方式属一国（地区）境内关外的贸易行为，即某一国（地区）在其辖区内划出一块地盘作为市场对外做买卖（贸易），对该地盘的买卖活动不过多插手干预，而且对从外运入的货物不收或收取优惠过路费（关税）。

2013年9月29日，中国（上海）自由贸易试验区正式成立，面积为28.78平方千米，涵盖上海市外高桥保税区、外高桥保税物流园区、洋山保税港区和上海浦东机场综合保税区4个海关特殊监管区域。

2015年4月，国务院分别批准福建、广东、天津自由贸易试验区总体方案以及上海自由贸易试验区深化改革开放方案，我国自贸试验区建设进入了2.0时代。

2016年9月，国务院分别批准辽宁、浙江、河南、湖北、重庆、四川、陕西新设立

7个自贸试验区。这7个新增自贸试验区各具特色。其中，辽宁主要是落实中央关于加快市场取向体制机制改革、推动结构调整的要求，着力打造提升东北老工业基地发展整体竞争力和对外开放水平的新引擎；浙江主要是落实中央关于“探索建设舟山自由贸易港区”的要求，就推动大宗商品贸易自由化，提升大宗商品全球配置能力进行探索；河南主要是落实中央关于加快建设贯通南北、连接东西的现代立体交通体系和现代物流体系的要求，着力建设服务于“一带一路”建设的现代综合交通枢纽；湖北主要是落实中央关于中部地区有序承接产业转移、建设一批战略性新兴产业和高技术产业基地的要求，发挥其在实施中部崛起战略和推进长江经济带建设中的示范作用；重庆主要是落实中央关于发挥重庆战略支点和连接点重要作用、加大西部地区门户城市开放力度的要求，带动西部大开发战略深入实施；四川主要是落实中央关于加大西部地区门户城市开放力度以及建设内陆开放战略支撑带的要求，打造内陆开放型经济高地，实现内陆与沿海沿边沿江协同开放；陕西主要是落实中央关于更好发挥“一带一路”建设对西部大开发带动作用、加大西部地区门户城市开放力度的要求，打造内陆型改革开放新高地，探索内陆与“一带一路”沿线国家经济合作和人文交流新模式。

2019年8月，国务院批复山东、江苏、广西、河北、云南、黑龙江设立自由贸易试验区，至此，中国的自贸区数量增至18个，其中，沿海省份已全部是自贸区，实现中国沿海省份自贸区的全覆盖。

4.坚持“引进来”和“走出去”相结合，全面提高对外开放水平

完全意义的开放应该是既“引进来”又“走出去”的双向开放。从我国对外开放的进程看，我国的对外开放一直以“引进来”为主，这是完全必要的。不先把国外的资金、技术、管理、人才等引进来，我国的经济技术水平和实力就难以提高和增强，想走出去也难。经过40多年的改革开放和发展，我国的综合国力比过去大为增强，经济技术水平比过去显著提高，在技术、生产、管理、人才等方面已形成了一定的比较优势。利用这些优势，实施“走出去”的开放战略，已经具备条件。

坚持“引进来”和“走出去”相结合的战略。提高利用外资水平，创新利用外资方式，优化利用外资结构，发挥利用外资在推动自主创新、产业升级、区域协调发展等方面的积极作用。积极实施“走出去”战略，扩展经济发展空间。创新对外投资和合作方式，支持企业在研发、生产、销售方面开展国际化经营，加快培育我国的跨国公司和国际知名品牌。同时，也完善对境外投资的协调机制和风险管理，完善对外投资促进体系，为企业“走出去”创造条件。

十八届三中全会通过的《中共中央关于全面深化改革若干重大问题的决定》指出，改革开放是党在新的时代条件下带领全国各族人民进行的新的伟大革命，是当代中国最鲜明的特色。党的十一届三中全会召开40多年来，我们党以巨大的政治勇气，锐意推进经济体制、政治体制、文化体制、社会体制、生态文明体制和党的建设制度改革，不断扩大开放，决心之大、变革之深、影响之广前所未有，成就举世瞩目。

改革开放的成功实践为全面深化改革提供了重要经验，必须长期坚持。最重要的是，坚持党的领导，贯彻党的基本路线，不走封闭僵化的老路，不走改旗易帜的邪路，

坚定走中国特色社会主义道路，始终确保改革正确方向；坚持解放思想、实事求是、与时俱进、求真务实，一切从实际出发，总结国内成功做法，借鉴国外有益经验，勇于推进理论和实践创新；坚持以人为本，尊重人民主体地位，发挥群众首创精神，紧紧依靠人民推动改革，促进人的全面发展；坚持正确处理改革发展稳定关系，胆子要大、步子要稳，加强顶层设计和摸着石头过河相结合，整体推进和重点突破相促进，提高改革决策科学性，广泛凝聚共识，形成改革合力。

2019年1月23日，习近平主持召开中央全面深化改革委员会第六次会议。习近平强调，党的十一届三中全会是划时代的，开启了改革开放和社会主义现代化建设历史新时期。党的十八届三中全会也是划时代的，开启了全面深化改革、系统整体设计推进改革的新时代，开创了我国改革开放的全新局面。要对标到2020年在重要领域和关键环节改革上取得决定性成果，继续打硬仗，啃硬骨头，确保干一件成一件，为全面完成党的十八届三中全会部署的改革任务打下决定性基础。

2019年5月29日，习近平主持召开中央全面深化改革委员会第八次会议。习近平强调，当前，我国改革发展形势正处于深刻变化之中，外部不确定不稳定因素增多，改革发展面临许多新情况新问题。我们要保持战略定力，坚持问题导向，因势利导、统筹谋划、精准施策，在防范化解重大矛盾和突出问题上出实招硬招，推动改革更好服务经济社会发展大局。

三、两种制度的竞争和合作

社会主义制度与资本主义制度的并存和共同发展是长期的现象，在经济全球化条件下，两种制度既有竞争又有合作。社会主义革命首先在少数几个经济落后的国家取得胜利而不是在所有国家同时取得胜利，形成了两种不同社会制度的同时并存，这决定了它们在世界范围内的共处。在一定的历史时期和条件下，两种社会制度的国家也存在一些共同的利益，也有暂时的、一定程度的合作。例如，面对全球环境的恶化，世界各国要联合起来采取措施加以治理。

20世纪社会主义的诞生和发展，开创了人类历史的新时代，极大地改变了世界的面貌。尽管社会主义在发展过程中还存在着一些问题，但它作为区别于资本主义的崭新道路而崛起，在探索、保证全体人民的政治平等和当家做主，消除两极分化、贫富悬殊，建设新型的思想道德文化等方面，取得了巨大进步，在极大地解放社会主义国家生产力的同时，也在客观上迫使国际资产阶级对资本主义制度进行了某些改良，使资本主义的内在矛盾有所缓和，从而在总体上推动了社会生产和人类文明的发展。它向世人昭示，社会主义是比资本主义更先进的社会制度，体现着人类历史发展的更高阶段和前进方向。两种社会制度共处的过程，实质上是社会主义制度在实践中显示自己的优越性、资本主义制度显露自己腐朽的过程；是社会主义制度在自己内在规律支配下逐步发展、壮大以至最终在全世界胜利，资本主义制度也在自己内在规律支配下不可避免地没落、缩小以至最终在全世界灭亡的长期历史过程。

社会主义和资本主义两种制度的优劣，是通过社会主义国家和资本主义国家的经济竞争展示出来的。在社会主义与资本主义的竞争发展中，存在着四个明显的不同：一是发展时间不同；二是发展环境不同；三是发展起点不同；四是发展手段不同。因而，这种竞争客观上存在严重的不平等和不对称。在两种制度的竞争中，社会主义国家的发展呈现出胜利与挫折相伴、成功与失败交错的态势，要使社会主义制度的优越性充分发挥出来，就要学习和利用发达资本主义国家的先进科学技术和管理经验。同时，要警惕资本主义腐朽的东西在经济、政治、思想、生活方式等各方面对社会主义国家施加不良影响。无视这种影响、不与资本主义腐朽现象作斗争，就会迷失方向，就根本谈不上发挥社会主义制度的优越性。在经济竞争中，社会主义只有不断改革创新，才能始终保持生机和活力，在两种制度的并存和竞争中立于不败之地。社会主义经济取得的成就越大，社会主义优越性发挥得就越充分，就能更好地起示范作用，并吸引和鼓舞全世界劳动人民为争取社会主义的前途而斗争。

当代资本主义在实行经济关系的自我调整中，参照了社会主义国家的一些做法和经验，如在一定范围内和不同程度上对国民经济实行计划管理，推行经济计划化，使劳动人民最基本的生活得到一定程度的改善和保障。另外，从20世纪70年代初期开始，一些社会主义国家相继进行改革，参考和借鉴了资本主义国家在管理经济上的一些做法和经验。西方有些经济学家据此提出社会主义与资本主义两种制度正在走向趋同的结论。这种趋同论完全是错误的，它抹杀了社会主义经济与资本主义经济的根本区别：资本主义经济是生产资料的资本主义私人占有制，生产目的是占有雇佣工人的剩余价值，按资分配；社会主义经济是以生产资料公有制为主体、主导，生产目的是满足人们的物质文化需要，以按劳分配为主体、多种分配方式并存，最终达到共同富裕。这两种经济在制度上是根本对立的，是无法趋同的。

社会主义制度与资本主义制度的性质根本不同，决定了它们之间的斗争是不可避免的。社会主义制度从诞生那天起，就面临着反对封建主义和资本主义的双重历史任务，在经济、政治、军事、文化等领域的斗争就一直不断。斗争的形式根据不同的历史时期和双方力量的对比不断发生变化，特别是在社会主义遭受重大挫折后，我们看到，人们并没有抛弃社会主义的理论，丢掉社会主义的信仰；相反，世界社会主义正处于理论反思、力量重组、形象重建、实践深化之中。我们坚信，只要资本主义私有制存在，社会主义取代资本主义就会成为历史的必然；只要社会存在不平等，社会主义就将具有强大的吸引力；只要社会化大生产在发展，社会主义胜利就具备了强大的物质力量。

拓展阅读7-3　　新时代中国对全球治理的新贡献

党的十八大以来，以习近平同志为核心的党中央科学把握当今世界发展大势，顺应国际关系实践的客观要求，在外交领域提出了一系列新理念、新思想、新战略，引领中国外交进入积极进取、奋发有为的新时代。新时代，中国积极参与和创新全球治理，为全球治理作出了新贡献。

新时代为全球治理提供了新理念

理念是行动的先导。深度参与全球治理，推动全球治理创新，关键在于创新全球治理理念，积极发掘中华文化中积极的处世之道和治理理念同当今时代的共鸣点。和合、包容是中国传统文化的本质与精髓。随着全球化的深入发展和世界各国、各地区、各民族相互依存关系的日益加深，中国传统优秀文化积极的处世之道和治理理念愈来愈凸显出其时代价值，同当今全球化时代具有越来越多的契合点与共鸣点，为中国在新时代参与全球治理提供了强大的智力支持，使得中国所主张的全球治理理念具有深厚的中国“和合”文化的底蕴。在吸收中华优秀传统文化精髓的基础上，中国所主张的全球治理具有密切相关的三个方面的含义。

一是参与全球治理的主体是全球性的。世界上每个国家，不论大小、贫富、强弱，都是国际大家庭的平等成员，都应该享有平等参与全球治理的权利，负有参与全球治理的义务。全球治理的权利不应该由少数几个国家和国际组织垄断，全球治理的红利也不应由少数几个国家和国际组织独享，只有坚持共商共建共享原则，全球治理的成功才会具有坚实的基础。

二是全球治理的对象是全球性的。随着全球化的深入发展，全球性问题也越来越多，财富分配不均、贫富悬殊问题依然突出，资源短缺、食品安全、生态恶化压力增大，跨国犯罪、恐怖主义、气候变化、太空安全、网络安全、环境污染、能源安全与核扩散等挑战日益严峻，全球治理的不可预测性因素急剧增加。所以，对于任何带有全球性质的问题，哪怕只是起源于某一个国家或地区，世界各国也都要从人类整体利益出发，共同应对。如果各国都从自己的狭隘利益出发参与全球治理，就难免会发生“公地悲剧”。

三是全球治理的视野是全球性的。全球性问题不但事关世界各国、各地区的切身利益，它们之间还相互交织、互相影响，造成的负面后果具有全球性影响。因此，全球治理应该具有全球视野和战略眼光，从各国、各地区的整体利益而非某一国家和地区的狭隘利益出发进行整体谋划、统筹施策，推动全球治理体系的变革与发展。

新时代为全球治理注入了新动力

当前，西方国家民粹主义、民族主义、贸易保护主义有所抬头，给全球化的发展带来了不确定性，全球化面临倒退和动力不足，以及陷入国际公共产品短缺、全球经济混乱和安全失序的“金德尔伯格陷阱”的危险。在全球治理存在赤字、以西方为主的全球治理模式存在诸多弊端且西方大国参与全球治理的意愿不足的背景下，中国成为全球化的坚定捍卫者和积极践行者，为全球治理注入了新动力。

传统的全球治理由美国等西方国家主导，但西方国家主导的全球治理存在诸多弊端，其治理规则、运行机制存在诸多不公正、不合理之处。在自身经济增长乏力、民主制度和发展模式逐步暴露出不足的情况下，西方国家参与全球治理的意愿有所下降，逆全球化有所发展。在此背景下，中国在议题框定、议程设置、规则塑造、舆论宣传、统筹协调等方面为全球治理注入了新动力，从全球治理的参与者转变为全球治理的引领者。

首先，高度重视、积极宣传全球治理的理念与主张。习近平主席在国内、国际场合先后100多次提及人类命运共同体思想。2015年10月12日，十八届中共中央政治局第27次集体学习把全球治理格局和治理体制作为学习的主题。2016年9月27日，十八届中共中央政治局第35次集体学习把G20领导人峰会和全球治理体系变革作为学习的主题。中共中央政治局两次把全球治理作为学习的主题，足见中国共产党和中国政府对全球治理的高度重视、推动全球治理体系变革的决心和作为大国对人类前途命运的责任担当。为推动全球治理体系变革，中国在多边国际舞台积极阐发中国对全球治理的理念和主张。从2013年4月7日在博鳌亚洲论坛2013年年会上的主旨演讲到2017年11月11日在亚太经合组织第25次领导人非正式会议第一阶段会议上的讲话，习近平主席在各种多边国际舞台就全球治理理念、加强国际合作等发表演讲46次，积极阐发中国的全球治理观。

其次，为广大发展中国家参与全球治理提供机会。中国从推动全球治理的大局和帮助发展中国家发展的真诚愿望出发，积极为广大发展中国家参与全球治理创造机会。为化解G20代表性不足的困境，中国充分发挥主场外交的优势，在G20杭州峰会上邀请G20峰会历史上最多的发展中国家与会，并在会前主动征求广大发展中国家对全球治理的意见与建议。中国的这一空前举措不仅为广大发展中国家提供了参与全球治理的机会，为全球治理注入了新动力，而且推动了全球治理体系及其机制的变革。

最后，积极搭建全球治理新平台。传统的全球治理平台存在着代表性不足、忽视发展中国家利益、运行机制不畅等诸多弊端，已经落后于世界格局力量对比变化的现实和世界经济、政治发展的时代潮流。为此，中国在搭建全球治理新平台方面进行了新探索。2017年5月14—15日，由中国主办的“一带一路”国际合作高峰论坛在北京雁栖湖国际会议中心举行圆桌峰会，来自30个国家的领导人和联合国、世界银行、国际货币基金组织负责人出席圆桌峰会。与会各国领导人和国际组织的代表围绕“加强国际合作，共建‘一带一路’，实现共赢发展”的主题，在对接发展战略、推动互联互通、促进人文交流等议题上达成了广泛共识。在峰会上，中国还承诺在2019年举办第二届高峰论坛。

新时代为全球治理提供了新的公共产品

新时代呼唤新的全球治理思路与举措以适应当今世界国际力量消长对比变化和全球性挑战日益增多的现实，推动国际秩序朝着更加公正合理的方向发展，更好地维护中国和广大发展中国家的利益。当前，世界各国日益增长的全球治理需求同全球治理供给不足的矛盾日益凸显，世界各国热切期望全球治理的新引领和全球治理公共产品的新供给。为此，中国尽力而为，量力而行，为全球治理提供了新的公共产品。

首先，为全球治理贡献中国智慧。中国主张全球治理应该遵循共商共建共享的原则，秉承开放、包容、普惠、平衡、共赢的治理规则；在国际关系中，中国首倡正确义利观，本着“亲、诚、惠、容”的原则发展同周边国家的关系；本着“真、实、亲、诚”的理念加强同发展中国家团结合作；全面阐述以合作共赢为核心的新型国际关系理念，首倡人类命运共同体思想，为全球治理注入了和而不同、包容互鉴的人文关怀。

其次，为全球治理提供中国方案。为打造人类命运共同体，中国提出“一带一路”倡议，建立了丝路基金，积极推动“一带一路”倡议与沿线国家发展战略对接，助力其工业化、现代化进程和基础设施的建设与更新。为更好地发挥新兴国家在全球治理中的作用，中国牵头成立亚投行，推动国际货币基金组织完成份额调整和治理机制改革，完善全球金融治理体系。关于全球与地区安全治理问题，中国在防止核扩散方面提出标本兼治、外交解决、维护国际防扩散机制、提高各国防扩散能力四点原则，不断完善核安全法规，积极开展国际合作，严格履行国际义务，维护国际原子能机构在国际核安全治理中的核心作用。在解决伊朗核问题方面，中国积极进行居中调解，为伊朗核问题的和平解决作出了重要贡献。在朝核问题上，中国主张标本兼治，综合施策，提出“双暂停”方案和“双轨并行”思路，坚持和平解决的大方向。中国始终奉行防御性的国防政策，积极开展军事外交和国际军事合作。中国军队积极参加国际灾难救援、人道主义援助和国际维和行动，持续在亚丁湾和索马里海域执行常态化护航任务，维护航行自由，保卫海上通道安全。中国积极推动并参与海洋、极地、外空、网络、反腐败、气候变化等领域治理规则的制定，推动全球治理向着公正合理的方向发展。

新时代为全球治理指明了人类社会发展的新愿景

中国改革开放的过程也是一个逐步融入国际社会、深度参与全球治理的过程。随着中国参与全球治理程度的不断加深、力度不断加大，中国对人类前途命运的思考逐步深入。

关于人类社会的未来发展前景，中国自古以来就形成了具有中国传统优秀文化特色的深邃思考，世界大同思想在中国历史上源远流长。改革开放特别是党的十八大以来，中国实现了从站起来、富起来到强起来的历史性飞跃，国际地位持续提高，国际影响力不断增大，参与全球治理的力度不断加大，人类命运共同体思想应运而生。自提出以来，人类命运共同体思想就随着全球治理理念与实践的不断推进，内涵不断丰富，逐渐为国际社会所认同，已经四次写入联合国决议，成为推动全球治理体系变革、构建新型国际关系和建立国际新秩序的共同价值规范。

人类命运共同体思想是在全球治理的过程中产生的，二者有着不可分割、相辅相成的密切关系，其中，人类命运共同体是全球治理的目的，全球治理是建设人类命运共同体的途径与手段。当今世界，既有发达国家，又有发展中国家和落后国家，既有社会主义国家，又有资本主义国家，各类国家在价值观念、社会制度、发展道路、发展模式等方面分歧明显、诉求不一，如何实现世界各国和睦相处、和谐发展，人类社会往何处演进，演进的路径是什么，就成为必须回答的时代课题，而中国的人类命运共同体思想和全球治理理念则对上述问题作出了清晰的回答。

人类社会的基本矛盾就是世界各国发展的无限性同世界资源有限性之间的矛盾，世界各国之间政治、经济、文化、军事等方面的竞争、冲突与合作，即是它们之间围绕资源分配的博弈。伴随着国际关系的演进和人类社会的进步，虽然国际关系中弱肉强食的丛林法则依然存在，但国际社会运转的有序性、规则性在不断增强，支撑国际体系有序运转的全球治理平台和治理规则不断增加，人类社会的美好前景已可预期。全球化已经使世界各国在各方面联结成为一个不可分割的统一整体，而全球治理则从治理原则、治理规则、治理平台、体制保障、运行机制等方面为建设人类命运共同体提供了可能。

人类命运共同体思想蕴含着中国元素，包含着中国智慧，承载着时代课题，是对中国优秀传统文化的继承、创新与发展，是对中华人民共和国成立以来中国外交经验的科学总结和理论升华。人类命运共同体是人类社会演进的重要一环，是走向更高级社会形态的过渡阶段，科学解释了各种社会制度能够长期共存的原因，界定了当今世界的历史定位和时代属性，克服了以前各种关于世界现状和前景理论的不确定性、模糊性、不可预期性，指明了人类社会发展的新愿景。

资料来源　王政达．新时代中国对全球治理的新贡献［EB/OL］．（2018-03-07）．http：//theory.people.com.cn/n1/2018/0307/c40531-29853305.html.

本章小结

经济全球化是生产社会化和经济关系国际化发展的客观趋势。新科技革命和生产的高度社会化为经济全球化提供了物质条件，国际贸易的高度发展为经济全球化提供了现实基础，国际金融的迅速发展成为经济全球化的重要推动力，国际相互投资的发展加速了经济全球化的进程。经济全球化的内容包括生产全球化、贸易全球化、金融全球化、投资全球化以及区域性经济合作日益加强等。

跨国公司在经济全球化发展中具有重要作用。经济全球化对不同类型国家的经济发展产生着不同的影响：发达国家处于明显的支配地位，是最大的受益者；广大发展中国家则处于被动的依附地位。经济全球化加强了世界各国之间的相互依存程度，但与此同时，区域经济一体化、集团化趋势也十分明显。经济全球化使得发达国家之间的经济关系以及发达国家与发展中国家之间的经济关系进一步复杂化。第二次世界大战后，发展中国家为打破旧的、不合理的国际经济关系，发展民族经济，建立公正、合理的国际经济新秩序进行了长期的不懈斗争，并取得了一些成果。

面对经济全球化，中国的经济必须融入世界经济的发展中，让中国智慧引领全球治理体系变革。经济全球化对中国经济发展来说，既是机遇，又是挑战，利弊并存，有多方面的影响。对此，要坚持“引进来”和“走出去”相结合，全面提高对外开放水平，在更大范围、更广领域和更高层次上积极参与国际经济技术合作和竞争，拓宽发展空间，提高国际竞争力，以开放促改革、促发展。同时，也应看到，社会主义制度与资本主义制度的并存和共同发展是长期的现象，两种制度既有竞争又有合作，必须科学认识社会主义发展的历史进程。

课后练习

▲简答题

1.经济全球化的主要内容有哪些？

2.如何认识经济全球化发展的客观趋势？

3.简要评述跨国公司的作用。

4.试论经济全球化对发达国家经济的影响。

5.为什么说发展中国家争取建立国际经济新秩序的斗争是一项长期的历史任务？

6.简述经济全球化给中国经济带来的机遇和挑战。

7.我国对外开放的基本途径和方式有哪些？

8.如何认识我国全方位对外开放的战略格局？

9.为什么说经济全球化条件下两种制度既有竞争又有合作？

10.如何科学认识社会主义发展的历史进程？

▲材料分析题

材料一：

拉美经委会2018年年底预测，2019年拉美地区经济将增长1.7%，中美洲地区国家增长幅度仍将高于南美洲地区国家。2019年4月该机构再次将2019年拉美经济增长预期下调至1.3%。拉美经委会强调其对拉美经济增长的新预期是依据该地区面临的复杂外部环境以及拉美国家国内现实作出的。该机构认为，拉美经济面临的主要风险仍是世界经济增长乏力、全球贸易增速减缓、金融环境不利，以及不少拉美国家严重依赖原材料出口，对外部依赖程度较重。国际货币基金组织2019年4月也将2019年拉美经济增长预期下调至1.4%，较2019年1月该机构的预期降低0.6个百分点。该机构认为巴西和墨西哥两个最大经济体的增长乏力、委内瑞拉的衰退拉低了地区经济增速；2018年该地区已经显现的增长乏力的影响延续至2019年。

在经济衰退时期或出现衰退的拉美国家，创造高质量就业机会的能力受限，已脱贫的人口存在返贫风险，赤贫人口增加，对社会的忧虑和不满情绪有所增长，这势必损害政治社会稳定，不少国家酝酿新的政治社会变局。

资料来源　佚名．拉美黄皮书：拉丁美洲和加勒比发展报告（2018—2019）[EB/OL]．[2019-12-06]．https：//www.pishu.cn/zxzx/xwdt/542044.shtml.有删减．

材料二：

在经济全球化的浪潮中，各国目前都在大力发展各自经济，同样非洲也不例外。

国际货币基金组织（IMF）、智库同时指出，撒哈拉以南非洲将成为2019年全球范围内GDP增速最快的地区之一。

正当各国警告2019年经济增速可能出现疲软迹象之时，智库布鲁金斯学会在报告中指出："2019年世界上增长最快的经济体中约有一半将位于非洲大陆，有20个经济体在未来五年将以平均5%或更高的速度扩张，高于全球经济3.6%的增速。"

无独有偶，IMF也发出类似预测：撒哈拉以南非洲国家将会成为2019年世界上增长最快的经济体之一。IMF还指出，该地区预计整体经济增速为3.8%，将大幅高于过去四年2.6%的平均增速。根据IMF的预测，埃塞俄比亚、卢旺达、加纳、科特迪瓦、塞内加尔、贝宁、肯尼亚、乌干达和布基纳法索2019年的增速仍将处于领先位置，坦桑尼亚则将取代几内亚跻身前十。

分析认为，这一增长主要得益于大宗商品价格的稳步回升、全球经济的改善以及外资市场的准入。

资料来源　作者根据相关资料整理。

结合材料请回答：

（1）根据材料分析经济全球化对世界经济的影响。

（2）根据材料评价经济全球化的作用。

主要参考文献

［1］叶德磊.微观经济学［M］.5版.北京：高等教育出版社，2019.

［2］姚开建.广义政治经济学——资本主义以前的社会生产方式［M］.北京：中国人民大学出版社，2012.

［3］颜鹏飞.中国特色社会主义政治经济学体系研究［M］.济南：济南出版社，2019.

［4］卢梭.政治经济学［M］.李平沤，译.北京：商务印书馆，2019.

［5］洪银兴.新编社会主义政治经济学教程［M］.北京：人民出版社，2018.

［6］罗清和，鲁志国.政治经济学［M］.3版.北京：清华大学出版社，2013.

［7］刘诗白.政治经济学［M］.5版.成都：西南财经大学出版社，2014.

［8］李郁芳.政治经济学［M］.2版.广州：暨南大学出版社，2014.

［9］逄锦聚.政治经济学［M］.5版.北京：高等教育出版社，2014.

［10］李建建.政治经济学［M］.北京：中国人民大学出版社，2015.

［11］宋涛.政治经济学教程［M］.11版.北京：中国人民大学出版社，2016.

［12］本书编写组.当代马克思主义政治经济学十五讲［M］.北京：中国人民大学出版社，2016.

［13］中央文献研究室.十八大以来重要文献选编［M］.北京：中央文献出版社，2016.